MAQUINAÇÃO DO MUNDO

JOSÉ MIGUEL WISNIK

Maquinação do mundo
Drummond e a mineração

2ª reimpressão

Copyright © 2018 by José Miguel Wisnik

Grafia atualizada segundo o Acordo Ortográfico da Língua Portuguesa de 1990, que entrou em vigor no Brasil em 2009.

Capa e caderno de fotos
Elaine Ramos

Imagem de capa
José Luiz Pederneiras

Pesquisa iconográfica
Danilo Araujo Marques, Maria Cecilia Vieira de Carvalho e José Antônio de Souza Queiroz (Projeto República: Núcleo de pesquisa, documentação e memória/UFMG)

Preparação
Márcia Copola

Checagem
Érico Melo

Índice remissivo
Luciano Marchiori

Revisão
Jane Pessoa
Márcia Moura

Dados Internacionais de Catalogação na Publicação (CIP)
(Câmara Brasileira do Livro, SP, Brasil)

Wisnik, José Miguel
    Maquinação do Mundo : Drummond e a mineração / José Miguel Wisnik. — 1ª ed. — São Paulo : Companhia das Letras, 2018.

    ISBN 978-85-359-3131-0

    1. Andrade, Carlos Drummond de, 1902-1987 – Apreciação crítica 2. Poesia brasileira I. Título.

18-16456   CDD-869.1

Índices para catálogo sistemático:
1. Poesia : Crítica e interpretação : Literatura brasileira   869.1
2. Poetas brasileiros : Apreciação crítica   869.1

Maria Paula C. Riyuzo – Bibliotecária – CRB-8/7639

[2021]
Todos os direitos desta edição reservados à
EDITORA SCHWARCZ S.A.
Rua Bandeira Paulista, 702, cj. 32
04532-002 — São Paulo — SP
Telefone: (11) 3707-3500
www.companhiadasletras.com.br
www.blogdacompanhia.com.br
facebook.com/companhiadasletras
instagram.com/companhiadasletras
twitter.com/cialetras

*A Laura Vinci, que intuiu artisticamente a questão
de que trata este livro na sua instalação
Máquina do mundo, de 2004.*

*A João Camillo Penna, que "tem seu
pedaço no pico do Cauê", pela conversação
sem fim sobre este e tantos outros assuntos.*

> Pico de Itabira
> que máquina mineradora não corrói
> é a própria obra poética de CDA,
> […] rútilo e incorruptível diamante,
> imune aos assaltos dos exércitos da hermenêutica.
> Waly Salomão, "Ler Drummond", *Pescados vivos*

> No vale do Rio Doce a anta mergulha
> em profundezas de gravura
> antiga, desbotada.
> CDA, "Anta", *Boitempo*

Sumário

Agradecimentos.................................... 13
Apresentação: Na boca da mina...................... 17

O ESPÍRITO DO LUGAR

1

Chegada.. 27
Temei, penhas...................................... 35
O trem-monstro mineiro............................. 38
A esfinge.. 44

2

Mapa-múndi... 47
A guerra nas ruas.................................. 50
Os garanhões ganhantes............................. 55
O império das mercadorias importadas............... 59
Estilo tardio...................................... 62
Genius loci.. 70

MAQUINAÇÕES MINERAIS

3
A compra..77
Braço de ferro..90
Batismo de fogo.......................................106
Projeto Cauê...113
A visão...121

4
Lanterna mágica.......................................137
Destino mineral.......................................143
Construção em ruína...................................146
A campanha..153
Rescaldo..162
Segredo egípcio.......................................166

A MÁQUINA POÉTICA

5
A propósito da palavra "mundo".......................173
Preâmbulo...188
Penumbral...196
O recado do mundo.....................................201
A tentação..206
O palácio de Moebius..................................211
Nota sobre o *aleph*..................................219
Despiciendo...221
Mundo mundo...231

6
Vale..233
Ainda Moebius...236

O funcionário faustiano 241
A badalada da dor 252

Postscriptum: É agora, José 259

Notas 263
Créditos das imagens 291
Índice remissivo 293

Agradecimentos

O convite de Adauto Novaes para os ciclos Poetas que Pensaram o Mundo (2004) e Mutações: Entre Dois Mundos (2016) e o de Pedro Meira Monteiro para o simpósio internacional sobre *A rosa do povo*, na Princeton University, em abril de 2015, foram estímulos fundamentais para que este trabalho ganhasse corpo.

A competente e inspirada pesquisa de imagens coordenada por Heloisa Starling junto ao Projeto República, da UFMG, com a participação dos pesquisadores Danilo Marques, José Antônio de Souza Queiroz e Maria Cecilia Vieira de Carvalho, deu consistência visual aos conteúdos deste livro e contribuiu para o esclarecimento de várias dúvidas sobre matéria histórica. A Heloisa Starling agradeço, ainda, os sugestivos comentários, pontuações e correções (a responsabilidade pelas insuficiências deste trabalho continua sendo, de todo modo, minha).

Neide Barbosa, que conduz os visitantes com admirável e sensível conhecimento da obra do poeta, na Casa de Drummond/ Fundação Carlos Drummond de Andrade, em Itabira, me enviou gentilmente materiais esclarecedores sobre a história itabirana.

Em mais de uma ocasião, Eucanaã Ferraz, que coordena o *Dia D — Dia Drummond*, promovido pelo Instituto Moreira Salles, me apontou pistas fecundas; Marcelo Bortoloti, autor de tese sobre Drummond e a Guerra Civil Espanhola, apresentado a mim por Eucanaã, compartilhou generosamente seu amplo levantamento de escritos jornalísticos do poeta.

Homero Delboni Junior, professor do Departamento de Engenharia de Minas da USP, me esclareceu, em conversas informais, sobre o contexto concreto da mineração; Maria Cristina Martinez Bonesio, funcionária da Biblioteca de Engenharia de Minas da Escola Politécnica da USP, me guiou com atenção e presteza.

Daniel Christino, Erwin Torralbo, Humberto Werneck, José Geraldo Vinci de Moraes, Makely Ka, Rafael Matede e Vadim Nikitin ouviram minhas ideias em andamento e, às vezes por meio de um único toque, trouxeram contribuições preciosas. Ana Paula Orlandi e Franklin Leopoldo e Silva dissiparam gentilmente dúvidas localizadas.

Pedro Graña Drummond me recebeu no apartamento onde moraram seus avós e me deu a ver a pasta de fotos de Itabira, arquivada pelo poeta, cadernos manuscritos do diário do escritor e a mítica pedra de ferro, "futuro aço do Brasil".

Márcia Copola radiografou com lucidez e equilíbrio o texto, ao prepará-lo para a publicação; Érico Melo, que já me informava sobre estudos recentes no campo da geocrítica literária, veio a trabalhar, providencialmente designado pela Companhia das Letras, no processo de checagem das informações contidas neste livro; o editor Ricardo Teperman apontou excessos e lacunas, capítulo por capítulo, com serena acuidade e enorme companheirismo.

Entre meus colegas da área de Literatura Brasileira da USP, vários são citados aqui por suas contribuições decisivas para o estudo da obra de Carlos Drummond de Andrade — Alfredo Bosi, Alcides Villaça, Vagner Camilo, Murilo Marcondes de Moura, Ivan Marques, além de João Adolfo Hansen, no que diz respeito ao esclarecimento da ideia de *máquina do mundo*.

Paulo Neves e Daniel Augusto, amigos e interlocutores de todas as horas, foram leitores primeiros.

Navegando o Tapajós a bordo do *Nheengatu*, barco de meu irmão Nelson Wisnik, diante da beleza deslumbrante da Amazônia e dos desastres que a ameaçam, conversamos sobre os estragos produzidos pela mineração em Minas, registrados por ele em seus vídeos viajantes.

Apresentação
Na boca da mina

A vastidão da poesia de Carlos Drummond de Andrade admite muitas entradas. Neste livro explora-se uma delas: a relação do escritor com a mineração e, em particular, com o "destino mineral" de sua cidade natal, Itabira do Mato Dentro, pequena povoação de origem colonial incrustada entre imensas jazidas de ferro. Essa condição, que a pôs desde o início do século XX no alvo do interesse econômico internacional, fez da cidade o epicentro silencioso de uma acirrada disputa pelo controle da exploração ferrífera, envolvendo desde a miúda realidade local até o cenário político nacional e o mercado mundial de minério. A inter-relação entre tais fatos é tão relevante como pouco conhecida. O confronto se decide e se desdobra com a criação da Companhia Vale do Rio Doce, implantada expressamente para explorar e exportar o minério de ferro itabirano, em 1942, e que veio a se tornar uma das maiores empresas de mineração do mundo, com consequências tremendas para a cidade. O desenrolar dos acontecimentos repercute *surdamente* nos escritos de Drummond — não evitaremos usar muitas vezes o termo, o mesmo que ele usa em "Procura da poesia" quando fala em penetrar "surdamente no reino das palavras". É que a relação profunda e muito próxima com a história da mineração, em seus textos, permanece naquele lugar sub-reptício das coisas invisíveis de tão óbvias.

Trata-se, na verdade, de questão crucial para um escritor tão apegado ao provinciano lugar de origem e ao mesmo tempo tão marcado por um sentimento cosmopolita do vasto mundo. A combinação dessas duas dimensões o levou a sondar, num poema famoso, a entidade cósmica (e também econômica, como veremos) que a tradição literária chamou de "máquina do mundo" (objeto imaginário que aparece descrito no canto x d'*Os lusíadas*). O poema "A máquina do mundo", do livro *Claro enigma* (1951), apresenta uma dimensão filosófica e problemática já amplamente assinalada pela crítica, mas guarda também um viés histórico que se relaciona, como tentarei mostrar, com a arrancada da exploração mineral intensiva e ostensiva em Itabira, no final dos anos 1940. Poucas vezes a mitologia pessoal mais íntima de um poeta foi submetida a um confronto tão direto com o real da história econômica.

A primeira parte, "O espírito do lugar", trata da presença itabirana nos escritos poéticos e memorialísticos de Drummond, da intrigante percepção totalizante do mundo, notável já na construção de sua mais remota memória da cidade de origem, e do impacto da máquina mineradora na transformação avassaladora da geologia e da ecologia sociocultural desse território material e afetivo.

Na segunda parte, "Maquinações minerais", acompanhamos as idas e vindas dos processos que desembocaram na criação da Companhia Vale do Rio Doce, o efeito traumático da visão concreta da intervenção mineradora sobre o pico do Cauê, em Itabira, e os modos como Drummond tentou responder, pela poesia, pela crônica e pela polêmica jornalística, aos danos de várias ordens que via ou previa no avanço da mineração.

Num grau crescente de densidade, que se faz necessário então, a terceira parte, intitulada "A máquina poética", examina a recorrência insistente da palavra "mundo" na poesia de Drummond e adentra na leitura detalhada do poema "A máquina do mundo", em diálogo com a acumulação crítica já consolidada sobre o texto. É traçado, aí, um contraponto entre a intervenção histórica sobre as jazidas de ferro de Itabira, que converte a cidade num território mecanizado de exploração-exportação, e o vislumbre da maquinaria totalizante dos dispositivos de dominação e exploração intensiva do planeta, que envolvem "tudo que define o ser terrestre". O que dá ao poema um caráter sibilinamente visionário: como o sertão para Guimarães Rosa, a Itabira de Drummond também *é o mundo* — só que, nesse caso, um mundo em que o mundo vai engolindo o mundo, movido pela geoeconomia e pela tecnociência.

Se os artigos de jornal escritos por Drummond sobre o tema, nunca reunidos em livro, se consumiam no embate direto com as circunstâncias, tentando demovê-las, o poema as atravessa e as ultrapassa, mergulhando na obscuridade da própria época de modo a tornar-se capaz, na surdina, de promover inesperadas relações com os tempos contemporâneos. É por isso também que "A máquina do mundo" pede e suporta novas leituras daquilo que jaz latente em seus meandros, suas camadas e subtextos.

Tanto nos seus aspectos textuais como nos contextuais, na poesia, na crônica ou no debate jornalístico, a obra de Carlos Drummond de Andrade tocou pioneiramente numa ferida que está aberta hoje: a degradação do ambiente e da vida nas áreas afetadas pela mineração cega às suas próprias consequências. Esses sinais gritam na catástrofe de Mariana, gemem abafados em tantos lugares do território de Minas Gerais, alguns deles sujeitos a uma nova tragédia comparável, entranham-se como pó corrosivo nas estátuas de Aleijadinho em Congonhas do Campo, escondem-se por trás da serra do Curral, postada hoje como um cenário de biombos minerais no horizonte de Belo Horizonte. No momento em que escrevo, o vazamento de rejeitos da barragem de processamento de bauxita da empresa Hydro Alunorte no rio Pará, em Barcarena, na região metropolitana de Belém, expõe o potencial destrutivo da ação mineradora sobre a Bacia Amazônica. O depoimento de Davi Kopenawa, em *A queda do céu: Palavras de um xamã yanomami* (resultado de um diálogo ao longo de trinta anos com o antropólogo Bruce Albert), contém, por sua vez, um impactante testemunho sobre efeitos letais da mineração, vistos de uma perspectiva xamânica. De um modo que se refere, muito particularmente, ao nosso tema, Eduardo Viveiros de Castro, ao escrever o prefácio para *A queda do céu*, deu-lhe o título "O recado da mata" (numa alusão a "O recado do morro", de Guimarães Rosa), e tomou como epígrafe do seu texto, justamente, versos d'"A máquina do mundo" de Carlos Drummond de Andrade.

Percorrendo a história da mineração naquilo que diz respeito ao poeta, o alvo deste livro não para de ser, no entanto, e em nenhum momento, a potência da poesia como instrumento de percepção alargada e de criação de mundos, de vislumbres antecipatórios que vão muito além da reportagem factual. É sabido que a complexidade reflexiva da obra de Drummond não a impede de ser pródiga em versos que se tornaram parte do linguajar comum. Drummond é um dos maiores *hitmakers* frásicos da poesia brasileira: "vai, Carlos! Ser *gauche* na vida"; "mundo mundo vasto mundo, se eu me chamasse Raimundo"; "João amava Teresa que amava Raimundo que amava…"; "como ficou chato ser moderno./ Agora serei eterno"; "e agora, José?". Nenhum exemplo se compara ao rastilho mirabolante desatado pelo famigerado poema "No meio do caminho", publicado no seu livro de estreia em 1930.

No meio do caminho tinha uma pedra
tinha uma pedra no meio do caminho
tinha uma pedra
no meio do caminho tinha uma pedra.

Nunca me esquecerei desse acontecimento
na vida de minhas retinas tão fatigadas.
Nunca me esquecerei que no meio do caminho
tinha uma pedra
tinha uma pedra no meio do caminho
no meio do caminho tinha uma pedra.

Como pôde um poemeto obsessivo, anguloso e circular, falando aparentemente de quase nada, tendo como elemento concreto não mais que a dureza mineral da pedra, haver demonstrado essa potência de "bomba atômica", no dizer de Mário Quintana? O fato é que desde a sua publicação, e através das décadas seguintes, o poema virou pedra de escândalo, objeto de chacota e de achincalhe por parte de alguns, especialmente os antimodernistas militantes, e exemplo maior da poesia moderna para outros. Oscilando entre a "obra de gênio" e o "monumento de estupidez", a recepção tumultuada de "No meio do caminho", que se estendeu por décadas, integra o processo litigioso de contestação e de consolidação da atualidade artística brasileira no século XX, do qual se tornou peça-chave. Em 1941, Drummond dizia, na sua "Autobiografia para uma revista": "sou o autor confesso de certo poema, insignificante em si, mas que a partir de 1928 vem escandalizando meu tempo, e serve até hoje para dividir no Brasil as pessoas em duas categorias mentais".

A frase nos atinge de maneira incisiva em 2018, quando o país está dividido, pela polarização político-ideológica e religiosa, em várias categorias mentais impermeáveis e reciprocamente refratárias. Se em 1928 ou 1941 se exigia, frente à pedra de Drummond, que a poesia fosse mais "poética", isto é, mais metafórica, mais "elevada" e mais conforme aos padrões estéticos reconhecidos (isto é, que fosse supostamente "verdadeira" poesia), forças de pressão atuais exigem que, como tudo, ela se justifique através de uma tradução simplificada e utilitária de suas intenções, que se reduza a um significado secundário que a explique (ou seja: que não seja poesia). Se, mesmo para quem atacava o poema de Drummond no passado, o que estava em jogo era a cultura como baliza de autorreconhecimento da sociedade, no panorama atual, em que o espaço público se encontra em linha de faccionalização, e no qual a cultura deixou, notoriamente, de ser essa referência de autorreconhecimento social, pretende-se da poesia, se for o caso, que ela diga o que está pretendendo dizer, ou que se cale para sempre. Acontece que o que a poesia está querendo dizer é inseparável do que ela diz, e em nenhuma das manifestações da linguagem humana isso é tão patente — e tão potente. É isso que lhe permite perfurar os estereótipos mentais de sua época, e é isso que acontece na poesia de Carlos Drummond de Andrade.

A disposição mental, existencial, espiritual, a que ela se dirige, chama a compartilhar o mundo sem reduzi-lo superficial e pesadamente à simplificação, a ter com a linguagem uma relação não meramente instrumental, a aderir ao espanto da enormidade da vida e da morte (em vez de se agarrar a soluções generalizantes a serem atiradas contra quem se desvia), a encarar os múltiplos vieses dos desejos (em vez de escondê-los na perseguição aos outros), a vibrar o destino da coletividade (em vez de limitar-se à manutenção dos próprios privilégios e da própria cegueira obstinada). A guerra policiadora que categorias mentais reativas vêm declarando contra a arte e a cultura, *politizando-as por exclusão*, traz à tona, na verdade, a nova urgência da dimensão política de que elas se investem nesse quadro desculturalizante.

O país de baixo letramento médio que tem, no entanto, Carlos Drummond de Andrade — contemporâneo, em certo momento, de Graciliano Ramos, Clarice Lispector, Guimarães Rosa, Manuel Bandeira, João Cabral, Murilo Mendes, Nelson Rodrigues, a poesia concreta — não foi feito para desembocar na vitória do "sistema de Babilônia" e do "garção de costeleta" (vale dizer, na entropia política, na "incompetência cósmica" e na subserviência kitsch, condensadas nos termos de Oswald de Andrade). Voltando a Drummond: se as palavras "rolam num rio difícil", sujeitas ao desprezo e ao equívoco, como diz "Procura da poesia", elas continuam lá, límpidas e opacas, com a sua extraordinária força de existência e de reexistência.

O ESPÍRITO DO LUGAR

1

CHEGADA

    Em julho de 2014 o acaso me levou a Itabira, onde eu nunca tinha estado. A princípio, tratava-se de participar do Inverno Cultural em Minas Gerais, numa sequência de eventos que passava também por Sete Lagoas, Ouro Branco e São João del-Rei. A viagem teve efeitos inesperados, que desembocam neste livro: na cidade natal de Carlos Drummond de Andrade as marcas do passado, assim como sinais contemporâneos gritantes, pareciam estar chamando, todos juntos, para uma releitura da obra do poeta. A estranha singularidade do lugar incitava a ir mais fundo na relação do autor d'"A máquina do mundo" com as circunstâncias que envolvem a "estrada de Minas, pedregosa", a geografia física e humana, a história da mineração do ferro.

    De um lado, é possível reconhecer ali muito daquela Itabira que já existe para nós como entidade poética, antes de havermos pisado lá. Basta ter desenvolvido alguma familiaridade com a poesia de Drummond para registrar a existência da cidadezinha escondida — Itabira do Mato Dentro — que retorna na obra dele com uma insistência intrigante. Do começo ao fim, quase não há livro em que ela não compareça.[1] O mais abrangente e poderoso dos poetas brasileiros arrasta consigo o *espírito do lugar*, à maneira dos "primitivos que carregam por toda parte o maxilar inferior de seus mortos" ("Tarde de maio", *Claro enigma*). E, com ele, a origem oligárquica permeada de culpa, o atavismo familiar que mergulha nas sombras do mando e da escravidão, o colosso de ferro congênito, a dureza mineral das ruas e das gentes ("noventa por cento de ferro nas calçadas", "oitenta por cento de ferro nas almas", como dizem os versos famosos),[2] e também a coexistência da vida comum com o espanto originário, com a primeira descoberta dos enigmas do tempo, do sexo, da vida e da morte.

Nascido em 1902, Drummond viveu pouco tempo em Itabira — os períodos da infância e da puberdade, mais o breve momento em que, já casado e sem rumo profissional definido, lecionou geografia e português no Ginásio Sul-Americano, por alguns meses, em 1926. Mas os ecos da cidade retornam em sua obra inteira, e permanecem nela qual uma inscrição latejante, sem correspondente cronológico contabilizável — como a tal "fotografia na parede", que dói, ou como um sino repercutindo traumas e avivando o vivido. Remetendo a uma noite alumbrada de seus sete anos, no remoto ano de 1910, um poema de *Boitempo* (livro tardio de autobiografia poética que mergulha na memória do lugar) registra a passagem fulgurante do cometa Halley, que se acreditava trazer o fim do mundo (de dentro de uma inocência ainda anterior às guerras mundiais do século xx e ao estado apocalíptico do mundo atual): "Olho o cometa/ com deslumbrado horror de sua cauda/ que vai bater na Terra e o mundo explode./ [...] O cometa/ chicoteia de luz a minha vida/ e tudo que não fiz brilha em diadema [...]/ Ninguém chora/ nem grita./ A luz total/ de nossas mortes faz um espetáculo".[3]

Como no caso dessa catástrofe falhada, cuja potência se assemelha à da arte — iminência de um acontecimento total que *não se dá* mas que anuncia por isso mesmo o arco da vida inteira, chicoteando-a de luz —, a existência local participa de uma escala pedestre e cósmica, tremenda e chã, carregando a força obsessiva das coisas perdidas mas inextirpáveis. A reclusão, o isolamento, a pequenez da povoação suportando uma carga imensa de silêncio, a falta de perspectivas ("suas noites brancas, sem mulheres e sem horizontes"), os hábitos discretos ("esse alheamento do que na vida é porosidade e comunicação"),[4] assombrados por segredos gritantes (a violência naturalizada do mando patriarcal, a sexualidade abusiva da linha paterna, o "sexo abafado"[5] do mundo feminino, as tentativas incertas da própria sexualidade), tudo isso habita explícita ou implicitamente a Itabira de Drummond, cheia de contenção circunspecta e ao mesmo tempo de um esquisito sentimento de enormidade. José Maria Cançado, seu primeiro biógrafo, diz, a propósito, que ali o "mundo não se assemelha nem à natureza nem à cultura, mas a uma terceira coisa entre os dois, uma espécie de grande alucinação, uma monstruosidade geológica, uma dissonância planetária, com sua quantidade astronômica de minério".[6]

A imagem não é despropositada, por mais que possa parecer. Chegar a esse lugar é sentir, de fato, o impacto da geologia e da história, acopladas. Algo de alucinado se passou e se passa naquele sítio, implicando uma torção desmedida entre a paisagem e a máquina mineradora, com quantidades monstruosas de ferro envolvidas. Há no ar a sensação de que um crime não nomeado, ligado à fatalidade de um "destino mineral",[7] foi cometido a céu aberto.

De imediato, impressiona a força do que terá sido a visão do pico do Cauê para o "menino antigo" que o avistava bem em frente das janelas do "casão senhorial" onde viveu a infância, desde os dois anos de idade ("pedra luzente/ pedra empinada/ pedra pontuda/ pedra falante/ pedra pesante/ por toda a vida").[8] Ponto destacado da paisagem natal drummondiana, o Cauê aparece nela como "primeira visão do mundo", inscrita em "perfil grave" na sua memória afetiva.[9] O pico se notabilizava por seu estatuto sóbrio e não espetaculoso no tamanho — ele mesmo mineral e mineiro —, embora perturbadoramente próximo e compacto, com seu alto teor de ferro concentrado. Impunha-se à visão de maneira supostamente indelével, desenhando "uma forma de ser, [...] eterna", "a cada volta de caminho".[10] Se a frente da casa dava para o pico, o fundo dava, "a dez passos do sobrado",[11] para a Matriz do Rosário, com seu poderoso "sino Elias" e seu relógio, cuja hora ressoava "grave/ como a consciência" e cujo som é "para ser ouvido no longilonge/ do tempo da vida", "som profundo no ar,/ [...] que liga o passado/ ao futuro, ao mais que o tempo,/ e no entardecer escuro/ abre um clarão".[12]

In loco, a escala desses lugares soa muito mais cerrada e contígua do que imaginaríamos à distância. A dimensão é patente na proximidade do sobrado familiar (que permanece lá, preservado e visitável) com a velha prisão e a Câmara. Mais que isso, estava, além de colado na Matriz, voltado frontalmente, com todas as suas sacadas, para o vulto montanhoso do Cauê. Situado por imposição ancestral no centro dessa topografia política, o sobrado familiar "*há de dar* para a Câmara" (como diz outro poema de *Boitempo*), *há de ter*, "no flanco, a Matriz" e *há de* "*ter* vista para a serra" (o grifo é meu).[13] *Há de ter*: a palavra da ordem e da autoridade, que estrutura o poema, é o timbre e o registro de uma linhagem de oligarcas, de coronéis latifundiários donos da trama "de poder a poder" que ordena o espaço, envolvendo a residência dos Andrade, a qual pertenceu ao bisavô, numa rede de instâncias públicas e privadas que amarra o urbano e o tectônico, os dispositivos civis, a igreja principal e a massa do pico do Cauê assomando entre ladeiras tortas, num horizonte inesperadamente íntimo, tudo encavalado numa dobra entre a escala da cidade e a do perfil de ferro maciço.

Assim também, constatamos que não é sem motivação biográfica que sinos repercutam pela obra poética de Drummond, quando entendemos que o da Matriz do Rosário ficava tão rente à casa familiar que suas batidas deviam reverberar nos alicerces e nos gonzos da vigília e do sono. A poesia tardia de Drummond realçará a ressonância infindável dessa badalada: "Impossível dormir, se não a escuto", impossível "ficar acordado, sem sua batida", e "existir, se ela emudece": "Cada hora é fixada no ar, na alma,/ continua sonhando na surdez./ [...] Imenso/ no pulso/ este relógio vai comigo".[14] Numa crônica de 1970, ele avalia o poder encantatório da combinação fusional de sino com relógio que se projetava da torre esquerda da Matriz, e que dava ao tempo cronológico uma dimensão reverberante, expandida, entranhada: "era um sino que soava longe, como o relógio da fachada era um relógio que dominava todas as horas: no friozinho do amanhecer, na preguiça da tarde, no tecido confuso da noite. Horas especiais saíam dele, nítidas, severas, ordenando o trabalho de cada um, a reza de cada um. No silêncio absoluto, quando pessoas e animais pareciam mortos, tinha-se consciência da vida, porque o relógio avisava e repetia o aviso".[15]

Sons de sinos — que não deixam de ser, afinal, a emanação aérea do ferro — comparecerão, mesmo ausentes, enquanto disparadores do tempo perdido e desencontrado na grande cidade, em poemas escritos no Rio de Janeiro, como "Anoitecer" ("é a hora em que o sino toca,/ mas aqui não há sinos"),[16] "Fraga e sombra" ("um sino toca, e não saber quem tange/ é como se este som nascesse do ar"),[17] "Reportagem matinal" ("Eis que ouço a batida nítida/ no azul rasgado ao meio/ perto/ longe/ no tempo/ em mim.// Quando a palavra já não vale/ e os encantos se perderam,/ resta um sino").[18] Os grandes saltos metafísicos da poesia de Drummond são disparados pela memória do som crepuscular e "rouco" do signo-sino, que dá a ver a face do enigma (n'"A máquina do mundo") e precipita o mergulho no "âmago de tudo", na dor universal, no "choro pânico do mundo" (em "Relógio do Rosário"). Como os demais signos do lugar, porém mais profundamente do que eles, o "sino Elias" entranha-se na dimensão mais íntima, independente de sua propagação pública, como um grande relógio de pulso interior (ressoando, na trama fusional "de poder a poder" que atravessa tudo, o nome do profeta bíblico e o nome do avô de Carlos, o capitão-mor Elias de Paula Andrade). Um ensaio de *fenomenologia do lugar* diz que um sino, quando "toca ao anoitecer, ouvido em toda parte, [...] torna o 'lado de dentro', o 'privado', parte de uma totalidade 'pública' abrangente".[19] Na Itabira drummondiana, mais que isso, é como se o sino pendulasse do familiar ao público e do público ao familiar mais íntimo, numa reverberação ostensiva da fusão entre essas esferas.

Em suma, algumas horas em Itabira falam, sem parar e sem palavras, da posição desse sujeito capturado desde o nascimento por uma topografia cenográfica, marcada impositivamente por sua origem de classe, diretamente associada a uma paisagem visual assombrada pela potência silenciosa de um relevo de ferro, ecoando numa paisagem sonora abismada pelo sentimento do tempo. Bem a propósito do que focalizamos aqui, Henri Bergson qualifica a experiência da *duração* por meio da referência ao som do sino, cujo efeito de ressonância sobre a consciência, furtando-se à mensuração e à espacialidade, teria o poder de revelar o ser como pura vibração contínua, fluxo de tonalidades afetivas, à maneira daquelas com que Drummond caracteriza a insistência das batidas do sino do relógio do Rosário.[20] Ao lado de constituir-se numa referência filosófica sobre a experiência do tempo liberado da mensuração, o sino em Drummond vem a ser um elemento concreto da história material rente ao corpo: é o próprio objeto sonante que está ali, contíguo e associado à casa da infância remota, inscrito na memória mais recôndita como um vizinho portentoso badalando dentro, ao infinito, as ressonâncias daquilo que *não cessa*. Não à toa, Walter Benjamin comenta que a experiência da durée bergsoniana é mais própria dos poetas que dos filósofos (somos levados a pensar que "somente o poeta pode ser o sujeito adequado de uma experiência similar"), e que foi um romancista-poeta, Marcel Proust, que a levou a suas consequências maiores, na busca da produção artificial (isto é, literária) da "memória involuntária" como via régia de acesso à experiência do tempo perdido e redescoberto, em condições sociais modernas, nas quais não se pode mais contar "com a sua gênese espontânea"[21] (bombardeados que somos por uma bateria de estímulos e choques que nos induzem a desenvolver uma espécie de couraça psíquica).[22]

Quando atravessam a camada anestesiada que resiste a eles, no entanto, os sinais (ou os sinos) da memória involuntária repercutem em conteúdos difusos, intensos, inconscientes, mais além da vivência factual e da recordação datada, chamando à tona, inteira, a aura não verbal do vivido, com todas as refrações que a compõem. Um exemplo flagrante desse fenômeno psíquico e poético encontra-se no relato, feito por Drummond, das associações despertadas nele por uma velha coleção de jornais itabiranos, que lhe chega às mãos em 1950. Como é próprio da memória involuntária, as lembranças em cascata jorram de um estímulo sensível, no caso as "páginas amarelecidas" que "cheiram preciosamente a 1910", fibras frágeis de papel gasto de cujas notícias longínquas exala "o menino daquele tempo" que "vai pelas ruas, sobe nas árvores, contempla longamente o perfil da serra, prova o gosto dos araçás, dos araticuns e dos bacuparis silvestres — *tudo isso que o jornal não tem, mas que se desenrola do jornal como de uma fita mágica*" (o grifo é meu).[23] Como o "divertimento japonês de mergulhar numa bacia de porcelana cheia d'água pedacinhos de papel", que, molhados, se estiram formando "flores, casas, personagens consistentes e reconhecíveis" (metáfora proustiana do momento mágico da *Recherche* em que a madeleine desperta o passado de Combray),[24] a "fita mágica" do jornal itabirano o transporta ao frescor de um tempo subjacente em zonas despercebidas da psique, que acorda de repente da dormência: "e subo de novo a ladeira do Bongue, revejo Lilingue, Chico Zuzuna, o velho Elias do Cascalho, feiticeiro africano, o poço da Água Santa, os coqueiros de espinho na estrada para o Pontal, o pequeno cemitério do Cruzeiro guardando meus parentes, e o frio das manhãs serranas, e as namoradas intocáveis no alto das sacadas de arabesco, tudo isso misturado, longínquo, próximo, nítido, cheirando absurdamente a jasmim — e perdido".[25]

Walter Benjamin coloca a memória involuntária no coração deslocado da lírica moderna, onde se trava uma luta com as circunstâncias adversas dadas pelos choques que inviabilizam sua eclosão espontânea, obrigando a consciência a um sem-número de contorções reflexivas e a uma teatralização intensiva do embate histórico com as condições em que se desenvolve. É na emergência da duração, no entanto, quando destacada das circunstâncias que a insensibilizam e a recalcam, que "conteúdos do passado individual entram em conjunção, na memória, com os do passado coletivo", como acabamos de ver, fazendo a subjetividade saltar para uma significação que a ultrapassa, ganhando uma dimensão ao mesmo tempo individual e social, íntima e histórica.[26]

O cenário de Itabira oferece uma conjunção conflitiva e desusada de conteúdos pessoais os mais íntimos, reverberados na caixa de ressonância da memória lírica, onde marcas da vida popular convivem com modelos oligárquicos da conformação social brasileira, tudo jogado contra o relevo de uma geologia impositiva. Percebemos concretamente, ali, o modo como esse complexo cerrado de casa-câmara-cadeia-igreja-sino-serra, em meio a ruas tortas e calçadas de ferro, constitui-se para Carlos Drummond de Andrade num lugar magnético da fantasia originária, num inconsciente social e telúrico de cujo interior *é impossível sair*, por mais que se desprender da origem e contribuir decisivamente para a interrogação e a afirmação da experiência moderna tenha sido o seu gesto capital de emancipação e de libertação.

TEMEI, PENHAS

Até aqui escondi de propósito o assombro maior e mais crucial, por ser praticamente inviável expor o quadro todo num movimento só. É que, para complicar radicalmente o panorama, a montanha do Cauê, cuja efígie o lugar nos induz a ver pelo vestígio de sua localização espectral, *não está mais lá*, a não ser como presença alucinada de uma ausência. Explorada pela Companhia Vale do Rio Doce, que foi criada especificamente para isso em 1942, quando da entrada do Brasil na Segunda Guerra Mundial, e com sua escavação recrudescida a partir dos anos 1950, visando o mercado mundial do aço, a montanha, de excepcional teor ferrífero, foi roída pela atividade mineradora, ao longo das décadas, a ponto de ter se transformado numa inominável cratera que cava seu perfil em negativo no fundo da terra. Assim, o que era desde sempre, naquela povoação, a proximidade singularmente promíscua da pacata conformação urbana com um acidente geológico de máxima densidade, paga essa desmedida originária com a implantação aberrante de um sítio minerador operando quase no coração da cidade, e atropelando-a com suas explosões, suas máquinas e sua chuva intermitente de poeira de ferro.

O grande buraco geral que a mineração cavou no território

de Minas, multiplicado por outras tantas Itabiras e Itabiritos, e que em Belo Horizonte fez da serra do Curral uma paisagem de fachada que esconde uma ruína mineral, está exposto em Itabira de maneira exemplar e obscena, de tão real e tão próximo. Em outras palavras, se o horizonte de Belo Horizonte é sustentado hoje por uma espécie de telão montanhoso, mera película residual preservada por conveniência — afinal, é dele que a capital do estado extrai seu nome —, em Itabira a exploração mineradora sentiu-se à vontade para abolir a serra e anular o horizonte sem maior necessidade de manter as aparências.

Se o pico do Cauê foi avassalado e enfim extirpado no processo de uma gigantesca cirurgia siderúrgica, o sino Elias tombou, por sua vez, na sequência dos acontecimentos que envolvem o desabamento parcial das torres e do telhado da Matriz do Rosário, em novembro de 1970.[27] Consta que, no mesmo dia da queda, o que restava da igreja foi sumariamente demolido por um grupo em que se confundiam bombeiros com técnicos e dirigentes da Companhia Vale do Rio Doce, munidos de cabos de aço, tratores, guindastes e marretas, precipitando o despencar estrondoso do sino sobre os escombros, sem que se considerasse a necessidade de um laudo geotécnico prévio ou se contemplasse a hipótese de restauração do edifício semidestruído.[28] (No lugar da antiga Matriz do Rosário foi construída outra igreja, modernosa e feia.)

Contra a hipótese de mera casualidade produzida pelos efeitos do tempo, a crônica local chama a atenção para o provável papel desempenhado, no desabamento, pelos "reflexos sísmicos causados pelas constantes explosões na mina do Cauê".[29] Se a hipótese vale, tem-se um efeito cascata em que a mesma dinamitação que liquidava o pico derrubava, àquela altura, a igreja e o sino. Para completar o quadro, a Fazenda do Pontal, muito possivelmente a referência para o poema em que o "menino entre mangueiras/ lia a história de Robinson Crusoé,/ comprida história que não acaba mais",[30] foi convertida pela atual companhia Vale num depósito de rejeitos da mineração, que só se pode avistar à distância, do alto de um morro para onde a antiga casa-sede foi transposta, numa manobra mirabolante de compensação museológica que é ao mesmo tempo um feito de engenharia e o belvedere da ruína, pretendendo apresentar-se como aprazível ponto turístico-literário no museu do mundo. Tudo somado, o conjunto formado por pico, matriz, sino e fazenda, espectros em torno de um casarão estranhamente incólume e crivado de lembranças, acaba por compor um cenário de devastação em escala de *land art*, alegórico malgrado ele mesmo, com a montanha virada do avesso na forma de um sino descomunal, arruinado e de ponta-cabeça.

Impossível não associar tal visão à catástrofe de Mariana e do rio Doce, desencadeada em 5 de novembro de 2015, desvelando uma nova dimensão desse todo. Em Mariana, a derrama dos rejeitos, empilhados como um castelo de cartas em duas barragens *a montante*, apoiando-se a si mesmas sem outros critérios a não ser o da acumulação sem freios, pela empresa Samarco, braço da atual Vale, cobrou seu tributo às comunidades e a todos os reinos da natureza em vidas e em destruição, no distrito de Bento Rodrigues e em tudo que se estende pelo rio Doce até o mar. (Já riscado da denominação da Vale S.A. em 2007, quando a Companhia Vale do Rio Doce — privatizada pelo governo Fernando Henrique Cardoso em 1997 — trocou seu nome, é como se a companhia estivesse agora a ponto de riscar o próprio rio do mapa.)

Associar os acontecimentos de Itabira e de Mariana não significa equipará-los — um é efeito do lento desenrolar de uma exploração que opera em surdina ao longo de décadas, de modo crônico, localizado e praticamente invisível na cena pública nacional; outro eclode súbito e estrondoso, esparramado no espaço e reconhecido imediatamente como a maior hecatombe socioambiental do país, desmascarando a pulsão destrutiva da sanha extrativa e acumuladora. Embora diferentes, no entanto, o acontecimento catastrófico de Mariana, com tudo que tem de fragoroso e letal, pode ser visto como o raio que ilumina o que há de silencioso e invisível na catástrofe de Itabira. Ambos envolvem a mesma região, a mesma empresa, e fazem parte da mesma história, que começa na altura de 1910 com a corrida de empresas inglesas, norte-americanas, alemãs e francesas ao quadrilátero ferrífero mineiro, com a instalação da Itabira Iron Ore Company, que prossegue com um longo período de disputas travadas sobre as condições dessa exploração mineral até o final dos anos 1930, tomando impulso com a entrada do Brasil na Segunda Guerra Mundial, em 1942, e a correspondente exportação do minério de ferro itabirano para a indústria bélica aliada, acelerando-se exponencialmente, com a articulação dessas jazidas à produção mundial do aço no pós-guerra (as circunstâncias disso serão detalhadas mais adiante). Ambos expõem as maquinações sem peias que vão convertendo compactas montanhas de minério em precárias e periclitantes montanhas de rejeitos.

O TREM-MONSTRO MINEIRO

Vida e obra de Carlos Drummond de Andrade acompanham a curva desse arco histórico — intencionalmente ou não. De perto ou de longe, dentro de Itabira ou com Itabira dentro dele, o poeta viveu o "destino mineral" que reconheceu ali ("um destino mineral, de uma geometria dura e inelutável, te prendia, Itabira, ao dorso fatigado da montanha").[31] Esse real, duro e inelutável, comparece espasmodicamente na sua poesia, desde as alusões às bordas primordiais do pico do Cauê até a vala comum d'"A montanha pulverizada", que emerge como um claro pesadelo na lavra tardia de *Boitempo*, "britada em bilhões de lascas" e levada pelo "trem maior do mundo".

Entenda-se a excepcionalidade da situação: trata-se do encavalamento surdo de uma mitologia pessoal, apegada ao enigma familiar provinciano e amplificada pelo poder simbólico da obra deste que veio a ser o maior poeta brasileiro do século, com a história da mineração no Brasil e seu arpejo de implicações locais, nacionais e mundiais. De maneira acidentada, ao longo de várias etapas, mas *desde o início*, como veremos, temos aí o cruzamento subterrâneo da fantasia provincial do sujeito, entranhada no mundo das relações patriarcais, com a realidade implicada na exploração mundial do ferro, o que dá àquela fantasia originária um fôlego estranhamente dilatado para as condições em que vigorou. Essa combinação de acontecimento local, íntimo, preso às circunstâncias e às idiossincrasias de Itabira do Mato Dentro, com a teia maior da guerra e da expansão da indústria pesada em escala internacional no pós-guerra, remontando ao interesse capital do capital pelas jazidas ferríferas de Minas desde o começo do século XX, tudo se fazendo presente por ausência, in loco e à distância, com efeitos às vezes antecipados, às vezes retardados, dá à situação um caráter ao mesmo tempo circunscrito e exorbitante, literal e cifrado.

Os conteúdos da "memória involuntária" convivem com o assalto da história mundial que chega insidiosamente a essa "cidadezinha qualquer" e *nada qualquer* (se olhada da perspectiva dos interesses internacionais que convergem para ela, e das discussões nacionais sobre o destino da mineração, que a envolviam diretamente desde os anos 1910). A empresa anglo-americana Itabira Iron Ore Company estava apta a funcionar já em 1911, nessa cidade em que o "sono rancoroso dos minérios" será acordado para ir à guerra em 1942, e que estará no alvo da "Grande Máquina"[32] dos dispositivos de exploração totalizante da segunda metade do século XX, embora cronicamente cega para tudo isso.

Itabira está situada, na verdade, numa espécie de polo secreto da mineração brasileira, de implicações nacionais e internacionais importantes, sem deixar de ser a "cidadezinha qualquer" da extrema província, dentro do mato, doendo na fotografia onde se encontram as retinas fatigadas pelos choques da modernidade com a efusão remota e lancinante da memória involuntária.

Durante o processo, a força e as potencialidades difusas do nicho provinciano, concentradas em bloco num maciço de ferro cheio de reverberações arcaicas e imaginado como imóvel e inesgotável, vêm a ser capitalizadas, isto é, apropriadas, dinamitadas, britadas, processadas e dissipadas pelo mundo. Tais operações, tidas como naturais do ponto de vista da mercadologia universal, tomadas como razão de ser em si mesmas, e sem contemplação alguma para com as consequências de outra ordem, têm o poder de alterar radicalmente a natureza da matéria e do patrimônio imaterial sobre os quais agem. Pois o pico do Cauê transita, com uma lentidão que não deixa de ser vertiginosa, e com um efeito final acachapante, entre ser *matéria primal* da história da localidade, *matéria primeira* da imaginação poética e *matéria-prima* da indústria pesada em larga escala.

Esses três estados podem ser identificados ao longo do já citado poema "A montanha pulverizada":

Chego à sacada e vejo a minha serra,
a serra de meu pai e meu avô,
de todos os Andrades que passaram
e passarão, a serra que não passa.

Era coisa dos índios e a tomamos
para enfeitar e presidir a vida
neste vale soturno onde a riqueza
maior é sua vista e contemplá-la.

De longe nos revela o perfil grave.
A cada volta de caminho aponta
uma forma de ser, em ferro, eterna,
e sopra eternidade na fluência.

Esta manhã acordo e
não a encontro.
Britada em bilhões de lascas
deslizando em correia transportadora
entupindo 150 vagões
no trem-monstro de 5 locomotivas
— o trem maior do mundo, tomem nota —
foge minha serra, vai
deixando no meu corpo e na paisagem
mísero pó de ferro, e este não passa.

A *matéria primal* da história itabirana relaciona-se com a apropriação do território, tomado aos índios sob a sombra majestática da montanha, no distante mato-dentro, e convertida pelos colonizadores ditos ancestrais do poeta em marco de posse e ornamento soberano da paisagem: "Chego à sacada e vejo a minha serra,/ a serra de meu pai e meu avô,/ de todos os Andrades que passaram/ e passarão, a serra que não passa.// Era coisa dos índios e a tomamos/ para enfeitar e presidir a vida/ neste vale soturno onde a riqueza/ maior é sua vista e contemplá-la". Outros poemas de *Boitempo* expõem as violências do regime de mando decorrente da operação de posse e de sua sustentação, o que não impede a identificação do sujeito com o passado senhorial, do qual o pico do Cauê pode ser visto como uma espécie de totem (no caso do poema, e frente à violência da devastação posterior, a identificação com o passado familiar dá o tom). Mas as oscilações culposas envolvendo o vínculo de classe, o trabalhoso rompimento com a origem oligárquica e a impossibilidade de fazê-lo completamente, de extinguir o sintoma, numa continuada luta mortal e amorosa com a figura do pai, atravessam a obra de Drummond como questão crucial. Fique claro que a potência dessa poesia reside em, entre outras coisas, expor as suas contradições de maneira reflexiva e conflituada, fazendo-se o campo de uma implacável autoanálise que resulta na emergência de efeitos lancinantes de um *real* do sujeito e da sociedade.

Já a *matéria primeira* da imaginação, sem a qual as outras instâncias poéticas simplesmente não andariam, envolve o modo como o pico do Cauê se faz objeto das associações afetivas intensas e duradouras que alimentam a lírica, vindas da infância, em certa medida anteriores ao próprio eu consciente, suspendendo o tempo cronológico e se tornando a matriz de fluxos e a mina de continuidade que desponta e retorna em toda parte a que se vá: "De longe nos revela o perfil grave./ A cada volta de caminho aponta/ uma forma de ser, em ferro, eterna,/ e sopra eternidade na fluência". Se no início do poema a montanha é dita como pertencente ao sujeito enquanto membro do clã dos Andrades, de cuja sacada senhorial ela é nomeada como "minha serra", na sequência ela passa a ser também a experiência singular do sujeito poético, multiplicadora de experiências ressonantes, imagem modular confirmada como o ponto de referência a cada volta dos caminhos ("pedra luzente/ [...]/ pedra pontuda/ pedra falante/ pedra pesante/ por toda a vida", como diz outro poema já citado). Se, em outros poemas, o sino da igreja do Rosário aparece como a referência-matriz do tempo, o pico é assumido aqui como o paradigma de orientação na "imagem ambiental" do lugar, baliza daquele espaço e de todos os espaços, como forma-matriz das formas durativas de ser, que se oferece ao sujeito como um princípio de identificação.[33]

A conversão dessa montanha primeira em *matéria-prima* e

insumo industrial, *hard commodity* na bolsa acelerada das mercadorias, triturada em fragmento, brita, lasca e pó, produto de um lento processo devastador, apresenta-se no poema como o efeito súbito e desconcertante de uma ausência descomunal, emergindo a seco de um pesadelo desperto: "Esta manhã acordo e/ não a encontro./ Britada em bilhões de lascas/ deslizando em correia transportadora/ entupindo 150 vagões/ no trem-monstro de 5 locomotivas/ — o trem maior do mundo, tomem nota —/ foge minha serra, vai/ deixando no meu corpo e na paisagem/ mísero pó de ferro, e este não passa". A história mundial, a tecnologia, o mercado, caem sobre a existência pétrea e antediluviana do Cauê como um golpe de *real* que o faz desaparecer, lançando um efeito corrosivo e avassalador, em ricochete, sobre as instâncias anteriores do poema: o poder do clã dos Andrades (entidade *imaginária* que acreditava deter o controle do território para sempre) e a constituição *simbólica* do sujeito (que encontrava na montanha seu eixo de referência e orientação).

Entremeados numa trama complexa que envolve o imaginário, o simbólico e o real, vários tempos incidem juntamente na montanha itabirana: o tempo paralisado de uma Itabira ancestral, arcaica e decadente, que não anda; o tempo ressonante da memória afetiva, que permanece indestrutível no sujeito como duração contínua e como ideia fixa, que não cessa; e o tempo celerado da mercadoria, que come por dentro, como que despercebido, mas que se revela instantâneo e devastador, *après-coup*. Um parece parado num marasmo sem fim, o outro povoa o primeiro de experiências e sensações poéticas que não param, o terceiro lhes dá um choque abissal. Tem-se aí, também, o trauma originário da sujeição oligárquica (subjacente, ele é assumido pelo sujeito, nesse caso, como reconhecível e, pelo menos, como visceralmente *seu*), diante do trauma a posteriori da devastação imposta pela pulsão devoradora do capital na era do aço. Esse segundo trauma apresenta-se como um sonho sinistro, corporificado na imagem ao mesmo tempo familiar e estranha do trem mineiro convertido no *trem-monstro*, arregaçando suas 5 locomotivas e 150 vagões na escala gigantesca da máquina mundial.[34] A modernidade, que comparece ali cronicamente como ausência, sobrevém como catástrofe. Tudo resultando na cifra totalizante de uma enigmática maquinação do mundo, combinação esdrúxula e sibilina do particular com o geral, que age ali como se ali não estivesse.

A ESFINGE

Convenhamos que o movimento sempre reversível entre a província e o mundo, na poesia de Drummond, entre a "cidadezinha qualquer" e a metrópole ("no elevador penso na roça,/ na roça penso no elevador"),[35] entre as configurações arcaicas do Brasil e os espasmos e anúncios da modernização do país, já está virtualmente inscrito nas dobras da história singularíssima de Itabira, desde que "os ingleses compram a mina" em 1910. Trata-se de uma situação muito mais complexa do que aquela, típica, em que escritores deslocam-se do meio rural ou provinciano de sua origem para as grandes cidades — como é o caso dos romancistas nordestinos dos anos 1930 —, deixando atrás de si um passado cheio de memória e prenhe de matéria literária, mas vencido e encerrado no tempo. No caso da relação de Drummond com Itabira, o passado volta insistentemente como matéria do presente, que ilumina, por sua vez, a origem: a seu modo, a história mundial está queimando e se desnudando ali.

Se Itabira é para Drummond um "lugar cósmico",[36] sem deixar de ser movido e paralisado pela história, é porque se trata desde sempre de absorver alguma coisa que é da ordem da desmedida e da anomalia. De maneira significativa, o poemeto "Itabira" (*Alguma poesia*, 1930), inaugurando a longa série sobre o tema, já contém implicações fundas e sutis, relacionadas com tudo isso, que passam despercebidas se não levamos em conta, mesmo que a posteriori, as dimensões tremendas da tragédia mineral itabirana. Nesse poema, o qual vamos comentar adiante, que começa com o verso "Cada um de nós tem seu pedaço no pico do Cauê" e que registra a compra da mina pelos ingleses, estão prefiguradas e encapsuladas sutilmente, em sua forma inicial, as forças em jogo durante as décadas seguintes. "Itabira" (publicado pela primeira vez em jornal, em 1926) e "A montanha pulverizada" (em 1973) constituem-se em pontos extremos nos quais podemos reconhecer o início e o termo do processo.

No meio do caminho entre os dois poemas coloca-se a pedra mais enigmática do problema todo: "A máquina do mundo" (*Claro enigma*, 1951). Se "Itabira" está no começo e "A montanha pulverizada" no fim, "A máquina do mundo" é a pedra totalizante no meio do percurso, o núcleo secreto dessa história, seu cerne simbólico, seu *aleph*. É ela que está na nossa mira, quando fazemos a introdução a esse capítulo imponente e doloroso da geoliteratura mineira, que ganha ali uma densidade máxima e cifrada, e que é preciso historicizar. Procuraremos mostrar, mas para isso é preciso palmilhar ainda o caminho das pedras, que o acontecimento econômico, tecnológico e faustiano da exploração do pico do Cauê, com toda a sua amplitude e suas implicações históricas, deixará rastros secretos naquele périplo em que a *Grande Máquina* dos dispositivos da exploração capitalista se encontrará com a mítica *Máquina do Mundo*, de ressonâncias camonianas, na "estrada de Minas, pedregosa", ao som do "sino rouco" que é outro dos sinais metálicos e pungentes da memória involuntária na poesia de Drummond. Assim, a Máquina não é somente a quimera abstrata que surge do nada, oferecendo ao poeta moderno — que a recusa — a velha tentação do enigma total desvendado, mas é também o recado conflituoso que advém de um choque: a visão do solo das Minas revirado pelas máquinas mineradoras. Para sustentar essa relação inusual, contaremos com o relato, escrito por Drummond, de uma sobressaltada e extática viagem entre Belo Horizonte e Itabira, em maio de 1948, a bordo da "máquina frágil" e "aventureira" de um táxi-aéreo, para visitar a mãe que estava gravemente doente, quando lhe é dado ver com os próprios olhos o "pico venerável" tornado objeto da empresa mineradora, os caminhões arfantes contornando a montanha, os vagões descendo "pesados de hematita" e as "instalações de ar comprimido" desintegrando "os blocos milenários".[37]

"A máquina do mundo" aparece pela primeira vez no *Correio da Manhã*, em 2 de outubro de 1949, pouco mais de um ano depois dessa viagem. Relida à luz da questão mineral, a famigerada máquina pede para ser entendida não apenas como a aparição intempestiva do Absoluto (que *também é*), mas como a indicação elíptica de um trauma histórico e a intuição totalizante dos dispositivos de dominação e exploração que se abrem no mundo do pós-guerra, de vastas consequências para a visão do contemporâneo.

Se eu disse que o poema *pede para ser entendido*, fique claro que esse pedido silencioso só se faz enquanto *claro enigma*, isto é, com a "face neutra" de quem pergunta, de dentro de suas "mil faces secretas" — e "sem interesse pela resposta" —, se "trouxeste a chave". A poesia, como se sabe, não trata necessariamente a sua matéria de maneira referencial direta, mas "penetra surdamente no reino das palavras" e *come pelas bordas*.[38]

2

MAPA-MÚNDI

É intrigante que haja tanta geografia e tanta história mundial no imaginário da Itabira drummondiana, mesmo quando o poeta remonta ao seu passado mais remoto. Em seu livro *O mundo sitiado: A poesia brasileira e a Segunda Guerra Mundial*, Murilo Marcondes de Moura ressalta a importância de um conto intitulado "Um escritor nasce e morre", narrativa de caráter autoficcional em que Drummond figurou a sua primeira descoberta da escrita como acontecendo numa aula de geografia na escola primária, na cidade de Turmalinas (evidente máscara ficcional de Itabira, a julgar por vários índices do próprio texto), sob a persona autoirônica de um nome típico de moleque de piada, o garoto Juquinha.[1] Na aula, os nomes das cidades e dos países do mundo, à medida que iam sendo traçados pela professora no quadro-negro, disparavam no personagem infantil associações imaginárias que lhes conferiam uma existência palpitante ("Paris era uma torre ao lado de uma ponte e de um rio, a Inglaterra não se enxergava bem no meio do nevoeiro, um esquimó, um condor surgiam misteriosamente, trazendo países inteiros"). O mundo eclode na mente do menino como um campo de possibilidades inauditas, e dispara nele o desejo de fabular ("de repente nasci, isto é, senti necessidade de escrever"), rabiscando, ali mesmo na sala de aula e com o rosto ardendo de excitação, a história rudimentar em dez linhas ("talvez a mais curta narração do gênero") de uma viagem de "Turmalinas ao Polo Norte".[2] "Ele confessaria depois", diz José Maria Cançado, "que essa sensação de 'rosto ardendo' ao escrever nunca o abandonou, e que ele mesmo, Drummond, tinha 'nascido ali', naquele momento, junto com a nova realidade que as suas dez linhas tinham lançado no ar". Segundo o biógrafo, o acontecimento remete ao ano de 1912, quando, aos dez anos de idade, "ele tinha desencabulado pela primeira vez, numa redação escolar do terceiro ano primário".[3]

Mais do que perguntar até que ponto o episódio tem base verídica, importa identificar o fato de que essa ficção sobre o ato de ficcionalizar mostra-se associada, como fantasia originária, à revelação de uma cartografia mundial da qual a cidade natal faz parte. O narrador de primeira viagem percorre num átimo o mapa imaginário que vai do lugar de nascimento até o ponto mais extremo do globo, arrastado pela descoberta da existência do mundo, e percebido este, num instante fulgurante e urgente, como *a articulação do lugar em que se está com todos os lugares possíveis*. Tal varredura, figurada como um ato inaugural do exercício da própria pessoalidade (*nascer* como *escrever* a descoberta do mundo), tem enormes consequências para a poesia drummondiana de um modo geral, na qual se tecem infinitas variações em torno da palavra "mundo", senha obsessivamente repetida do tudo-e-nada com que se quer capturar a impossível totalidade dos fatos — palavra que ocorre nele, como veremos adiante, com uma insistência desusada e incomum em qualquer outro poeta que conhecemos.

Faz parte, assim, do complexo itabirano, em Drummond, um extremamente precoce *sentimento do mundo* — originário e fundante. Murilo Marcondes de Moura sugere que o forte engajamento de Drummond nos acontecimentos da Segunda Guerra, que marca tão decisivamente o livro *A rosa do povo* (1945), não poderia encontrar sua expressão poética se não remontasse ao primórdio itabirano contido naquela aula primária de geografia, sem o qual parece ser impossível estabelecer-se o vínculo do poeta com o mundo. Murilo mostra que a Segunda Guerra Mundial desencadeou pela primeira vez o sentimento de uma humanidade planetária, compartilhada ao mesmo tempo em muitos cantos da Terra, sobretudo pela voz dos poetas. George Orwell afirmou que, para acompanhar a guerra, seria "necessário consultar um atlas e [...] não esquecer de que a terra é redonda"; Hobsbawm, que "a Segunda Guerra Mundial foi uma aula de geografia do mundo".[4] Em Drummond, é como se a chave desse engajamento com a humanidade na luta antifascista não pudesse se dar sem partir de dentro, transportada pela memória, vindo da verdade pessoal mais profunda: "Uma rua começa em Itabira, que vai dar em qualquer ponto da terra". Para chegar a esse verso de "América", n'*A rosa do povo*, o poema precisa passar pela transfusão da experiência local na experiência mundial, ainda ligada àquele antigo mapa escolar por intermédio do qual o mundo se abriu pela primeira vez: "Ah, por que tocar em cordilheiras e oceanos!/ Sou tão pequeno (sou apenas um homem)/ e verdadeiramente só conheço minha terra natal,/ dois ou três bois, o caminho da roça,/ alguns versos que li há tempos, alguns rostos que contemplei. [...]// Uma rua começa em Itabira, que vai dar no meu coração./ Nessa rua passam meus pais, meus tios, a preta que me criou./ Passa também uma escola — o mapa —, o mundo de todas as cores./ Sei que há países roxos, ilhas brancas, promontórios azuis./ A terra é mais colorida do que redonda, os nomes gravam-se/ em amarelo, em vermelho, em preto, no fundo cinza da infância./ América, muitas vezes viajei nas tuas tintas./ Sempre me perdia, não era fácil voltar./ O navio estava na sala./ Como rodava!// As cores foram murchando, ficou apenas o tom escuro, no mundo escuro./ Uma rua começa em Itabira, que vai dar em qualquer ponto da terra./ Nessa rua passam chineses, índios, negros, mexicanos, turcos, uruguaios./ Seus passos urgentes ressoam na pedra,/ ressoam em mim./ [...] Sou apenas uma rua/ na cidadezinha de Minas,/ humilde caminho da América [...]".

A GUERRA NAS RUAS

A ligação de Itabira com o precoce sentimento do mundo, associado a uma verdadeira obsessão pela experiência da guerra, no imaginário drummondiano, pode ser rastreada ainda em circunstâncias muito anteriores, que datam da mais remota infância, tal como aparece figurado na sua autobiografia poética. Curiosa e significativamente, o poema "Guerra das ruas", em *Boitempo*, narra o modo como duas ruas itabiranas, a Rua de Santana e a Rua de Baixo, "entraram em guerra", não por motivos pedestres e esperáveis — como alguma desfeita pessoal ou por alguém roubar legume na horta de outro —, mas por seus habitantes tomarem partidos opostos na guerra russo-japonesa (de 1904-05): "Lá os de Santana/ são aristocratas,/ russófilos feros;/ os daqui de Baixo,/ povo pé-rapado,/ nipo-esperançosos". Disputas sociais de bairro tomam emprestado o teatro de uma guerra longínqua para o ajuste de contas de suas diferenças. "Entre as ruas ferem-se/ batalhas navais" e "estrondam os ares/ municipais" — a pendenga local é tratada engraçadamente como o microcosmo de uma zona mundial conflagrada. E, se as modestas ruas rivais acabam estremecidas, o que importa, na avaliação final do próprio poema, é que elas se transformam "para sempre" em "ruas do mundo". Assim, a conclusão estampa uma vez mais o motivo poético presente no verso-chave de "América" — nesse caso, não uma, mas duas ruas de Itabira, em litígio, estão ligadas a pontos distantes da Terra conflagrada.

Se "Guerra das ruas" trata da repercussão do conflito russo-japonês no Mato Dentro em chave anedótica e pitoresca (fabulando possivelmente em cima da crônica oral local, já que Carlos teria de dois a três anos na época do acontecimento), o poema "1914", do mesmo *Boitempo*, vai fundo nas inquietações que assombram o menino, já com seus doze anos, diante das notícias que chegam da Primeira Guerra Mundial, longínqua, irreal e avassaladora.[5] Em contraste gritante com o ramerrão da singela "vida besta" provinciana, com sua proverbial lentidão (Sinhá Americano vai à missa, Nhonhô Bilico dá "água e alpiste aos canários", Minervino desce ao cartório, Amarílio faz sonetos no correio, Romãozinho limpa vidraças e Quincas Custódio abre a coletoria), o garoto sente sozinho o impacto "do soldado partido/ em dois no campo raso", do "tanque perdido" e do "avião de caça" que passa rasante no campo de batalha, infinitamente distante do Poço da Penha. Entre os ritmos disparatados e incongruentes dos acontecimentos locais e mundiais, a cidadezinha é sentida como um "território encravado" no branco do mundo ("Um branco povoado/ como se mundo fosse"), um lugar nenhum fora de todos os mapas, confinado entre os limites da "divisa do Carmo/ ao Norte" e de Santa Bárbara ao Sul. É dentro desse "oco paroquial" que se abate sobre ele "o peso desta guerra/ universal e minha" — menino que procura e desconhece a balança capaz de "sopesar os ódios" (embora nutra tendências germanófilas) e guerra que "cava uma trincheira/ à beira de meu catre". Mais do que nas ruas em volta, a guerra está no sujeito, cujo corpo é metonímia de todos os pontos da Terra. É ele que acusa o golpe do choque dos mundos como crise irreparável: "A meus olhos esfuma-se/ o imaginário limite/ do bem e da justiça/ que a palavra traçara/ e paixão e interesse/ entre cercas de arame/ farpado se entrecruzam/ tecendo o labirinto/ sinistro a percorrer/ na incerteza da história./ Nunca mais reaprendo/ o que é a verdade".

Se voltarmos ao primeiro livro de Drummond, *Alguma poesia*, veremos que ele combina retratos minimais de cidades mineiras, na série "Lanterna mágica", com notações mordazes e pouco cerimoniosas sobre o estado do mundo em 1930, como se fossem feitas ainda por uma espécie de Juquinha crescido — sobre Paris ("a água suja do Sena escorrendo sabedoria"), Londres ("milhões de dorsos agachados em colônias longínquas formam um tapete para Sua Graciosa Majestade Britânica pisar"), Hamburgo ("homens de cabeça rachada cismam em rachar a cabeça dos outros dentro de alguns anos"), sobre a Itália que "explora conscienciosamente [...] vulcões que nunca estiveram acesos/ a não ser na cabeça de Mussolini", sobre a Rússia "vermelha e branca" onde "sujeitos com um brilho esquisito nos olhos criam o filme bolchevista e no túmulo de Lenin em Moscou parece que um coração enorme está batendo, batendo/ mas não bate igual ao da gente..." ("Europa, França e Bahia").

O poema "O sobrevivente", também de *Alguma poesia*, faz um balanço do mundo periclitante do pós-Primeira Guerra Mundial, onde "há máquinas terrivelmente complicadas para as necessidades mais simples", onde os homens "matam-se como percevejos", e onde se tornou impossível escrever um poema (no seu humor negro, mesmo que ligeiro e sem maiores responsabilidades, a frase faz lembrar, avant la lettre, a reflexão soturna de Adorno sobre Auschwitz e a impossibilidade da poesia): "Impossível compor um poema a essa altura da evolução da humanidade./ Impossível escrever um poema — uma linha que seja — de verdadeira poesia./ O último trovador morreu em 1914". Não obstante, o último verso sussurra, entre parênteses: "(Desconfio que escrevi um poema)".

O tom desabusado do livro inaugural de Drummond exibe, em suma, o desembaraço de quem circula imaginariamente pelas metrópoles (sem ter saído do próprio país) como se estivesse em casa. Suficientemente identificado com a experiência local para tratar qualquer lugar do mundo como um lugar familiar entre outros, e suficientemente estrangeiro para captar a estranheza de todos os lugares como sua, mesmo sem ter ido lá. Se esse tom glosa algo da dicção mário-andradiana (especialmente em "Europa, França e Bahia") e algo da dicção dos cartões-postais poéticos oswaldianos (especialmente na série "Lanterna mágica"), Drummond imprime ao ambiente da poesia modernista uma ancoragem a um só tempo mais afundada na experiência provinciana e mais cosmopolita. O variado desarranjo internacional de "Europa, França e Bahia" (em cujos indícios disparatados estava se armando a Segunda Guerra Mundial) parece ratificar com ironia o crônico desarranjo nacional, banhado num sentimento enviesado do (não) lugar do Brasil no mundo, sem prejuízo do saldo corrosivo que salta disso tudo como negatividade trágica. É essa mobilidade irônica e aguda, no entanto, que ele sentirá depois, pressionado pela avalanche histórica dos anos 1930, como excessivamente descompromissada e irresponsável, e que buscará superar — mobilizado, culpado e politicamente participante — em *Sentimento do mundo* (1940)[6] e *A rosa do povo* (1945).

Por tudo isso, a relação Drummond-Itabira, já no seu primeiro livro, é a expressão acidentada da combinação heteróclita de cidade pequena com cidade grande, de província e província da província com capital e capital das capitais, de realidade local e nacional com cenas explícitas de vida mundial, de recolhimento e escândalo, tudo desmedido e oculto como uma bomba-relógio.

A notável permeabilidade aos fatos do mundo no coração da província, sempre aterrada na circunstância local, desafia a interpretação: como pode um comprometimento tão arraigado com a vida provinciana exibir essa espécie de cosmopolitismo congênito, mesmo que ironicamente relativizado?

Não é o caso de fechar em torno disso uma explicação mecânica. Não me parece, no entanto, que se deva desprezar o fato de que o território de Itabira, desde que o menino Carlos se entende por gente — ou quase isso —, aos seus sete ou oito anos de idade, tornou-se um alvo da cobiça mineralógica internacional, como uma jazida imponente exposta ao olho guloso do mundo (em conjunção casual e cósmica, seja dito, com a aparição do cometa Halley). A pequena exploração local do ferro abria-se então para o horizonte de uma escala industrial envolvendo diretamente os destinos da modernização do país). De um modo difuso, nem a cidade nem ele foram os mesmos depois desse fato, mesmo que a pasmaceira cotidiana não fosse substancialmente alterada durante longo tempo. Nas décadas seguintes (dos anos 1910 aos anos 1930) a discussão contínua e travada sobre o destino da mineração no Brasil terá em Itabira seu alvo principal e seu pomo da discórdia. Como ficará claro adiante, Itabira estará cada vez mais num verdadeiro epicentro oculto da questão mineralógica brasileira. Assim, desde o começo do século XX, alguma coisa acontece *surdamente* ali, ou está para acontecer, que se coloca em relação intensa, poderosa, perigosa, com interesses que se mobilizam fora dali, mesmo que os sinais adventícios (a chegada de estrangeiros comprando terras de incautos proprietários a preço de banana) sejam lidos, na cidade, segundo códigos corriqueiros e provincianos, como veremos. Para o menino da antena poética, porém, tal como testemunhado na sua automitologia de origem, o mundo é eletrizado pela dinâmica das relações entre o próximo e o muito distante, que se consubstancia na escrita; pela guerra remota, que não obstante assombra e fratura por dentro o sentido do dia a dia; sem falar no enigma da vida e da morte, que rasga a terra e o céu, de fora a fora.

OS GARANHÕES GANHANTES

Essa problemática pode ser vista também uma ou duas oitavas abaixo, se fizermos um zoom na direção de uma dimensão sociológica mais específica. Os Andrades, abastada família patriarcal dona de gado e fazendas, entregaram-se "a uma nascente indústria têxtil, à forja de instrumentos para a lavoura e à manufatura de couro", sendo o pai de Drummond, o coronel Carlos de Paula Andrade, um dos maiores criadores e comerciantes de mulas em Minas Gerais.[7] Avô e pai, e isso a perder de vista na linhagem paterna, são mandões tradicionais brasileiros. Os desmandos do primeiro, o capitão-mor Elias de Paula Andrade, tal como reportados por José Maria Cançado, lembram os de uma figura emblemática da ficção mineira, o Nhô Augusto Esteves d'"A hora e vez de Augusto Matraga", de Guimarães Rosa. "Latifundiário e dono de escravos [...] quase mítico na região", "homem do chicote e do punhal, do som e da fúria, do batuque e das negras do Cutucum, o lugar onde se reuniam os negros libertos em Itabira", teria certa vez prendido "num quarto, durante uma festa, o próprio dono da casa, para soltá-lo apenas de manhã, depois de divertir-se a noite inteira com as mulheres da família".[8]

Histórias como esta, de violência e demonstração ostensiva de arbítrio, verídicas ou não, visíveis ou não, faziam parte, se nos baseamos na narrativa de Cançado, de uma fermentação de relatos por meio da qual a imaginação popular testemunhava ou fantasiava os rompantes, as idiossincrasias, as prerrogativas e realidades do poder mandão, com seu mandato de gozo sem limite. Sobre o pai de Carlos, murmuravam as bocas vadias que era secretamente pai do artesão popular Alfredo Duval, cuja suposta semelhança física com Carlos de Paula Andrade indicaria ser ele filho do coronel com uma negra. Artista popular mestiço, original, criativo e anarquista (apaixonado por Tiradentes e Bakunin), Duval (citado na "Confidência do itabirano", onde o "São Benedito do velho santeiro Alfredo Duval" se alinha entre as prendas de Itabira) tornou-se uma referência importante para o menino Carlos, que gostava de visitar a sua oficina, onde via se abrirem mundos insuspeitados. Um belo poema de *Boitempo* sela essa admiração e essa aliança: "Quem sabe de teus santos e teus bichos,/ de tua capa e espada imaginária,/ quando vagões e caminhões desterram/ mais que nosso minério, nossa alma?/ Eu menino, tu homem: uma aliança/ faz-se, no tempo, à custa de gravuras/ de semanais fascículos românticos...".[9] A murmuração local insinuava que esse, que se transformou numa espécie de "pai cultural mulato" do poeta, seria também seu irmão carnal. Mais ainda, a razão secreta da súbita e inexplicada mudança da família para Belo Horizonte, em 1920, por decisão do pai, se deveria, segundo os boatos, ao fato de que o potencial noivo da filha, irmã de Carlos Drummond de Andrade, seria um irmão biológico da noiva.[10]

Em suma, na fantasia ou na real, possivelmente as duas coisas, proliferavam hipotéticos filhos do avô capitão-mor e do pai coronel, esses *garanhões ganhantes*, para usar uma expressão cunhada por Guimarães Rosa em "Buriti", que se aplica a esses homens-sustentáculos do patriarcalismo mineiro. Supostos donos do poder, do mundo e das mulheres subalternas como se fossem ainda o pai primordial sem limites do *Totem e tabu* freudiano, no estilo do patriarcalismo escravista brasileiro, impõem aos filhos as obrigações e a obediência a uma lei moral que eles mesmos não seguem, embora reverenciem. Em outros termos, como se combinassem de forma sintomática, anômala mas representativa de um modo de funcionamento geral, o regime colonial escravista e patriarcal de *Casa-grande & senzala* com a introjeção dos protocolos de civilidade europeia do Segundo Reinado, à maneira de *Sobrados e mocambos*. Trata-se, assim, de uma ordem rígida e repressora à qual a transgressão é inerente, mesmo que estribada na moral familiar, com a produção subjacente de esquisitice, temor e incesto real ou imaginário. Às filhas mulheres restava aceitarem a sujeição que as alinhava ao "suspiro fundo" da mãe ou o escândalo nem sequer concebível da insubordinação.[11] Aos filhos machos, restava aceitarem surdamente a figura paterna e seu mandamento tácito, introjetando através de violentos rituais de entrada no mundo dos homens a *pedagogia do opressor* que lhes dava a têmpera de soberanos absolutos, assumindo afinal propriedades, negócios e prerrogativas do pai. Ao se furtarem à ocupação desse lugar determinado a fogo mas já minado pela decadência, recusando-se a encarná-lo por um misto de fatalidade histórica e (anti)vocação, como é o caso do poeta, permanecem marcados por um sentimento de dívida sem reparo, fadada a sempre retornar na série de aparições espectrais do pai, que tantos poemas registram.

A propósito, diz ainda o biógrafo que "o pai abria uma conta para cada filho logo depois do nascimento, e [...] as despesas eram lançadas em cadernos de capa duríssima, guardados nas gavetas de sua mesa de escritório". O cômputo dessa dívida de vida, batismo contábil fundado sobre um saldo negativo de origem e destinado a só crescer, permanecia hermeticamente encerrado no livro duro do pai, sempre inacessível aos filhos, que jamais chegariam a saber o montante dessa oculta obrigação moral. Pois, nunca negligenciada e nunca cobrada, a conta em poder do pai permanecia no lugar informulável e insaldável da Lei, da dívida em estado puro, destinada tanto a não ser dita como a não ser quitada.[12] Com boas razões, portanto, uma estranha modalidade de "racionalidade administrativa" o tornava, na visão do filho, "muito mais próximo do pai astuto, sem rachaduras e inalcançável da *Carta ao pai*, de Kafka, do que de outros *pais* de escritores brasileiros — os do Nordeste especialmente".[13]

Há nessa figura silenciosa, impenetrável, impondo-se implacável como um modelo a ser obedecido, imitado e reposto, embora posto como insubstituível, algumas das mais recorrentes ambivalências brasileiras. Repetidor de muitos dos procedimentos do *costume* arcaico, o pai do poeta nem por isso deixa de ter arranques de modernizador, lançando-se, por exemplo, à aventura fantasiosa e inconsequente, a certa altura, da fabricação de vinhos de suposta qualidade europeia em Itabira. Noutra ocasião, acusado de manter trabalhadores em regime de escravidão numa de suas fazendas, teria alegado tratar-se de uma avançada experiência de colônia penal agrícola, em que presos, trabalhando na lavoura, desfrutariam de um regime de relativa liberdade.[14] A justificativa civilizadora não elimina, é claro, o imaginável procedimento promíscuo em que presos públicos (ou privados?) trabalhariam numa empresa particular, reforçando a evidência do já citado posicionamento da prisão e da Câmara no espaço da cidade como extensão da casa. Ressalve-se que os fatos aludidos são versões dificilmente verificáveis. O próprio Drummond, segundo seu biógrafo, teria conhecido a acusação muito posteriormente, através de um não nomeado jornal europeu, e as explicações apresentadas foram consagradas na versão familiar. Mais um exemplo, de toda forma, das murmurações sintomáticas que dão notícias do complicado modo de funcionamento desse cosmo social.

O IMPÉRIO DAS MERCADORIAS IMPORTADAS

É esse personagem do pai que assimila à sua maneira "o espírito do século" e adota "um estilo de vida decididamente burguês, animado por bailes, saraus, e o som de incontáveis pianos". Compra "revistas de implementos agrícolas encomendadas no Rio de Janeiro e nas capitais europeias, manuais técnicos de um modo geral, catálogos da época sobre as novidades do lar". Pavimenta a frente da sua casa com a novidade do cimento, que conheceu através das revistas, ou encomenda da capital federal a banheira esmaltada que viu nos anúncios.[15] É por essa via bem palpável, também, que o casarão da infância do poeta, plantado na circunstância local itabirana, se faz permeável ao mundo, participando do império florescente das mercadorias importadas e de certo dernier cri cosmopolita por extensão. Com o que retornamos à síndrome da província com viés cosmopolita, dessa vez em tom farsesco. Uma análise aguda da circunstância se encontra, como de costume, num poema de *Boitempo*, que assinala com minúcia irônica a instauração desse "Império mineiro" (é o título do poema), império de fantasia cuja soberania imaginária vigora pela via da importação, e não da exportação.

O poema começa com uma copiosa enumeração de artigos de luxo trazidos a Itabira através do Rio, junto com alguns florilégios da cultura da capital da República no início do século xx ("rondós" — ou sonetos — parnasianos e discursos de Rui Barbosa, que ornamentam a residência itabirana e lhe dão a ilusão de ser o próprio umbigo do mundo:

Vêm da "corte", vêm "de baixo"
as casimiras mais finas
as sedas mais celestinas
as requintadas botinas

*de primeira comunhão
as porcelanas-da-China
os relógios musicais
os espelhos venezianos
os lustres, os castiçais
as banheiras esmaltadas
as delícias enlatadas
os biscoitos coloridos
as esdrúxulas bebidas
de rótulos ilegíveis
chocolates divinais
quadriláteros de doce
cristalizado irisado
vêm revistas e jornais
os rondós parnasianos
as orações magistrais
do senador Rui Barbosa
vêm mulheres fulminantes
em reluzentes postais
com vestidos transparentes
muito acima do soalho
e do sonho dos meninos
vêm cometas e vêm mágicas
de berliques e berloques*

    A essa altura da enumeração, cuja abundância fala por si mesma de uma compulsão ao luxo da corte (mesmo que já proclamada a República...), o poema introduz na série um elemento forasteiro e estranho, que se faz passar por equivalente aos outros mas que traz consequências muito distintas. O texto imita, aliás, em sua forma, o modo disfarçado como se insinua no local, em meio à cambulhada de produtos rebrilhantes, esse invasor internacional — trata-se do comprador, por dinheiro ralo, de lavouras cansadas que abrigam jazidas ferríferas:

> *vêm senhores de bigode*
> *lourenço, fala de estranja,*
> *fazendo chover na serra*
> *o chuvisco de dinheiro*
> *em troca apenas de terra*
> *já farta de dar feijão*

Inconsciente desse cavalo de Troia que chega de olho na montanha de ferro e que passa despercebido em meio à enxurrada de novidades mercantis trazidas do Rio, a parentela local se refestela em seu poder de compra, participa à distância da esfera cosmopolita, se imagina, sem contraste, como a destinação privilegiada dos bens do mundo, do qual se sente senhora por um efeito acrobático de autoilusão:

> *vem "de baixo", vem do Rio*
> *toda a civilização*
> *destinada especialmente*
> *a nossa vila e parentes*
> *e nossa mor importância.*
> *Bem que o Rio é nosso escravo.*
> *Somos senhores do mundo*
> *por via de importação.*

Em suma, seja por reverberar de algum modo as relações latentes e insidiosas dos interesses internacionais com o potencial ferrífero de Itabira, seja por ser afetado pelo impacto imaginário das notícias da guerra em países distantes, seja por crescer no seio de uma elite provinciana que se acreditava dona de tudo quanto existe graças às mercadorias modernas que mandava importar, seja por olhar a cidade do alto da oficina do artista popular que lhe oferecia uma perspectiva anarquista da vida, seja por frequentar a memória dentro do coração do tempo em que somos pura duração, seja, principalmente, por descobrir na escrita uma vertente capaz de fazer viajar, com o rosto em fogo, pelo enigma, o fascínio e a dor de tudo isso, Carlos Drummond de Andrade veio a se apresentar aos nossos olhos como *o* poeta tomado pelo *sentimento do mundo*.

ESTILO TARDIO

Já temos elementos abundantes para questionar a ideia arraigada de que *Boitempo* é um livro complacente com a origem oligárquica, entregue ao mero comprazimento rememorativo do mandonismo patriarcal, da província e da família, e a uma espécie de capitulação sociológica dentro de um casulo nostálgico. Silviano Santiago marcou essa posição de leitura, acreditando que o livro trai o ímpeto anárquico com o qual o poeta rompeu com a velha ordem oligárquica e com o cosmo provinciano e familiar regidos pela soberania do pai. A ruptura, que pôde fazer dele o poeta moderno, o ser inquieto e problemático aberto ao mundo vasto, às diferenças e ao *outro*, teria sido abandonada, na velhice, em nome de um retorno ao universo natal marcado pelo "arrependimento", pelo "reconhecimento tardio" e pela "obediência".[16] O crítico pressupõe que Itabira seria o mal provinciano e conservador a ser deixado para trás por aquele que recusou o mando local para ganhar o mundo.[17]

Perde-se a complexidade singular e o nervo da questão, no entanto, ao se propor essa contraposição esquemática entre rompimento e adesão. Silviano fala num sistema de "recalques" recíprocos — o do mito do *começo*, que afirmaria uma nova sociedade contra os valores do clã, e o do mito da *origem*, que reafirmaria os valores conservadores da tradição e do passado contra toda ruptura —, cada uma das linhas de força rasurando a outra numa pendulação conflitiva até o repouso no segundo polo, em *Boitempo*. A ideia das duas linhas de força me parece pertinente quando estas são pensadas como partes simultâneas do nó histórico em que se embaraçam "o processo de decadência por que passa a oligarquia rural mineira nos seus constantes embates com a urbanização e a industrialização", por um lado, e, por outro, "a esperança em uma frutífera radicalização político-social, oriunda do otimismo inicial gerado pelo movimento tenentista de 1930, otimismo este crítico da oligarquia rural onde, paradoxalmente, se situa o clã do poeta".[18] Essa contradição objetiva está de fato no cerne da trajetória drummondiana, mas como "tensão dramática" permanente, e não como uma gangorra que pendulasse, alternando rasuras, entre a *não identificação* com o pai, aberta ao outro, e a *identificação* com o pai que se fecha no mesmo, para estacionar afinal no comprazimento retrógrado.

Não se sustenta também a afirmação de que, em *Boitempo*, o poeta assume o discurso do Pai e "volta ao seio da Família para que seja o novo Patriarca".[19] Em nenhum momento o sujeito assume a pompa e a circunstância desse lugar. A trajetória geral do poeta tampouco se acomoda à narrativa de um dilema bem demarcado entre *família-província-conservadorismo patriarcal* de um lado e *mundo-metrópole-modernismo emancipado* de outro (inclusive porque, na poesia de Drummond, um lado *fala* do outro e expõe o quanto, no Brasil, eles permanecem permeados). Em alguns daqueles que são reconhecidos como os mais escancaradamente modernos e cosmopolitas dos seus momentos, o leitmotiv itabirano está ali, e com ele a figura do pai, que retorna como espectro — isto é, como o morto não enterrado de um luto não feito —, para um ajuste de contas que parece destinado a não se deixar concluir pelo filho. Isso acontece claramente em poemas como "Viagem na família" (*José*), "Como um presente", "No país dos Andrades" (*A rosa do povo*), "Encontro", "A mesa" (*Claro enigma*), "Remate" (*Lição de coisas*). Neles, retorna sempre a interrogação sobre os caminhos desencontrados da própria identidade que fazem do sujeito-poeta — quer queira, quer não, seja por *identificação* ou por *não identificação* — um *outro* do pai, isto é, sua projeção invertida, imagem adversa e ponto de ruptura de toda uma história imemorial — ruptura que converte ironicamente o fazendeiro da terra (pai) num poeta-funcionário *fazendeiro do ar* (filho). É essa mesma reversão que alimenta o solene e contundente inventário d'"Os bens e o sangue" (*Claro enigma*), no qual o herdeiro poeta é marcado, já antes do nascimento — "inda não nado/ (e melhor não fora nado)" —, para ser o deserdado sacrificial da família, carregando como espólio a praga de ser a um só tempo o pária e o remédio homeopático de fundo ("dulciamara nux-vômica") que negará a memória familiar para melhor servi-la.

A volta espectral do vulto paterno, nos poemas citados, parece forcejar por abrir a caixa-preta do "mutismo insondável" do pai. Abismada em seu "secreto latifúndio", diz Iumna Maria Simon, "a figura do pai está envolta pelo desempenho do mando, absorvida pelo trabalho, pelo uso costumeiro da violência e do silêncio, com seu domínio absoluto sobre tudo e todos". Se a "reverência e afeto" que o cercam em vida são totalmente destituídos de simpatia, o que tem por efeito "submeter e aterrorizar" a todos que estão em torno, a morte permite ao filho abordar de forma elegíaca a figura oniricamente recomposta do pai e dirigir-se a ela por meio de uma "estranha forma negativa de reconciliação e amor", liberada afinal da "obrigação atávica de casta". Graças a isso, o filho parece reconquistar a sua autonomia perante o fantasma do pai, "poupando-se da constante violência contra si mesmo" e extraindo da sombra patriarcal esmagadora "um fio de vida e continuidade" — razão pela qual um sopro de proteção paternal faz-se necessário e recorrente.[20]

Boitempo é, justamente, um livro em que a volta espectral da figura paterna sossega, como se o trabalho de luto pudesse ter sido feito, e o pai sepultado na memória. Por isso mesmo a memória, não mais assombrada, mas viva e sem obstáculo, está à vontade para *lembrar*. Escrito em três volumes na altura dos anos 1960-70 (1968, 1973 e 1979), o livro é uma cerrada autobiografia poética do artista quando criança e quando jovem, à luz do *estilo tardio*. Como sugere o título, trata-se de uma ruminação do enigma do tempo. Temos, nele, não uma *identificação* final consumada na adesão nostálgica à classe senhorial de origem, muito menos uma tomada para si do discurso e da posição do patriarca, mas o termo de uma longa elaboração da culpa de classe na qual o "conflito tortuoso em que se debate o sujeito lírico" admite a força do vínculo, "baldado todo esforço de ruptura", como uma espécie de "tara congênita", reconhecendo-o, portanto, como um sintoma inextirpável a ser *atravessado*, em vez de *denegado* (as palavras citadas, de Vagner Camilo, referem-se ao livro *Claro enigma*, mas se aplicam bem aqui).[21]

O ponto de inflexão e viragem dessa culpa familiar e "*o acerto de contas definitivo*" com ela são dados, na interpretação de Vagner Camilo, pelo poema em prosa "Morte de Neco Andrade" (*Fazendeiro do ar*, 1954).[22] No relato, um primo fazendeiro é esfaqueado e morto por um empregado. A notícia chega no momento em que o pequeno *fazendeiro do ar* se encontra às voltas com a representação num "teatrinho de amadores", arcando com o peso opressor do papel e o desconforto dos maus atores excessivamente conscientes, agravados ambos pela culpa de representar enquanto o outro assume e morre, estripado, a tragédia de seu papel social. A peça-poema vira o palco de um contraponto imaginário entre a cena do crime e a cena do teatro. Nela, o menino arrasta para si toda a culpa do mundo — a da representação, a da morte e do assassinato, do "cavalo que foge" e do "coro de viúvas pranteando", acompanhadas de sua legião de anjos tortos ("por todo o sempre e antes do nunca sou responsável, responsável, responsável, responsável. Como as pedras são responsáveis, e os anjos, principalmente os anjos, são responsáveis").

Se Neco "morreu como fazendeiro", seguindo "à risca o ofício que lhe fora destinado pela tradição familiar", o primo "acabou por negá-lo, desempenhando um papel que não era o seu de origem [...] e que era condenável aos olhos do clã". A "enfática admissão de culpa" teria, no entanto, segundo Vagner Camilo, um efeito paradoxal: contagiada pelo fato de ter sido assumida de dentro do teatro, e investida, com isso, da astúcia trágica do espetáculo, que "é grande" e seduz "para além da ordem moral", a culpa é atravessada, como o sintoma, estabelecendo-se a partir de então uma relação "menos conflituosa e mais distanciada com o passado familiar" (como se percebe em *Lição de coisas* e, mais ainda, em *Boitempo*). Em vez do habitual *carrasco de si mesmo* (o *héautontirouménos* baudelairiano), o sujeito "assume o papel do *espectador distanciado*" do próprio drama, transcendendo-o.

O ciclo de *Boitempo* pressupõe essa aceitação e essa desincompatibilização com a culpa, que o devolve de maneira renovada ao mundo da infância ("Com volúpia voltei a ser menino"). Conforme mostrou Antonio Candido, isso se faz de uma perspectiva muito peculiar, de fora para dentro, com o distanciamento próprio de quem se vê deliberadamente incluído "na trama do mundo como parte do espetáculo". "A experiência pessoal se confunde com a observação do mundo e a autobiografia se torna uma heterobiografia, história simultânea dos outros e da sociedade; sem sacrificar o cunho individual, filtro de tudo, o Narrador poético dá existência ao mundo de Minas no começo do século."[23]

Assumindo esse "firme intuito autobiográfico" sem travo de amargura, "em contraste com a notória acidez denotada pelo emissor dos versos em relação a si mesmo no restante da obra", o livro troca "autoanálise, dúvida, inquietude, sentimento de culpa" pelo "humor quotidiano, o tratamento das situações corriqueiras com certo ânimo cômico" e, citando nesse ponto José Guilherme Merquior, a autoironia assumida com "um giro deliberadamente brincalhão, [...] unívoco, solto e gaio, sem as restrições mentais da emotividade ferida ao choque do mundo".[24]

A verdade é que se consolidou a essa altura, em Drummond, uma mudança de chave, que já se insinuava antes, e para cuja definição interessa recorrer à ideia de *estilo tardio*, tal como formulada por Theodor W. Adorno. O *estilo tardio* é aquele que sobrevém em certas obras maduras e potentes quando, já feitas as grandes apostas inclusas na forma e nos seus conteúdos de verdade, já interpelado o estado do mundo pela expressão individual, já desafiados os padrões correntes pela marca da subjetividade, o artista se defronta com o "pensamento da morte", que se introduz na obra evidenciando nela, contra a força do sujeito, o seu caráter de objeto submetido às normas e ao imperativo da convenção.[25] A convenção representa tudo aquilo que continua imperando para além do sujeito e sua individualidade. Antonio Candido diz em palavras límpidas algo que se aproxima disso: "A tonalidade dos últimos livros é fruto de uma abdicação do individualismo extremado, em favor de uma objetividade que encara serenamente o eu como peça do mundo".[26] A obra tardia acusa o horizonte da morte, nela mesma, por um gesto de relativo autoabandono, com o qual se furta àquilo que a definia como expressão livre e cheia de si. A capacidade de transformar os materiais, antes exibida com maestria, deixa-os agora expostos às feridas, às discrepâncias internas e às lacunas que testemunham a "impotência do eu frente ao dever ser", que são "*sua obra final*".[27]

Se for legítimo pensar *Boitempo*, no seu modo singular, como obra madura vazada em estilo tardio, parece-me que o peso da convenção, no seu caso, se manifesta justamente no retorno da ideia de família e do lugar de origem viajando através do tempo (mais na memória do que na carne, mais no poder do meio que na herança genética, mais na sociedade que na biologia). O imperativo familiar, junto com toda a dimensão inapagável do vivido, fala em nome de tudo aquilo que *limita* o indivíduo (no sentido ambivalente daquilo que o *cerca*, que o tolhe e o acolhe), relativizando suas demonstrações de autonomia e independência criativa. A força da expressão poética subjetiva e da potência individual que ostentou sua implacável ironia, sua negatividade, seu ambicioso apetite de mundos, seu bote criador sobre a linguagem, ao longo de todo o seu itinerário, mostra-se aqui a uma luz esbatida e mais chã, que não deixa de ser estranha.

A complexidade do livro, com sua receptividade à força do afeto contida na relação com a origem, ao mesmo tempo que com o viés crítico decantado e apurado por toda uma vida, está condensada no quiasmo preciso formulado por Luiz Costa Lima, quando vê em *Boitempo* um *desgosto pelo feito* combinado com um *gosto pelo desfeito*.[28] Desgosto pelo *carma* oligárquico da história familiar, e seus malfeitos; gosto pelo sabor do tempo perdido, que vigora na duração da memória involuntária. Podemos reconhecer o desgosto pelo malfeito em algumas das mais pungentes constatações dos procedimentos da violência escravista a partir da experiência da própria classe e reconhecidas no cerne da própria origem familiar, que conhecemos na nossa lírica ("Agritortura", "Negra", "Homem livre", "Ator"). Junto com eles, o livro expõe desde o tácito abuso sexual contra as negras no interior da casa patriarcal ("Cuidado"), na fazenda ("Ar livre"), o uso instrumental da menina negra para a falhada iniciação sexual do senhorzinho e seu primo ("Tentativa"), até o uso cotidiano e miúdo da empregada que, entre outros deveres, limpa o cu do menino ("Higiene corporal"). Aponta para a violência ancestral contra os índios despossuídos cujo eco ecoa na fazenda do pai ("O eco"). Faz isso sem alarde, em surdina, justamente porque não aposta no estrépito, diluindo sua acidez no gosto pelo desfeito: todo um mundo de pequenos hábitos que compõem a história da vida privada na província distante, da vida popular, dos imigrantes, dos excêntricos, dos pobres e da culpa pelos pobres, da libido premente e esquiva, do fascínio e da miséria sexual, da cor, do cheiro e do peso das coisas, sem falar de toda a nuvem de pequenas esperanças, ilusões, promessas, fracassos, graça e ridículo envolvidos (sem se colocar de fora, embora instalado num posto de observador distanciado). Em meio a essas linhas todas, registra a entrada insidiosa, em Itabira, da exploração mineradora internacional, com a chegada dos ingleses e americanos, seus métodos de sedução e apropriação de terras ferríferas, indo até a consumação, como já vimos, da montanha pulverizada. Plácida e terrível em seu esfingético caráter tardio, a obra engana: soa como rememoração sonolenta ali mesmo onde se constitui em violenta exposição de abusos antigos e contemporâneos, envolvida no amor do tempo perdido. Sob esse aspecto, Silviano Santiago tem razão ao dizer que em Drummond se cruzam Marx e Proust.[29]

Do ponto de vista formal, a força da convenção também está falando em *Boitempo*: Drummond usa, por exemplo, versos curtos e metrificados, de cinco sílabas (como no citado "Guerra das ruas"), os inusuais versos de seis sílabas (como em "1914"), as redondilhas maiores (como em "Império mineiro"), todos varados de enjambements — entroncamentos que produzem uma intensa e frenética mobilidade sintagmática por baixo da regularidade métrica. Formalmente, os versos parecem prosaicos, quando olhados no seu ritmo discursivo, mas não são; ou, se olhados como placidamente metrificados, também não são, porque vazados pela frase e pelo pensamento que desborda da métrica, no entanto regular.

Em suma, quis o acaso que a síndrome da mineração itabirana, ponto obscuro e doloroso, ao mesmo tempo que nevrálgico, do enviesado processo da modernização brasileira, fosse captada de dentro, e desde o seu nascedouro, por uma intuição poética que não só testemunha e reproduz o acontecimento, mas se agrega a ele e o *produz*, dando-lhe a dimensão da força da poesia. Aconteceu de o caso Itabira vir a ser também uma criação de Carlos Drummond de Andrade, em seu corpo a corpo com matéria duramente real. Como diz Adorno sobre Proust, para que Illiers se tornasse autenticamente universal, secretando a "promessa de felicidade" recusada pelo "mundo da universalidade dominante", foi necessário que fôssemos "arrebatados por esse lugar específico" no que ele tem de "absoluta e indissoluvelmente individuado".[30] Quanto mais absolutamente singular, único, irrepetível e concreto, embora exemplar, mais compartilhável como experiência comum (sem cair no lugar-comum). Ou, nas palavras do poeta: "uma grande dor coletiva só é realmente representada pelo espírito quando se transforma numa dor pessoal e direta".[31] Em Drummond, isso precisou, para acontecer, de um sentimento de totalidade contido no casulo de uma mônada *maior e menor que o mundo*, sempre com rasgos de desmedida ("mundo/ miudinho dentro do mundo/ e grande maior que o mundo/ em cada lasca de ferro").[32]

GENIUS LOCI

A leitura que este livro propõe da obra de Drummond, focalizando a sua relação profunda e muitas vezes sibilina com a mineração e a maquinação do mundo, nasceu da viagem a Itabira e do impacto do lugar. In loco, a paisagem nos envolve, a topografia nos engole e a circunstância nos atinge diretamente, sem moldura. Tudo assume uma escala relativa à medida do corpo — a temperatura diz, a luz canta, as evidências gritam. Coisas que sabíamos mas passavam batidas ganham uma evidência inusitada. O visível e o vivido, como paisagem, como história verídica ou não, projetados dali, de *lá*, alimentam essa entidade material e imaterial que uma sabedoria antiga nomeava pela expressão "genius loci". Essa entidade é um composto da topologia, dos elos entre as coisas e os viventes dimensionados no espaço e no tempo, dos embates que se mostram e que se escondem na paisagem, e das ficções reais que a povoam.

Em suma, o impacto do lugar faz ler e reler a poesia de Drummond de uma perspectiva diferente daquela a que estamos acostumados. Fui à cidade portando o universo itabirano que encontro nos poemas, e me deparei com a conformação trágica desse lugar corroído, cifra esquisita da negatividade da própria obra, realimentando o fermento interno ao texto, que o leva a crescer sempre mais.

Conheço bem a suspeita que certa crítica universitária tradicional faz pesar sobre o que lhe parecem ser leituras de raiz biográfica ou geográfica, tidas como anedóticas, guiadas por um sentimento de curiosidade externo ao texto, circunstancial ou mesmo turístico. Lembro-me de um colega mais velho, professor de literatura brasileira, sonetista, que não perdia ocasião de visitar os lugares onde viveram os seus autores mais caros e onde nasceram as obras. Outros colegas referiam-se com simpatia indulgente, sem deixar de reconhecer o pitoresco da situação, ao que chamavam de "método Hélio Lopes" (era seu nome) de estudo da literatura (na verdade, as viagens eram uma atividade independente, livres de qualquer compromisso institucional).[33] Um dos pontos mais altos dessa aventura de vida, para ele, foi ter se hospedado um dia na casa de Cláudio Manuel da Costa, em Ouro Preto, ter aberto as janelas para os rochedos ("Destes penhascos fez a natureza/ O berço, em que nasci!") e ter clamado para as pedras, como que transfiguradas e transidas pela potência das palavras: "Vós, que ostentais a condição mais dura,/ *Temei, penhas, temei* [...]".

Temei, penhas é, por todos os motivos, um bom mote para aquilo de que falamos aqui. Trata-se de fazer jus, afinal, ao "método Hélio Lopes", levando-o a outras consequências, ressoando remotamente o tópos das rochas assombradas pela mineração como motivo poético secular da lírica mineira, penetrando surdamente no reino de uma história social recalcada e reconhecendo-a como entranhada no núcleo de um complexo poético e de um processo histórico em que os últimos tempos, os da catástrofe atual, lançam uma luz ácida sobre os primeiros.

Os pontos culminantes da literatura mineira estão entranhados na geografia física, e em Minas Gerais a geografia física, entranhada na experiência individual e coletiva, é geografia humana. Para Drummond a "palavra Minas" esconde no seu estatuto montanhoso a dimensão do "abissal", o "dentro/ e fundo", a "galeria vertical varando o ferro/ para chegar ninguém sabe onde", acrescentando: "só mineiros sabem. E não dizem/ nem a si mesmos o irrevelável segredo/ chamado Minas" ("A palavra Minas", *As impurezas do branco*). A mineração na qual ele se reconhece não é a da dinamitação a céu aberto trazida pela Companhia Vale do Rio Doce, evidentemente, mas ainda a da galeria subterrânea em que se cava duro, fundo e sem alarme (para lembrarmos, aqui, o poema "Áporo").[34] É essa experiência que subjaz a "Mineração do outro", em que "a aliança do amor com o desejo de conhecimento", associada ao "trabalho físico de escavação e exploração do minério na terra — é alçada [...] ao nível da análise mental: a procura do ouro se transmuda em procura do outro".[35]

Em Guimarães Rosa, a biodiversidade do cerrado e o relevo cárstico, constituído pelo calcário, essa rocha maleável, dúctil, moldável pela ação das águas, fomentam e secretam os rios subterrâneos do recado. Rosa chegou a definir Minas Gerais como uma imponente e dadivosa coreografia de rios em meio à monotonia enigmática das montanhas:

> o elevado reservatório, a caixa-d'água, o coração branco, difluente, multivertente, que desprende e deixa, para tantas direções, formadas em caudais, as enormes vias — o São Francisco, o Paranaíba e o Grande que fazem o Paraná, o Jequitinhonha, o Doce, os afluentes para o Paraíba, e ainda, [...] a meninice de seus olhos-d'água, da discrição de brejos e minadouros, e desses monteses riachinhos com subterfúgios [...]. Sobre o que, em seu território, ela ajunta de tudo, os extremos, delimita, aproxima, propõe transição, une ou mistura.[36]

O morro da Garça só emite recados porque é uma pirâmide no meio de Minas e de uma história imemorial do garimpo, da pecuária, dos boiadeiros viajantes e da surda violência sertaneja.[37] É só porque a geografia física é humana que o morro *fala* através do solo e do subsolo. Nos contrapontos secretos que se dão entre Carlos Drummond de Andrade e Guimarães Rosa, a mineração dura do ferro contracena com a biodiversidade do cerrado, que dá matéria à invenção linguística; a história do pico do Cauê contracena com o recado do morro da Garça; a pedra no meio do caminho, com a terceira margem do rio. A mineração afinal destruidora, de um, contracena com o cerrado destruído do outro. Ambos se encontram na catástrofe do rio Doce, quando os rejeitos da mineração se derramam sobre o sistema fluvial.

Não se trata de buscar subterfúgios para fugir à literatura, quando se vai ao encontro dessa geoliteratura mineira, mas de sair daquela janela imóvel, não viajante, que olha o texto literário como se ele já estivesse desde sempre e para sempre pronto, à espera de seus analistas. O processo revelador da circunstância retorna sobre o texto e a linguagem, onde a poesia se decide.

No mais, o fim do pico é o *fim da picada*.[38] Nele estão cifrados impasses contemporâneos que arrastam a poesia para a sua razão de ser mais extrema. Entranhada neles, a negatividade drummondiana reflete sobre questões nas quais estamos mergulhados hoje até o pescoço. Por isso mesmo, "a própria obra poética de CDA é", conforme diz um poema de Waly Salomão, "pico de Itabira/ que máquina mineradora não corrói".[39] A máquina poética brilha, de fato, como o "rútilo e incorruptível diamante", pico de Itabira que os poderes maquinadores do mundo não são capazes de corroer nem de esgotar.

MAQUINAÇÕES MINERAIS

3

A COMPRA

A obra de Carlos Drummond de Andrade convive surdamente com a trama das maquinações minerais que se desenrolam no país ao longo do século XX. A *compra das minas* em Itabira, o *braço de ferro* que se segue no âmbito nacional, o *batismo de fogo* da Segunda Guerra Mundial, a *visão* da máquina mineradora instalada no seio da paisagem de Minas Gerais, a implantação do *Projeto Cauê* pela Companhia Vale do Rio Doce, estão entranhados em seus escritos, mesmo que às vezes de maneira latente e quase invisível. Como estamos falando de um poeta que absorve em si imensas cargas de história, e como as circunstâncias que cercam o veio oculto da mineração na sua poesia são pouco conhecidas, procuraremos acompanhá-las em detalhe (pelo menos com mais detalhe do que seria esperável num livro de crítica literária). Trata-se de cotejar os desdobramentos históricos com as suas repercussões em prosa e em verso, que vão desde a notação fina, a rememoração lírica, a resistência sintomática e a intervenção de protesto até o enigma, a alegoria e a cifra interrogante sobre o destino humano. O roteiro atravessa o que há de árido e prosaico nessa história factual, mas é iluminado a cada passo pelas surpresas deslocadoras da poesia, onde, como diz um poema, "até os metais criam asa".[1]

Para efeito do contraponto com a biografia do poeta, o nosso ponto de partida será o ano de 1910, quando grandes empresas siderúrgicas europeias e norte-americanas convocaram o XI Congresso Internacional de Geologia, realizado em Estocolmo, para fazer um balanço exaustivo das reservas de ferro existentes no mundo.[2] Orville Derby, diretor e fundador do Serviço Geológico e Mineralógico do Brasil, agência que vinha pesquisando as formações de subsolo no território nacional, e Gonzaga de Campos, engenheiro da Escola de Minas de Ouro Preto, apresentaram um relatório no qual as imensas jazidas mineiras, calculadas em 10 bilhões de toneladas, "eram nominalmente citadas, potencialmente avaliadas e cuidadosamente localizadas no mapa de Minas Gerais".[3] Não ficava explícita a estratégia investida nessa cartada de efeito, que entregava literalmente aos poderosos interesses estrangeiros o mapa da mina nacional. O governo Nilo Peçanha pusera em andamento, no ano anterior, um projeto de exploração das jazidas brasileiras que oferecia privilégios, em forma de monopólios e subsídios, aos capitais nacionais e internacionais que estivessem dispostos a estabelecer no país uma indústria de aço de grande escala.[4] Chamarizes estavam sendo lançados na direção de vultosos capitais capazes de fazer a produção nacional saltar dos pequenos fornos alimentados a carvão vegetal, como os que existiam desde longa data em Itabira e em muitos lugares de Minas, para o patamar da indústria pesada. Armava-se com isso um jogo cruzado de largas consequências, em que a oferta de minério nacional para alimentar a siderurgia internacional ávida por matéria-prima contracenava com a tentativa de atrair o poder de fogo estrangeiro para atuar na implantação da siderurgia nacional. Os fornos já existentes no Brasil eram limitados, em geral, à produção de ferramentas para a lavoura, como enxadas e foices, de machados e ferraduras, quando não de armas leves e peças de reposição para indústrias, ferrovias ou para o Exército. Sem alarde, a poesia de Drummond, especialmente a de *Boitempo*, pontua de maneira esporádica, mas penetrante, aspectos envolvidos na mineração e na siderurgia, incluindo esses primórdios. O poema "Forja", em especial, atravessa em poucos versos o regime de relações produtivas e improdutivas envolvido nas fundições pré-modernas. Mais que mero documento exemplificando uma versão pronta da realidade, o poema amplia e subverte o entendimento da pequena e da grande história, olhando-as por vieses inesperados.

E viva o Governo: deu
dinheiro para montar
a forja.
Que faz a forja? Espingardas
e vende para o governo.
Os soldados de espingarda
foram prender criminoso
foram fazer eleição
foram caçar passarinho
foram dar tiros a esmo
e viva o governo e viva
nossa indústria matadeira.

A importância das forjas itabiranas e a qualidade do engenho industrioso que elas empenhavam na manufatura de espingardas já tinham sido registradas por Auguste de Saint-Hilaire, ao passar pela cidade em 1817. "Pessoas, que outrora passavam a vida a mendigar, trabalham atualmente nessas fábricas, e aí encontram abrigo contra a ociosidade, o vício e a miséria." O viajante elogia o padrão técnico e inventivo dessa produção, e faz um voto de louvor ao governo, que ajudava o fundador de uma das fábricas "adiantando-lhe algum dinheiro para pô-lo em condições de fabricar as espingardas de caça que recebera de encomenda".[5] Num artigo de 1938, em contexto político específico, Carlos Drummond de Andrade cita a passagem, em tom positivo, como sinal de um período especialmente favorável para a economia local.[6]

O poema, no entanto, abre outras dimensões do assunto, como se o virasse do avesso, analisando e iluminando, em poucas palavras, uma ordem social que deixa ver, na encomenda de armas para fundições de alcance local, e na sua destinação, um modo sintomático de funcionar. O início traz a marca de um ato que cai do alto sem aviso, tendo já como efeito uma voz que o festeja: "E viva o Governo: deu/ dinheiro para montar/ a forja". A conjunção "e" introduz o assunto *in media res*: com ela, o acontecimento apresenta-se como repentino, tendo como causa evidente mais o capricho do que um plano visível, mas já fazendo parte de uma cadeia contínua que, na sequência, balança como uma gangorra do governo para a forja, da forja para o governo, do dinheiro para a espingarda, da espingarda para o dinheiro. É na sua própria forma ironicamente didática que o poema indicia um pequeno mundo que pendula sem avançar, consumindo-se na lógica reversível dos interesses permeados pelo favor. Pois o saldo desse balanço é uma série de ações por parte dos agentes do Estado — os soldados — que começam com aparente objetividade mas que logo se dissipam em atos erráticos de arbítrio e inconsequência, passando de efetuar supostamente a lei ("prender criminoso") a apoiar operações de voto de cabresto (como sugere a sutileza ardilosa do verbo "fazer" em "fazer eleição"), daí a descambar para a desocupação ("caçar passarinho") e a tomar a prerrogativa legal da violência de Estado como um privilégio caprichoso exercido por eles mesmos ("foram dar tiros a esmo").

As armas produzidas com o dinheiro do governo, o qual se realimenta do apoio que recebe delas na disputa eleitoral, são, nas mãos dos soldados, tanto instrumentos de arbítrio político como objetos de brinquedo gratuito e de violência aleatória, tudo posto no mesmo prato. "E viva o Governo", saudação que aparece no começo do poema, aparece de novo no fim, como um círculo vicioso e ainda como uma gangorra, interrompendo a lista de ações dos soldados com uma aclamação reiterada que vale por um cala-boca, arrematada com uma reverência irônica à "nossa indústria matadeira", também esta saudada por um "viva". A expressão "nossa indústria matadeira" admite mais de um sentido: a inflexão orgulhosa ("nossa indústria"), a inflexão "objetiva" (indústria de armas) e a inflexão sutilmente corrosiva (indústria instalada de matar). Tudo isso ecoando certo ar de inocência naturalizada, como se emulasse a voz corrente que aceita a ordem das coisas e o chamado a exaltá-la. Em suma, temos aí a insinuação de uma pequena máquina produtiva de alcance restrito e vicioso, entrópica, destinada a manter um estado de coisas que exala violência e inconsequência, correspondendo a práticas sedimentadas no país ancestral.

A situação tratada em "Forja" é um índice rememorativo (como parte de *Boitempo*) do fundo de atraso sobre o qual patinavam os projetos de modernização, e também um índice antecipatório de práticas que persistirão, em outro grau de sistematicidade, no país que se industrializa. Tem-se nela uma amostra em chave tardia daquelas disparidades e incongruências que foram objeto do modernismo literário, quando aborda a atualidade, muitas vezes sedutora, das circunstâncias pré-modernas em meio aos processos modernizantes (é o que se vê, por exemplo, na série "Lanterna mágica", em *Alguma poesia*). É nesse contexto que a primeira década do século XX vem a ser marcada, bem ou mal, por esforços para articular a extração mineral e a produção siderúrgica brasileira com a base de uma indústria pesada. No novo jogo internacionalizado, o projeto de implantação da siderurgia nacional associada a grupos privados estrangeiros envolvia necessariamente, na outra ponta, o interesse dos grupos privados estrangeiros pelo minério de ferro nacional como matéria-prima para a sua própria siderurgia. Instalava-se no país mais uma gangorra, agora litigiosa e de grande monta, entre defensores da mineração comprometida com a implantação de uma indústria siderúrgica local, de um lado, e os defensores das concessões para exportação de minério bruto como operação de livre mercado, de outro. Se técnicos e governo oscilavam entre essas duas direções,[7] o fato é que, com ou sem plano estratégico, escancararam as portas, no primeiro movimento do jogo, aos grupos privados estrangeiros sequiosos pelas jazidas mineiras.

Nem todos os dados do relatório apresentado em Estocolmo eram inéditos, e algumas atenções já se voltavam antes disso para o Brasil. Consta que, quando estiveram em Itabira, em 1907, inventariando o potencial ferrífero local, engenheiros da Escola de Minas de Ouro Preto encontraram estrangeiros fazendo, de maneira não declarada, o mesmo tipo de levantamento.[8] Mas o anúncio brasileiro no Congresso Internacional de Geologia sistematizava e oficializava um conjunto impactante de informações sobre jazidas de grande monta, de excepcional pureza, localizadas principalmente na região central de Minas Gerais — jazidas cujo potencial era contabilizado, avalizado cientificamente e oferecido ao apetite extrativo mundial. Na prática, o relatório desencadeou "uma corrida geral para compra de terras contendo minério em Minas Gerais, por parte de especuladores estrangeiros".[9] Os "poderosos *syndicates*", representando grandes empresas inglesas, norte-americanas, alemãs e francesas, e prevalecendo-se da Constituição republicana, que considerava os proprietários do solo, brasileiros ou não, como proprietários também do subsolo e das riquezas nele contidas,[10] "adquiriram todas as jazidas identificadas, aguardando o momento que julgassem mais conveniente para aproveitá-las". Sem contar com nenhum mecanismo de proteção legal, portanto, as riquezas minerais brasileiras jaziam indefesas diante da voracidade da iniciativa privada internacional. "Os proprietários [locais] das terras", por sua vez, "desconhecendo o valor do seu subsolo, vendiam-nas a preço irrisório".[11]

Placidamente situada ao pé do maciço de hematita, Itabira do Mato Dentro fez-se desde logo o alvo preferido desse alvoroço extrativo — a cereja de pedra do grande bolo. O grupo inglês Brazilian Hematite Syndicate compra ali, no mesmo ano de 1910, minas que conteriam uma reserva de minério da ordem de mais de 1 bilhão de toneladas, tendo arrematado antes o controle acionário da companhia Estrada de Ferro Vitória a Minas, que lhe permitiria escoar o ferro bruto desde o vale do rio Doce até o porto de mar no Espírito Santo. Constituída sob o nome Itabira Iron Ore Company, a companhia fez-se proprietária das jazidas de Cauê, Conceição, Sant'Ana e Girau, e foi oficialmente autorizada a funcionar a partir do ano de 1911.[12]

Lances desse primeiro capítulo da longa novela que ali se iniciava, o da compra de terras com subsolos abundantes em ferro, estão presentes em *Boitempo*. Veja-se o poema "Velhaco":

Zico Tanajura está um pavão de orgulho
no dólmã de brim cáqui.
Vendeu sua terra sem plantação,
sem criação, aguada, benfeitoria,
terra só de ferro, aridez

que o verde não consola.
E não vendeu a qualquer um:
vendeu a Mr. Jones,
distinto representante de Mr. Hays Hammond,
embaixador de Tio Sam em Londres-belle-époque.
Zico Tanajura passou a manta em Suas Excelências.
De alegria,
vai até fazer a barba no domingo.

O provinciano enganado, alheio ao valor em jogo na propriedade que avalia ainda pelos velhos critérios ("terra só de ferro, aridez/ que o verde não consola"), pensa que passou a perna (ou "a manta") nos figurões seus clientes, que ao mesmo tempo o deslumbram. Engalanado e não cabendo em si, o falso velhaco "está um pavão de orgulho/ no dólmã de brim cáqui". Tomado pela excepcionalidade da situação, "vai até fazer a barba no domingo". Sem um pormenor sequer que não seja compatível com a particularidade concreta da cena, o poema capta com proposital ligeireza irônica uma enormidade de consequências: o modo como as corporações internacionais se apropriaram a preço de nada das riquezas tremendas destinadas a mover o mercado internacional do aço. Nesse balcão desigual, o minério de ferro brasileiro está à mercê do confronto dos grandes potentados com capiaus e latifundiários decaídos, inscientes das novas medidas do mundo e completamente iludidos sobre o seu lugar dentro delas.

Outro poema, "Mrs. Cawley", expõe um viés diferente do mesmo teatro de ilusões — a aparição de uma isca irresistível, a mulher loura, espécie de Marilyn Monroe pré-hollywoodiana desembarcando na Itabira de 1910 como irresistível *promessa de felicidade*:

Vem a americana com seu fox terrier,
vestido róseo desenvolto,
loura em mata morena, sol de milho,
sorriso aberto em português estropiado,
mas tão linda!
linda de soluçar
de apunhalar
meu assombro caipira colegial.

Vem a americana com o marido,
visita
as famílias importantes dos senhores de terras.
Seu sorriso compra as terras, compra tudo
fácil, no deslumbramento.

O americano, mero aposto circunstancial.
O americano, que me importa?
Daria, se tivesse, um reino inteiro
para ter esta mulher a vida inteira
sorrindo a boca inteira
só para mim na sala de visitas.

O "caipira colegial" é hipnotizado pela visão da Vênus platinada com sorriso do gato de Alice, que rouba a cena e deixa que o marido americano, na sua sombra ("mero aposto circunstancial"), roube, na prática, as terras. Aqui, é o próprio sujeito lírico que toma para si o lugar do atraído, oferecendo-se como exemplo gozoso da impossibilidade de resistir à força sedutora que derrete as resistências dos proprietários mais empedernidos e das "famílias importantes dos senhores de terras".

"Desfile", poema mais longo do que os anteriormente citados, é uma terceira variação sobre as ilusões investidas na venda das terras ferríferas. Começa com um balanço da grande negociação, num tom sapiencial de quem discorre positivamente sobre o saldo moral da operação. O efeito é o de uma tênue e ao mesmo tempo corrosiva ironia:

> *As terras foram vendidas,*
> *as terras abandonadas*
> *onde o ferro cochilava*
> *e o mato-dentro adentrava.*
> *Foram muito bem (?) vendidas*
> *aos amáveis emissários*
> *de Rothschild, Barry & Brothers*
> *e compadres Iron Ore.*
> *O dinheiro recebido*
> *deu pra saldar hipotecas,*
> *velhas contas de armarinho*
> *e de secos e molhados.*
> *Inda sobrou um bocado*
> *pra gente se divertir*
> *no faz de conta da vida*
> *que devendo ser alegre*
> *nem sempre é — quem, culpado?*

A voz que sustenta o arrazoado expõe candidamente, como se não notasse o tamanho do descalabro, a distância descomunal entre as contas dos grandes banqueiros, das empresas internacionais que compraram as terras, e as pequenas hipotecas e contas quitadas no armazém de secos e molhados e na loja de armarinhos, da parte de quem as vendeu. Novamente, a concretude da cena, com seus detalhes pedestres, miúdos e locais, não elimina a ironia melíflua com que a narrativa racionaliza o prejuízo histórico brutal. Não bastasse, segue-se o festejo cívico do Clube Casaca Vermelha, que "desfila pela cidade/ entre clarins triunfais/ que clarinam mundo afora/ nossa riqueza e poder", como se dissessem "nós somos,/ nós temos, nós imperamos!":

> [...] *A povama deslumbrada*
> *já nem abre mais a boca*
> *de tão aberta que está,*
> *e o cortejo vai passando*
> *rumo à glória, rumo à história,*
> *vão os cavalos deixando*
> *no chão de pedra o lembrete*
> *estercorário da cena,*
> *vão deixando, vão tinindo*
> *as ferraduras festivas...* [...]

O "lembrete/ estercorário da cena", cocô deixado pelos cavalos "no chão de pedra", como rastro do mirabolante desfile provinciano, vale como um comentário discreto e mordaz sobre o acontecimento total: a venda das terras ferríferas, por um valor irrisório, seguida da comemoração trombeteante que alardeia ao mundo o suposto sucesso da operação. Pode-se relacionar esse sutil "lembrete" com um poema de José Paulo Paes que lhe cai como uma luva: "a bom entendedor/ meia palavra: bos-".[13]

Ainda outro poema sobre a questão, inseminado em *Boitempo*, chama-se "O inglês da mina". O inglês aparece como uma figura nebulosa e inacessível que habita o pico do Cauê, em meados dos anos 1910, e cuja existência concreta só se faz patente pelo lote de "comibebes" que consome a cada mês, lote que segue para o "nevoento alto da serra" em caixas contendo "secos e molhados finíssimos", *bacon*, *pâté*, *White Horse*. Pairando sobre a cidade sem se corporificar, o inglês da mina assume ares de um espectro cuja realidade só parece ser comprovada pelos artigos de luxo que consome. O encarregado de separar "cada botelha, cada lata/ para o grande consumidor" que sorve "licores importados", "conservas inglesas" e "molhos raros" (como especifica outro poema de *Boitempo*, "O negócio bem sortido") é "um caixeirinho imaginoso" de armazém que deseja "ver de perto" esse ser misterioso que vive sozinho ou junto com os "muitos ingleses" projetados pela fantasia do caixeirinho "na mesa longa/ posta na serra", todos comendo juntos, calados — como se fossem muitos ingleses "num só inglês".

"O negócio bem sortido" deixa ver que o tal caixeirinho de armazém é a figuração poética do próprio Carlos, entre seus catorze ou quinze anos de idade, o qual, embora pudesse "ficar no casarão/ em ocioso bem-bom de filho de Coronel", escolheu trabalhar por algum tempo no lugar onde se travam animadas conversas "à beira arranhada do balcão", nas "horas estagnadas" de ócio entre as vendas, e quando se discute "a guerra de 14 que lavra lá no longe". O menino abre mão, assim, da tediosa zona de conforto do "casão senhorial", em favor do lugar que lhe parece muito mais próximo do mundo, e onde fermentam os ecos da Primeira Guerra Mundial. E é de fato ali que acontece de ser ele próprio a manusear os produtos destinados ao consumo do inglês (ou dos ingleses): artigos importados, fetiches comestíveis, dos quais se alimenta essa entidade fantasmática, ambiguamente individual e coletiva, que *comprou a mina*. Mais que a própria família que, como vimos, se regozija de imperar em Itabira pelas mercadorias que importa do Rio, "o inglês da mina", com sua presença impalpável, invisível, intrigante, só existe concretamente *nas* mercadorias — na forma-mercadoria, seu único corpo tangível, seu império e sua metonímia, assombrando como presença ausente, carregada de promessas e frustrações, o horizonte do imaginário itabirano. Emblema da própria companhia estrangeira, o inglês bêbado no alto do Cauê se transformará numa espécie de lenda local — imagem da promessa de riqueza que não chega nunca, conforme se lê em artigo de Drummond escrito em 1938.[14]

"Velhaco", "Mrs. Cawley", "Desfile", "O negócio bem sortido" e "O inglês da mina" dão ideia, em registro poético autobiográfico, do quanto os acontecimentos disparados pela chegada da companhia inglesa a Itabira produziram no menino-adolescente Carlos uma nova sensação do mundo. Uma atualidade mercantil, industrial e financeira irrompe, sem escalonamento ou preparação, no marasmo de uma cidade economicamente decadente, nascida no ciclo do ouro, com seu "aspecto de presépio" e seu feitio de "relicário de relações primárias".[15] Nos poemas, todo um teatro real e imaginário, povoado de figuras próximas ou longínquas, projeta-se na cena da cidade — Mr. Jones, Mr. Hays Hammond, a Londres-*belle-époque*, Rothschild, Barry & Brothers, os compadres Iron Ore, seus respectivos emissários, os ingleses da mina ocupando as alturas do Cauê, seus artigos de luxo, Mrs. Cawley e seu marido na sala de visitas dos fazendeiros, tudo contracenando com Zico Tanajura, a loja de armarinhos, o armazém agitado pela guerra de 1914, mais a "povama" do desfile e o indefectível cocô do cavalo deixando sua marca na rua de ferro.

Esses poemas confirmam, além do mais, a singularidade de *Boitempo* como autobiografia poética em que o eu se vê "de fora para dentro" (para retomar as palavras de Antonio Candido), incluindo-se "a si mesmo na trama" como peça do espetáculo — minucioso teatro autobiográfico e heterobiográfico que se faz "história simultânea dos outros e da sociedade", no qual Itabira vibra como parte da "constelação do mundo".[16] São também instâncias que brilham o brilho mortiço das batalhas caducas, das quais sobra o resíduo ilusório do vivido, mas vivo.

BRAÇO DE FERRO

Uma vez instalado, o projeto extrativo-exportador da Itabira Iron Ore Company torna-se objeto de oposição acirrada por parte de autoridades em geologia e mineralogia, bem como do político mineiro Artur Bernardes, empenhados em impedir a venda direta do ferro brasileiro para o exterior, acusada de análoga à dilapidação do ouro colonial. Restrita de início aos especialistas (políticos, industriais, engenheiros e cientistas), a polêmica se ampliará na altura de 1918, ganhando dimensão nacional e se estendendo, de maneira conturbada e não conclusiva, pelas duas décadas seguintes. É nesse ano que Artur Bernardes, então presidente do estado de Minas Gerais, promulga uma lei que majora impostos para as companhias exclusivamente exportadoras, a ponto de inviabilizá-las na prática, em favor daquelas que instalassem usinas siderúrgicas em solo mineiro. Diretamente atingida, a Itabira Iron reage, propondo-se a construir e explorar altos-fornos de coque, fábricas de aço e laminação, um porto para minérios em Santa Cruz, ao norte de Vitória, e dois trechos complementares de linhas ferroviárias (um ramal ligando a linha Vitória-Minas a Itabira e outro ligando-a ao cais em Santa Cruz). Baseada nesse conjunto de ações, que satisfariam, supostamente, as exigências que se faziam dela, a empresa arrogava-se o direito de exportar minério de ferro bruto em grande quantidade, além da exclusividade no uso do porto e dos ramais ferroviários (com o que assegurava, na prática, "o virtual monopólio da exportação do minério de ferro brasileiro").[17]

O novo proprietário da anglo-americana Itabira Iron Ore Company, que passava a protagonizar a negociação em estilo empresarial astucioso e agressivo — de um "otimismo voraz", segundo um comentador —, era o legendário e onipresente norte-americano Percival Farquhar, o qual comandara o transporte de bondes em Nova York, a implantação das ferrovias cubana e guatemalteca, a conturbada construção da ferrovia Madeira-Mamoré, e incorporara a Tramway, Light & Power (empresa de bondes e eletricidade que monopolizava os serviços públicos no Rio de Janeiro no início do século xx), além de uma inumerável gama de negócios incluindo criação de gado, madeireiras, borracha, frigoríficos, serviços portuários etc. Desde 1912, alguns parlamentares alertavam sobre o perigo do "Sindicato Farquhar", liderado pelo "gênio dos negócios" que vinha comprando empresas estratégicas no país, adquirindo direitos, privilégios, e formando trustes.[18] Em 1921, "o então deputado estadual Getúlio Vargas o definira [...] como um especulador 'ganancioso' e 'predatório'".[19] Tratava-se, então, de um retorno às atividades no Brasil, depois de várias de suas empresas terem aberto falência na conjuntura política e econômica da Primeira Guerra Mundial. Roubando a cena da novela itabirana, esse ator imponente do capitalismo internacional operando no hemisfério Sul fazia do território da cidade o objeto ostensivo do liberalismo exportador de minério bruto, e o epicentro da discussão nacional sobre o destino da mineração.[20]

Fechado em 1920 o contrato com a companhia, pelo governo de Epitácio Pessoa, nos termos postos por Farquhar, o projeto da Itabira Iron Ore passa a estar no ponto crítico do autêntico braço de ferro que se arma entre os grupos liberais adeptos do laissez-faire empresarial-mercadológico e os grupos alinhados com a posição de Bernardes, entre os quais engenheiros, intelectuais e militares, contrários ao contrato e empenhados no compromisso da mineração brasileira com um projeto de siderurgia nacional (que Artur Bernardes imaginava como uma versão nacional do vale do Ruhr implantada no quadrilátero ferrífero mineiro).[21] No entanto, mesmo com a sua posse como presidente da República, em 1922, o braço de ferro, pendendo ora para um lado ora para outro, seguiu politicamente empatado num labirinto inconclusivo de manobras de parte a parte que envolviam o Tribunal de Contas da União, o Congresso Nacional, suas comissões parlamentares, resultando tudo em pareceres desencontrados, contínuas postergações, avanços e recuos estratégicos, puxadas de tapete e recursos que se arrastam.[22]

O poemeto "Itabira", que faz parte da série "Lanterna mágica" em *Alguma poesia* (1930), convivia discretamente com esse estado de indefinição e imbróglio, quando da sua publicação na seção "O mês modernista" do jornal carioca *A Noite*, em 1926.[23] Seu enorme interesse passa quase despercebido quando não se tem em mente a massa de acontecimentos por ele condensados em sua excepcional leveza, desembocando num fecho enigmático que abre um súbito clarão inquietante na aparente pasmaceira local:

> *Cada um de nós tem seu pedaço no pico do Cauê.*
> *Na cidade toda de ferro*
> *as ferraduras batem como sinos.*
> *Os meninos seguem para a escola.*
> *Os homens olham para o chão.*
> *Os ingleses compram a mina.*
>
> *Só, na porta da venda, Tutu Caramujo cisma na derrota*
> *[incomparável.*

Voltaremos a este que é o primeiro da longa série dos poemas itabiranos de Drummond. Assim também a crônica "Vila de Utopia", que comentaremos adiante, escrita em 1933 depois de um retorno de Drummond à cidade, é uma ruminação alongada sobre os impasses aparentemente insolúveis contidos no seu "destino mineral".[24]

Com a Revolução de 1930, o projeto de siderurgia nacional virá a ganhar, como se sabe, um lugar central na política de desenvolvimento varguista. O governo enfatiza, desde o seu início, a necessidade de nacionalização das reservas minerais, em especial das jazidas de ferro. Junto com a criação de órgãos de supervisão e controle dos diversos setores produtivos, toma medidas legais no sentido de "viabilizar o desenvolvimento econômico do país através do aproveitamento das riquezas do subsolo".[25] O Código de Minas postula a "nacionalização progressiva das minas e jazidas minerais [...] essenciais à defesa econômica ou militar do país", e é criada uma comissão com o propósito de revisar o contrato assinado com a Itabira Iron Ore Company no mandato de Epitácio Pessoa. A polêmica em torno da companhia anglo-americana segue mais acirrada, figurando como objeto de escaramuças jurídicas e políticas, enquanto o governo hesita objetivamente quanto ao caminho oportuno e viável para articular exportação e siderurgia.

Às vésperas do Estado Novo, em 1937, a pendenga caminhava para a suspensão do contrato, tida por altas autoridades militares, chamadas a arbitrar o caso, como uma exigência do direito à soberania. A congregação da Escola de Minas de Ouro Preto encaminhava por sua vez, em agosto de 1938, um telegrama a Getúlio Vargas em que apelava por uma "solução genuinamente nacional" da questão, afinada com a melhora de "nossa economia, nossas estradas e defesa nacional e não para beneficiar quase exclusivamente uma empresa estrangeira".[26] Pressões vinham também de órgãos da imprensa de esquerda, como a *Revista Acadêmica*, na qual Drummond teve significativa participação, e que se tornara um importante veículo de militância antifascista. No mesmo mês de agosto de 1938, a revista questionava em editorial as razões para "dar a estrangeiros favores tão grandes que podem comprometer o futuro deste país". Mais "grave e transcendente", dizia o texto, do que prejuízo ao Tesouro ou "um desfalque na economia nacional", seria a entrega da soberania "a um estranho, envolta no papel sujo desse contrato confuso e longo", que representaria "a abdicação formal aos nossos sonhos de emancipação" e "o abismo da escravidão econômica irremediável".[27]

No alvo do acirrado coro dos contrários em que se confundiam as vozes de militares nacionalistas e engenheiros com as de intelectuais de esquerda, o compromisso estatal com a Itabira Iron Ore Company foi rompido por decreto em agosto de 1939, com o que a companhia perdia todas as concessões federais e estaduais de que se investira, sem deixar, no entanto, e ainda, de ser a proprietária das terras e das minas de ferro itabiranas.[28]

É nesse ponto aceso da história, em julho de 1939, um mês antes do rompimento com a Itabira Iron, que Drummond publica na *Revista do Brasil* a "Confidência do itabirano",[29] o seu mais famoso poema sobre a relação com a cidade de origem, e um dos poemas marcantes de *Sentimento do mundo*, lançado no ano seguinte (a "Confidência" é o segundo do livro, só antecedido pelo poema-título).

> *Alguns anos vivi em Itabira.*
> *Principalmente nasci em Itabira.*
> *Por isso sou triste, orgulhoso: de ferro.*
> *Noventa por cento de ferro nas calçadas.*
> *Oitenta por cento de ferro nas almas.*
> *E esse alheamento do que na vida é porosidade e comunicação.*
>
> *A vontade de amar, que me paralisa o trabalho,*
> *vem de Itabira, de suas noites brancas, sem mulheres e sem horizontes.*
> *E o hábito de sofrer, que tanto me diverte,*
> *é doce herança itabirana.*
>
> *De Itabira trouxe prendas diversas que ora te ofereço:*
> *este São Benedito do velho santeiro Alfredo Duval;*
> *esta pedra de ferro, futuro aço do Brasil;*

este couro de anta, estendido no sofá da sala de visitas;
este orgulho, esta cabeça baixa...

Tive ouro, tive gado, tive fazendas.
Hoje sou funcionário público.
Itabira é apenas uma fotografia na parede.
Mas como dói!

Nascido de uma crise de consciência existencial e ideológica, *Sentimento do mundo* representa um momento de grande alargamento de espectro na poesia drummondiana, tematizando a guerra, o medo planetário no mundo conflagrado e ameaçado pela ascensão nazifascista ("Congresso Internacional do Medo"), a vida cotidiana na grande cidade, a convivência ao mesmo tempo contígua e apartada nas moradias unidas por paredes-meias da classe média urbana ("Menino chorando na noite"), a favela, com seu recado difuso de ameaça social e gentileza sonora ("Morro da Babilônia"), o subúrbio como umbral noturno do Brasil profundo ("Revelação do subúrbio"), a nova frequentação das praias cariocas, alheia aos acontecimentos em volta ("Inocentes do Leblon"), o operário e a distância abissal que o separa do poeta de classe média ("O operário no mar"), os arranha-céus de Copacabana para onde se transfere, disfarçada de modernidade, a velha elite brasileira ("Tristeza do Império"), o engajamento na luta antifascista ("Mãos dadas", "Os ombros suportam o mundo"), a alienação, o peso do mundo caduco, a "Grande Máquina" capitalista ("Elegia 1938"), o absurdo existencial moderno ("Dentaduras duplas"), a oscilação entre a tentação niilista ("Noturno à janela do apartamento") e a criação da vida futura ("A noite dissolve os homens", "Mundo grande"). O livro é publicado em 1940, numa tiragem de apenas 150 exemplares, mas tem sua repercussão aumentada pela difusão de cópias clandestinas que circularam "por fora das livrarias e dos controles da polícia política", multiplicando-se "numa espécie de passa-anel furtivo".[30] O efeito reverberador desse expediente, associado à potência da obra, contribui para a ampliação do reconhecimento do poeta, a quem a *Revista Acadêmica* dedica um número inteiro, em 1941.[31]

É nesse contexto de crescimento de audiência e de explícita abertura aos problemas mundiais e nacionais, políticos e existenciais, na poesia de Drummond que o lugar simbólico da cidade natal é afirmado com reservado orgulho. A província exibe o seu *direito de cidade* perante o mundo — ela, que vinha sendo objeto de longa discussão nacional. O itabirano segreda o seu próprio perfil: traz a público e ao país, mesmo que num livro distribuído clandestinamente, e sob a máscara do tom confidencial, sua intimidade ferreamente contida, herdeira de uma cultura do ferro entranhada nas coisas e nas pessoas. Entranhada também na própria contenção sintática do poema, cuja primeira estrofe é feita de versos curtos, secos, cada um deles encerrado por um ponto-final. A segunda e a terceira estrofe admitem, com frases mais expandidas, a exposição discreta de certos desejos íntimos ("vontade de amar", "hábito de sofrer") acompanhada de um arroubo dadivoso ("trouxe prendas diversas que ora te ofereço"). Mas a última estrofe retorna ao regime confidencial de contenção ("Tive ouro, tive gado, tive fazendas./ Hoje sou funcionário público./ Itabira é apenas uma fotografia na parede"), terminando com um suspiro de desabafo ("Mas como dói!"). Tudo gira no círculo em que se mesclam disposições de tristeza e orgulho com uma herança de fechamento ("alheamento do que na vida é porosidade e comunicação"), carência ("noites brancas, sem mulheres e sem horizontes"), prazer masoquista convertido em humor ("hábito de sofrer, que tanto me diverte").

A estrofe final aponta para o contexto maior em que se enquadra esse horizonte diminuído, situando-o numa história de classe em que a herança decadente de "ouro", "gado", "fazendas" se vê reduzida ao arranjo burocrático do poeta-funcionário público e "fazendeiro do ar" (participante do aparelho funcional implantado pelo Estado varguista).[32] Não confundir, no entanto, essa confissão de queda na realidade com o ressentimento dos decaídos, nem com uma lamentação pela decadência social. Ela supõe a consciência das limitações objetivas que se apresentam ao intelectual no quadro de sua absorção pelo aparelho de Estado, agravado pela renitência dolorosa de algo nunca resolvido, dizendo respeito a heranças que são dívidas — que pesam e que faltam.

O círculo cerrado de herança e dívida contém uma pequena e orgulhosa coleção de dádivas da experiência itabirana a exibir e a ofertar ao país. "De Itabira trouxe prendas diversas que ora te ofereço": o interlocutor imaginário, esse *tu* ao qual o poema se dirige, pode ser reconhecido como o novo lugar de uma esfera pública minimamente formada e de uma opinião nacional constituída por um público leitor ampliado ao longo dos anos 1930, que é chamado a perscrutar a intimidade e as esquisitices oriundas do Mato Dentro e, nela, as prendas que o poema dá a conhecer. Prendas são *dádivas, mimos, presentes*, e ao mesmo tempo *qualidades, aptidões, habilidades*. Ainda: *prêmios, brindes* que se ganham e se perdem no jogo. Assim, a "Confidência do itabirano" é uma espécie de rito inaugural de dons em que o poeta oferenda Itabira ao Brasil, revelando suas recolhidas qualidades intrínsecas, seus déficits e ganhos potenciais. Está incluída sub-repticiamente no pacote uma prenda não nomeada, mas inerente ao gesto do poema: a própria poesia de Carlos Drummond de Andrade, em franco processo de recepção nacional.

A primeira prenda é o "São Benedito do velho santeiro Alfredo Duval", o já citado artista popular anarquista com quem o poeta manteve, na adolescência, uma cumplicidade de origem, bem guardada numa dívida de formação. A imagem marca intimamente a aliança entre o menino e o homem, baseada na admiração pelo trabalho do escultor, no interesse comum pelas leituras e na cumplicidade fundada na rebeldia. O São Benedito de Alfredo Duval é um testemunho da integridade humana e da arte popular, consubstanciado na imagem do santo africano que é, no Brasil, objeto de devoção dos negros e nume tutelar das cozinhas.

A terceira prenda (deixemos a segunda para o fim) é "o couro de anta, estendido no sofá da sala de visitas", bicho cuja força corpórea e anímica será decantada em "Anta",[33] um dos poemas de abertura de *Boitempo*, onde aparece como potência da natureza, troféu de caça, totem sacrificial e doce avatar do rio Doce. Glosando a tradição dos relatos orais ("Vou te contar uma anta, meu irmão"), os versos dizem que ela "mede dois metros bem medidos/ e pesa doze arrobas", que no pelo do filhote "há um tremor indeciso nas linhas/ [...] que depois vai ficando bruno-pardo/ para melhor se dissolver/ no luscofúsculo da mata", que tem "orelhas móveis de cavalo/ e força de elefante", que "estraçalha cachorros,/ derruba caçador e árvores,/ com estrondalhão/ e deixa-se prender/ no laço à flor do rio". Quando não cai na armadilha, mata-se a tiro "e esfola-se/ distribuindo mocotós como troféus". Esquartejada em seis pedaços e distribuída ritualmente, essa potência do mato, vencida em batalha renhida, é consagrada pela sua presença viva, que o poema instaura com nostálgica empatia. Nos dois últimos versos, uma evocação comovente a vislumbra, longínqua, no seio do bioma do qual faz parte: "No vale do Rio Doce a anta mergulha/ em profundezas de gravura/ antiga, desbotada". O couro de anta no sofá da sala de visitas guarda, implicitamente, a memória do vale do rio Doce e todo o universo de vida que lhe corresponde.

Entre essas duas prendas, o caroço duro da questão: "esta pedra de ferro, futuro aço do Brasil". No poema, a dádiva mineral da cidade onde tudo é de ferro aparece como a matéria-prima do projeto de siderurgia nacional, alavanca produtiva da modernização do país, alinhando-se claramente na posição nacional-desenvolvimentista do debate político que então se travava. Naquele momento, o destino da pedra siderúrgica se opunha ao do minério bruto que a companhia anglo-americana projetava exportar em larga escala. Se as demais prendas pertencem à esfera da intimidade compartilhada, a pedra de ferro remete ao espaço público e é datada. Pois nela estava a cifra não resolvida de um longo processo político e econômico, envolvendo os rumos incertos da extração, da exportação e da transformação do minério de ferro como base da industrialização brasileira — discussão em relação à qual o poema toma posição discreta mas firme, no momento histórico em que o *braço de ferro* chegava à sua hora da verdade.

Um artigo publicado por Carlos Drummond de Andrade na já citada *Revista Acadêmica*, no mesmo número de agosto de 1938 em que o editorial atacava a Itabira Iron, lança luz sobre o modo como o poeta articulava o testemunho itabirano com a discussão nacional, naquele momento. O título está entre o misterioso e o imponente: "Sorriso crispado ou O depoimento do homem de Itabira". Relembra inicialmente o ciclo da pequena indústria de ferro, movido pelas forjas de fabricantes de espingardas, registradas por Saint-Hilaire no começo do século XIX, responsável pela "pequena riqueza local, o pequeno fausto, o pequeno-grande trem de vida (adega, capela solar, arreios de prata, escravos e concubinas)", que minguou depois em "sonho, assombração, visagem, recordação inútil", virando "pó, pó de ferro, pó sem espingarda". No marasmo da decadência, e depois de quase três décadas da compra das terras locais por estrangeiros, o drama itabirano consistia, segundo "Sorriso crispado", na conjugação esdrúxula do "lugar mais rico do mundo", pelo potencial de suas jazidas, com "a ociosidade, o vício e a miséria" que imperavam na espera do milagre siderúrgico que não vinha. O milagre siderúrgico (altos-fornos, estrada de ferro, exportação de aço) não passava da promessa de riqueza anunciada pela presença da companhia inglesa, que o "povo simples" suspeitava ter sido, afinal, um "pavoroso *bluff*" ('blefe'), enquanto "os fazendeiros arrebentados torra[va]m as suas matas nas caldeiras da Companhia Belgo-Mineira, em Sabará, assina[va]m promissórias com o Nhô do Banco Comércio e Indústria e olha[va]m para o severo pico do Cauê (quinhentos mundos! quinhentos séculos!), o mais soturno e grandioso tipo de montanha que meus olhos mineiros já contemplaram".

A estratégia persuasiva do artigo avança não pela explanação analítica dos conflitos nacionais e internacionais em jogo, mas pela figuração engenhosa de uma lenda local, da qual se extrai o cerne do impasse itabirano. A cena retoma a figura do *inglês bêbado*, instalado num esconderijo rico nas brenhas do Cauê, provido de "quinhentas garrafas de whisky" e embriagando-se "em silêncio, copiosamente", "metodicamente", enquanto zela pelas suas propriedades. Não fica claro se a lenda do inglês bêbado foi inventada pelo articulista, a partir daquele personagem dos anos 1910 que vimos aparecer em *Boitempo*, ou se aquele personagem tinha se convertido de fato, nos anos 1930, numa figura folclórica do imaginário itabirano, responsabilizada agora pela penúria e pela dissipação das promessas de riqueza acenadas na direção da cidade, promessas que a Inglaterra "esqueceu" e "abandonou". Muito possivelmente, uma elaboração do cronista sobre a fabulação provinciana. "Na cidade centenária, dotada de uma incrível capacidade 'de não acontecer nada', os homens olham o Cauê onde o inglês bebe" e depositam o seu destino coletivo na esperança de que o estrangeiro pare de se embriagar e dê finalmente atenção à cidade. A narrativa sugere, assim, que, durante o longo período em que a disputa política entre liberais e nacionalistas não atava nem desatava, no plano nacional, a presença estrangeira em Itabira assumira um caráter espectral — a *presença de uma ausência* que condenava tudo a um estado de suspensão e travamento. Vale a pena transcrever o trecho:

> Os proprietários de terra, que se extasiam um momento com o dinheiro fácil do negócio [a venda das terras ferríferas], coçam a cabeça, desencantados. O dinheiro acabou. Nada mudou em Itabira. A pobreza é a mesma. O inglês bebe. A vida passa. Os ex-proprietários envelhecem. O inglês bebe. E o outro inglês não volta com as locomotivas e os altos-fornos? Tem-se a impressão de que jamais acabarão as quinhentas garrafas de whisky. O inglês bebe. [...] Mesmo assim Itabira — é claro — é o lugar mais rico do mundo. Eu ouvia isso em 1910, quando ia para o grupo escolar e o padre Olímpio proibia que a procissão do Santíssimo passasse pelas ruas onde morava "gente amanceba" [sic]. Padre Olímpio está morto, já vou ficando calvo, o inglês bebe, não há altos-fornos, a maior riqueza do mundo se perde na maior pobreza.

Em suma, tudo é finito e passageiro na Itabira paradoxalmente parada no tempo, menos o gozo do inglês fantasmático que não abandona seu whisky.

Nesse cenário, o pico do Cauê firma-se como o ponto de fuga obsessivo de todas as visões, como uma espécie de ideia fixa ambivalente em que se condensam a promessa e a ameaça, a riqueza possível e a desilusão atávica, o obstáculo opaco no meio da paisagem e o deus ex machina do qual poderia vir a solução de todos os problemas, posto entre Messias e Godot. Siderados por ele, os itabiranos não percebem que seu drama, que poderia se reduzir a um lance de comédia e a um mero "desencanto de otários", sem maiores consequências, se a coisa parasse aí, transforma-se "subitamente em tragédia quando verificamos que o copo de whisky está vazio, o inglês está lúcido e os nossos morros caminham para o mar, tentam caminhar bruscamente para o mar". Em outras palavras, trata-se de acordar para o fato de que, enquanto os itabiranos olham na direção do fantasma do inglês bêbado, caídos num conto do vigário armado para si mesmos, uma companhia anglo-americana, bem consciente dos seus atos, representando grandes e poderosos interesses, prepara-se para extrair, transportar e derreter, sem contrapartida alguma, o Cauê e os demais morros em volta. Ao desmontar a ilusão local, que é também nacional (Itabira figurando como epítome do país), o texto adivinha o real a vir, com uma crueza inédita: "Então Itabira — o Brasil — vai acabar derretido em Birmingham, em Cardiff? Então os nossos duzentos anos de luta contra a pedra e contra o mato [...] vão desaparecer diante da fria contabilidade do rude imperialismo internacional? A nossa velha cidade [...] virá a ser, na perda completa dos seus meios de produção, na fuga constante de sua riqueza, no seu progresso aparente mas cortado de espoliações, apenas um triste burgo colonial?".

Quando jogava no tabuleiro político e poético, em 1939, a sua "pedra de ferro, futuro aço do Brasil", a "Confidência do itabirano" fazia uma aposta, na verdade, contra a armadilha hamletiana contida no dilema enganador do inglês de porre: "Se o inglês bebe, não temos siderurgia. Se o inglês deixa de beber, teremos uma estranha siderurgia à distância e uma servidão bem pior do que a nossa pobreza de hoje".

O artigo aponta para todo o arco histórico da questão que estamos tratando: o passado mineral, da decadência do ouro às pequenas fundições, a compra das minas e o período de latência que persiste inconcluso, o momento decisivo do litígio, que se aproxima, mas também a tragédia que se adivinha, ou se avizinha, no horizonte. Expõe ainda, talvez melhor do que em qualquer outro lugar, a ambivalência originária do governo brasileiro no caso do contrato com a Itabira Iron:

> O governo sabia que éramos uns latifundiários sem dinheiro, tendo recebido como herança dos nossos avós apenas o desajuste econômico da Abolição; e nos deixou vender os morros. O governo assinou um contrato para abrir a passagem dos morros até o mar. O governo prometeu um porto bastante largo para que os morros pudessem entrar no navio sem amolação para o inglês. O governo sabia. Ou não sabia, e então, nesse negócio, o governo não enxergava mais do que os fazendeiros arrebentados e de poucas letras.

Todo esse contexto intrincado nos permite suspeitar o possível motivo pelo qual, depois de constar normalmente da primeira reedição de *Sentimento do mundo*, incluído no volume *Poesias*, em 1942, a "pedra de ferro" desaparece do rol das prendas itabiranas na edição de *Poesia até agora*, de 1948, continuando omitida em novas edições, antologias e coletâneas.[34] Há razão para acreditar que não se trate de um mero erro tipográfico, mas de uma decisão autoral do momento. Pois, com a Companhia Vale do Rio Doce implantada havia seis anos, a aposta investida na pedra siderúrgica já se apresentava como ultrapassada pelos acontecimentos: coube à hematita de Itabira seguir diretamente para o mercado internacional em estado bruto, sem ligação com nenhum projeto a não ser o extrativo e acumulador e sem se converter em "aço do Brasil", enquanto a montanha de ferro ia sendo atacada, a paisagem, predada, e a cidade ia entrando num processo de corrosão. A tragédia anunciada em "Sorriso crispado" se confirmava e, o que era mais desconcertante, não por meio da companhia estrangeira, mas efetuada pela intervenção da companhia estatal brasileira. Casual ou intencional, a desaparição do verso da "Confidência do itabirano" soa como o primeiro indício desse baque de grandes proporções.

Ressalte-se, ao lado disso, que o texto da Constituição de 1946, em consonância com as pressões exercidas por diplomatas e empresários norte-americanos e ingleses, abandonava o princípio da progressiva nacionalização das jazidas julgadas básicas para a defesa militar e econômica do país.[35]

Não é comum o caso de imagens que caducam, na poesia de Drummond, mesmo quando fortemente ligadas às circunstâncias, como acontece a "esta pedra de ferro, futuro aço do Brasil", com o tom vagamente apologético de sua impostação nacionalista. Positivações programáticas a depender de políticas de Estado não combinam com a dicção de um poeta em que as afirmações só vingam depois de submetidas à prova de uma implacável negatividade. O verso da "pedra de ferro" desaparece da "Confidência do itabirano" e só retorna, às vezes em ordem embaralhada (antes do "São Benedito"), em algumas reedições, como vestígio da primeira edição, ou em edições completas que buscam recompor a versão primeira. Essa volta confere a ele certo ar despaisado, pois seu conteúdo de verdade parece residir, afinal, na própria hesitação sintomática em que a "pedra de ferro" comparece como tributo itabirano à redenção nacional pela siderurgia, desaparece como marca, por ausência, da inviabilidade ou do malbaratamento desse projeto-desejo, e reaparece como recomposição tardia do original, ou como um retorno editorial do recalcado.[36] Toda essa oscilação latente de sentidos permanece oculta na oralização gravada em 1978 pelo autor, entoativamente neutra e marcada por um interessantíssimo *grau zero da leitura*, que expõe o texto numa espécie de estado de nudez.[37]

Se a "pedra de ferro, futuro aço do Brasil" figurava entre as prendas de Itabira como contributo material e simbólico à modernização do país, bafejada por uma aura de positividade, o "São Benedito do velho santeiro Alfredo Duval" e o "couro de anta, estendido no sofá da sala de visitas" aparecem como amuletos de um sacrifício silencioso testemunhando a persistência altiva do que morre. As prendas itabiranas contêm, assim, num primeiro momento, o cruzamento da aposta modernizante na industrialização com as relíquias de um passado a não perder de vista. A relação entre elas vale como uma interrogação acerca do destino da modernização brasileira, uma espécie de xis da questão que paira sobre outros luminares do modernismo literário, particularmente Mário de Andrade, com o seu anseio de que a entrada na industrialização internacionalizante não destruísse o testemunho acumulado e decantado na cultura popular. Considerado esse contexto cultural, a pedra de ferro da "Confidência do itabirano", posta entre as outras prendas, soa como um objeto anômalo, deslocado entre o passado artesanal e o horizonte industrial — algo como uma pedra muiraquitã dotada de poderes nacional-desenvolvimentistas, e fadada também ao fracasso, como a pedra macunaímica. Fracasso que se soma à condição do poeta-funcionário público a serviço da máquina do Estado — condenado a servir a uma modernização que não moderniza.

Em conjunto com elas, "este orgulho" e "esta cabeça baixa" aparecem como índices posturais de corpo e caráter destilando certa reserva e dureza, recolhida potência dentro da impotência, e uma atenção esquiva voltada interrogativamente para o chão de ferro. Em outro lugar, Drummond sugeriria que o itabirano "cede pouco às influências exteriores, mas capitula incessantemente diante da impulsão interior"[38] — o que lança alguma luz, mesmo que dúbia, sobre essa mistura de orgulho com cabeça baixa, de força de resistência com autoquestionamento.[39] A atitude pode ser rastreada em outros momentos da poesia drummondiana, e reconhecida talvez naquele sujeito que segue palmilhando "de mãos pensas" a estrada pedregosa de Minas, no final d'"A máquina do mundo".

BATISMO DE FOGO

A Segunda Guerra Mundial ofereceu ao governo Vargas a ocasião política para equacionar a questão mineração-siderurgia, que se arrastava no impasse, com perspectivas remotas, àquela altura, de encontrar a solução no terreno da iniciativa privada. Em manobra diplomática de reconhecida habilidade, o governo abriu negociação em duas frentes antagônicas, acenando para os norte-americanos, por um lado, com o aviso de que o projeto siderúrgico era "fator fundamental para o desenvolvimento econômico brasileiro e um teste para a cooperação brasileiro-norte-americana, dentro do quadro da política de boa vizinhança", e convidando os alemães, por outro, a fazerem sua oferta, já avançando negociações com estes.[40] Interessava sabidamente ao governo dos Estados Unidos estacionar tropas em pontos estratégicos do território brasileiro. Ao mesmo tempo, Estados Unidos e Inglaterra precisavam abastecer-se de matérias-primas estratégicas, principalmente o minério de ferro, no esforço bélico contra as potências do Eixo.[41] Jogando na pressão com a existência dessas demandas, o lance varguista teve efeitos práticos para os dois lados em jogo, o da siderurgia e o da mineração: resultou no empréstimo de 20 milhões de dólares do Eximbank, que viabilizou a implantação da Companhia Siderúrgica Nacional em Volta Redonda, em 1941, e abriu a porta para os Acordos de Washington, que colocaram ponto-final na questão da Itabira Iron Ore Company, em 1942.

Segundo os Acordos, o governo britânico se comprometia a adquirir e transferir ao governo brasileiro, livres de quaisquer ônus, as jazidas de minérios de ferro pertencentes à Itabira Iron, enquanto o governo norte-americano forneceria um financiamento no valor de 14 milhões de dólares, por intermédio do mesmo Eximbank, destinados a aparelhar as minas itabiranas, prolongar e restaurar a Estrada de Ferro Vitória a Minas e equipar o porto de Vitória. Em contrapartida, caberia ao Brasil extrair, transportar e exportar 1,5 milhão de toneladas por ano, "a serem compradas em partes iguais, pelos dois países, [...] a um preço bastante inferior ao do mercado", por um período de três anos, renovável até o fim da guerra. O dilema arrastado durante três décadas resolvia-se, assim, por uma espécie de divisão de papéis, na qual à usina de Volta Redonda ficava designado o lugar de protagonista na implantação da siderurgia nacional, e a Itabira a função de fonte sem fundo da exportação de minério de ferro.

Para isso foi criada por decreto, no dia 1º de junho de 1942, a Companhia Vale do Rio Doce S.A., empresa de economia mista controlada pelo Estado, com a finalidade expressa de extrair e exportar o minério itabirano para suprir a indústria aliada no esforço de guerra. Vale repetir: o "sono rancoroso dos minérios" era acordado do seu torpor imemorial para ir à luta, passando por um duplo batismo de fogo — o da guerra, na linha de chegada, e o das dinamitações no pico do Cauê, na linha de partida. Se os americanos entravam com os dólares do financiamento milionário, e os ingleses arcavam financeiramente com a devolução das jazidas de propriedade anglo-americana, o Brasil entrava, afinal, com a montanha de ferro itabirana: estoque bruto a ser expressamente sacado como capital in natura, ao mesmo tempo que entidade natural e simbólica a ser tacitamente sacrificada. O caráter sacrificial da operação é a sua parte silenciada e evidentemente não contabilizada nos contratos, mas é enunciado num cartaz da própria Companhia Vale do Rio Doce, que exibe, à maneira de um cartão-postal, uma foto do pico em seu nostálgico e último esplendor, com a legenda: "O famoso pico do Cauê, em 1942, 'serro empinado' dos aborígenes, que fascinou homens de outras terras e cujo atrevido perfil já não se reconhece mais, porque de sua gigantesca mole têm sido extraídas [sic] milhares de toneladas do *melhor minério de ferro do mundo* — cumpre seu destino de dar-se, inteiro, pelo Brasil".[42]

Traçada previamente no tabuleiro econômico, a declaração da entrada do Brasil na Segunda Guerra Mundial, em 22 de agosto de 1942, desencadeada formalmente pelo afundamento de mais um dos dezenove navios brasileiros por submarinos alemães, foi articulada juntamente com a desativação da Itabira Iron Ore Company e sua substituição pela Companhia Vale do Rio Doce, criada pouco antes. Por meio dessa manobra casada, implantava-se o complexo exportador de minério de ferro no país, ao mesmo tempo que este se encarregava de compartilhar seu território com forças norte-americanas como base de operações militares,[43] enviar tropas (o que aconteceu efetivamente em 1944, com a presença da Força Expedicionária Brasileira na Itália) e pagar seu tributo em ferro vendido a baixo custo. Mais além dos aspectos econômicos e militares envolvidos, a entrada na guerra acarretava, como significado político e simbólico, um importante dano colateral ao fascismo nacional aninhado dentro do governo.

Segundo Murilo Marcondes de Moura,

> o envolvimento do país exasperou as contradições internas, proporcionando uma circunstância riquíssima para a inserção ideológica dos artistas e intelectuais brasileiros. Por um momento, os nossos problemas identificavam-se com os problemas do mundo. Cantar a vitória dos aliados em qualquer parte (e a União Soviética tornara-se um aliado natural do Brasil) era cantar a vitória também brasileira, inclusive a interna contra a ditadura. […] Por um lado, a posição do artista brasileiro foi alçada a uma dimensão internacional; por outro, a situação internacional exigia mudanças domésticas.[44]

Assim, a queda das forças do Eixo tornava-se tão necessária quanto a queda da ditadura do Estado Novo (regime "de meio silêncio,/ de boca gelada e murmúrio", em que "o espião janta conosco", como dizia o poema "Nosso tempo", n'*A rosa do povo*, e como atestara a circulação clandestina de *Sentimento do mundo*).[45]

Por tudo isso, a remota Itabira do Mato Dentro tem um lugar decisivo, mesmo que pouco visível, no fogo cruzado dessa grande maquinação diplomática, econômica, militar e política. Diplomática, já que os Acordos de Washington tiveram como um de seus pontos cruciais o destino da Itabira Iron Ore Company; econômica, porque deles resultou a criação da Companhia Vale do Rio Doce e a implantação de um complexo nacional de mineração exportadora com base em Itabira; militar, já que a motivação dos Acordos, do lado estrangeiro, envolvia a necessidade de matérias-primas estratégicas e do ferro extraído do Cauê, para os Aliados em luta contra o Eixo; política, porque foi com base nesses acertos diplomáticos, econômicos e militares que o Brasil entrou na Segunda Guerra, abrindo espaço para a manifestação de embates internos contra a ditadura, que transpunham a luta mundial antifascista para o cenário nacional. Efeito oficialesco dessa importância nacional quase oculta: o nome Itabira do Mato Dentro foi alterado informalmente para Presidente Vargas, no mesmo ano de 1942, confirmado por decreto de Benedito Valadares, governador de Minas em 1943, e assim permaneceu até 1947, quando a alteração é desativada, voltando-se ao nome original mas se perdendo, no processo, o incomparável "Mato Dentro".[46]

O conjunto dos fatos nos leva à constatação de uma coincidência quase invisível, de tão evidente: se foi o ferro de Itabira que ofereceu a liga metálica para a litigiosa entrada do Brasil na guerra, foi também o poeta de Itabira, picado na memória lírica pela presença do pico do Cauê, que ofereceu, com *A rosa do povo* (1945), o maior e mais intenso testemunho compartilhado e participante da experiência da Segunda Guerra Mundial, inseparável de sua atuação crítica no front nacional. Num paralelismo intrigante e insuspeitado, que não vem à tona dos textos, na época — talvez por ser dificilmente pensável, de tão rente aos acontecimentos (com o agravante da mudança do nome "saboroso e profundo" da cidade para o nome do ditador, mais o fato de que os Acordos de Washington permaneceram desconhecidos do público até 1948) — Itabira e Drummond estavam ambos, cada um a seu modo, no lugar real e simbólico em que a mineração brasileira se cruza com a guerra e o mundo.[47]

Não é o caso de tentar explicar esse paralelismo por algum tipo de mecanismo causal direto. Sabemos o quanto ele tem de enigmático, porque se trata nem mais nem menos que da surpreendente atualização histórica de um motivo presente na formação do poeta itabirano, tal como aparece (retro)projetado na sua autobiografia poética: a conexão da pequena cidade ferrífera com o mundo, e a intimidade precoce e angustiada do sujeito com a realidade da guerra distante, sentida já durante a Primeira Guerra Mundial. Mais propriamente, pode-se identificar aí aquilo que os surrealistas chamavam de "acaso objetivo", o acontecimento aleatório que põe a nu uma afinidade de longo curso, uma estranha comunidade de destino, uma pulsação inconsciente, uma centelha inusitada produzida pela fricção entre o poeta e a cidade, ao chegarem ambos, obscuramente, ao mesmo ponto por caminhos diferentes.

O fato é que a exploração internacionalizada do pico do Cauê agrega uma inesperada correspondência material àquilo que, na imaginação poética do autor, é a afinidade umbilical da cidade de "noventa por cento de ferro nas calçadas" e "oitenta por cento de ferro nas almas" com o sentimento do mundo: "uma rua começa em Itabira, que vai dar em qualquer ponto da terra", como diz o já comentado poema "América", escrito no próprio momento histórico em que o minério itabirano se convertia em objeto de exportação. Murilo Marcondes de Moura observa que "América" nasce da circunstância emergencial em que Drummond, impelido a pronunciar-se sobre o estado conflagrado do mundo, foi buscar naquele "sentimento planetário experimentado na infância" (que coincide com a sua descoberta da escrita de ficção) uma nova "lição de geografia, tão absorvente quanto a primeira e evidentemente mais dramática".[48] Por um caminho tortuoso, é na volta à origem que ele depara o vínculo subjetivo capaz de levá-lo ao mapa do mundo real, ao encontro do horror da guerra, ao confronto com o nazifascismo e à dilacerada afirmação de uma humanidade capaz de renascer dos escombros. Ao mesmo tempo, a simples insistência no nome original da cidade ganhava o caráter de um ato político contra o ditador e a ditadura.

O autor d'*O mundo sitiado* aponta ainda para a sincronia entre a entrada do Brasil na guerra e o início da Batalha de Stalingrado, que se davam praticamente no mesmo dia, 22 de agosto de 1942 (a essa coincidência poderíamos acrescentar, por aproximação, a criação da Companhia Vale do Rio Doce, formando um conjunto heteróclito que colocava na mesma linha de tiro o Brasil, Itabira e o mundo). Em estado de emergência, os acontecimentos se precipitam e se sobrepõem. A cidade russa onde as batalhas atingiam a violência mais encarniçada, onde o exército alemão aparentemente imbatível se via paralisado, e depois derrotado, se tornava uma espécie de capital da guerra e centro do universo, onde se decidia o destino da humanidade. É por isso que a vitória, selada em 2 de fevereiro de 1943, "foi saudada efusivamente em todo o mundo por segmentos os mais diferentes", e que o louvor à cidade (em "Carta a Stalingrado" e "Telegrama de Moscou") não deve ser confundido, segundo o crítico, com "um elogio ao stalinismo", não obstante a posição claramente à esquerda do autor, e sua ligação com o Partido Comunista (a qual se desfez em 1946).[49]

A identificação emergencial com a cidade russa, sentida como um ninho de ferro em sua "fria vontade de resistir", fazia dela, de acordo com a interpretação de Murilo, uma espécie de Itabira transposta, por um mecanismo de projeção ferrífera e afetiva. O crítico sugere que, aquecidas por um sentimento de fraternidade mundial, "Itabira e Stalingrado podiam [...] ser aproximadas — uma, como fonte da intimidade, mas porosa ao universal; outra, como núcleo da luta coletiva e do tempo presente, mas redutível ao sonho individual".[50] (Ambas estavam nomeadas naquele momento, podemos acrescentar hoje, com os nomes, depois rasurados, dos respectivos ditadores.) A aproximação entre as cidades pode parecer excessiva, mas ela é no mínimo a extensão lógica de um princípio atuante no livro, e explicitado em "América", de que a trepidação horrenda e desafiante do mundo, da qual se deseja extrair a esperança, não se separa da memória visceral da infância. Em "Nosso tempo", aliás, em meio ao bombardeio das imagens convulsivas de um mundo em estado de caótica máquina de guerra, que se trava até nos intestinos ("tempo de partido,/ tempo de homens partidos", de palavras querendo explodir, de estilhaços íntimos, corpóreos, de sombras policiais sob o "céu da propaganda" no ar empesteado que se respira e de "bancos triturando suavemente o pescoço do açúcar"), a casa familiar retorna em chave de pesadelo: "Conheço bem esta casa,/ pela direita entra-se, pela esquerda sobe-se,/ a sala grande conduz a quartos terríveis,/ como o do enterro que não foi feito, do corpo esquecido na mesa,/ conduz à copa de frutas ácidas,/ ao claro jardim central, à água/ que goteja e segreda/ o incesto, a bênção, a partida,/ conduz às celas fechadas, que contêm:/ papéis?/ crimes?/ moedas?".

Com tudo isso, era novamente o acontecimento nacional e mundial que se ligava intimamente à memória individual, mas tendo como bastidor surdo o fato insólito de que a cidade de ori-

"Tudo aqui é inerte, indestrutível e silencioso": Itabira na década de 1930. Em primeiro plano, o casario da rua Direita (atual Tiradentes). No fundo, ao norte, o vulto escaleno do pico do Cauê.

"Uma rua começa em Itabira, que vai dar em qualquer ponto da terra": vista da rua Major Lage (antiga rua dos Padres) nos anos 1930. Na extrema esquerda se entrevê uma parede do "casão senhorial" da infância de Drummond, construção que ainda subsiste. Alinhado com o pico do Cauê, no centro da foto, o sobrado da antiga Câmara e Cadeia, atual Museu de Itabira. À direita, o Grupo Escolar Coronel José Batista (demolido), onde aos dez anos de idade o futuro poeta "tinha desencabulado pela primeira vez, numa redação escolar do terceiro ano primário" (José Maria Cançado). A imagem foi registrada no topo da ladeira, lateral da Matriz do Rosário.

Matriz de Nossa Senhora do Rosário, concluída em 1775. Entre o cruzeiro e a torre sineira se vê a antiga Câmara e Cadeia. À direita, com janelas de frontão triangular, a Casa Paroquial, ainda de pé no século XXI. Num recorte de jornal, ao lado de uma foto semelhante a esta, o poeta anotou: "Matriz do Rosário (catedral) desabada em 9.XI.1970. Ao fundo, o Cauê, também demolido". A construção original foi substituída por uma igreja modernosa e feia.

"Parecia-me que um destino mineral, de uma geometria dura e inelutável, te prendia, Itabira, ao dorso fatigado da montanha": vista panorâmica da cidade. Formada por várias fotos justapostas, a imagem mostra em primeiro plano, à direita, o vale do córrego Água Santa, pertencente à bacia do rio Doce, hoje canalizado e margeado pela avenida Carlos Drummond de Andrade. À distância, ressaltando no "vale soturno onde a riqueza/ maior é sua vista e contemplá-la", estão as torres da Matriz do Rosário, logo abaixo da corcova do Cauê. Assim como o pico drummondiano, a serra da Conceição, no fundo à esquerda, acabou transformada em matéria-prima siderúrgica.

Políticos e engenheiros no topo do Cauê, em julho de 1947. Em primeiro plano, de chapéu e óculos, o governador de Minas Gerais, Milton Campos (UDN), amigo de juventude de Drummond. A seu lado, Dermeval José Pimenta, presidente da Companhia Vale do Rio Doce (CVRD), aponta o longe. "Minas Gerais que, no momento, se encontra em precária situação financeira e com a sua economia francamente depauperada, volta as suas vistas e as suas esperanças para esse Vale" (*O minério de ferro na economia nacional*: *O vale do Rio Doce*). Na mesma época desta foto, Campos convidou o poeta a integrar seu secretariado, sem êxito.

Vista do pico do Cauê com a vila de "casinhas catitas que a Companhia Vale do Rio Doce fez construir para seus funcionários [...] onde até alguns anos atrás só se erguiam pequenas construções de taipa e chão de terra batida".

"Ao pé do pico venerável", já nitidamente desbastado, deputados e senadores da comissão parlamentar mista encarregada de examinar a situação econômico-financeira da CVRD chegam a Itabira num Douglas DC-3 da extinta Panair do Brasil, para visitar as instalações da mineradora, em julho de 1948. Depois de doze anos sem andar pelas calçadas de ferro da cidade, Drummond estivera ali semanas antes para ver sua mãe.

Nesta imagem da mina do Cauê, captada entre 1946 e 1951, operários pioneiros da CVRD — os "leões da Vale" — carregam de hematita as "galeotas", carrocinhas de tração humana ou animal com rodas de ferro para transportar o minério até os caminhões. Era a "época do muque".

"Os recursos da terra dominados": caminhões de quinze e de trinta toneladas "arfam contornando a montanha", na descida da estrada de acesso à mina, "pesados de hematita".

"Do alto do pico, a vista estende-se pela solidão intérmina de montanhas despovoadas": Itabira e arredores vistos do alto do Cauê. Em primeiro plano, operários da CVRD descansam em barracas de lona. Nota-se, no vale, o contraste urbanístico entre os bairros recém-construídos, à esquerda e à direita, e o núcleo original da cidade, ao centro.

Operários da CVRD extraem hematita à ponta de picareta na encosta da montanha de ferro, "britada em bilhões de lascas".

Vista aérea do pico do Cauê. Em certo estágio da exploração, a terraplenagem das encostas recortadas à dinamite deixou a montanha parecida com um zigurate (templo mesopotâmico).

Vista aérea do pico decepado, 1947. "Instalações de ar comprimido" desintegram "os blocos milenários" da montanha.

De templo mesopotâmico a diamante bruto de ferro concentrado: escavada a superfície do maciço, extraíam-se enormes blocos de minério com até 68% de pureza.

Compondo uma sinistra obra de *land art*, as camadas da mineração a céu aberto ("bancadas") no Cauê desenham os círculos de um inferno desértico, talhados na pedra com "minuciosa crueldade".

Panorama da cidade já submetida à mineração: o conjunto de quatro fotografias dos anos 1950 faz parte de um conjunto maior de dez fotos justapostas, pertencente ao arquivo pessoal do poeta. À direita, na vertente da montanha de ferro, marcada por correias transportadoras de minério, encontram-se as instalações da CVRD, os trilhos ferroviários e vagões do "trem-monstro", mostrados em detalhe na ampliação abaixo. A magnitude do pico do Cauê em demolição é obliterada pelo enquadramento. No centro da foto da extrema esquerda, as torres da Matriz do Rosário parecem diminutas na comparação com o gigantismo da empresa. A cidade de Itabira tornava-se uma extensão do canteiro minerador no qual estava instalada.

"Animal vencido [...] que se desfaz velozmente": vista aérea da montanha pulverizada em 1970. Após décadas de operação da CVRD, o Cauê exibe suas "entranhas abertas como um imenso anfiteatro sem espectadores onde todos os dias os atores do trabalho continuam a encenar a peça da extração, numa luta insana contra a natureza já sem mistérios" (Maria Cecília de Souza Minayo).

Publicado na edição de 20 de novembro de 1970 do jornal *O Globo*, ao pé de uma reportagem sobre as solenidades militares do Dia da Bandeira em Brasília, este anúncio ufanista da CVRD transpira um tom de revanche contra Drummond e suas opiniões pouco lisonjeiras sobre a operação da empresa em Itabira. Reprodução do recorte guardado pelo poeta em seu arquivo pessoal.

"Chove ouro no Pontal": no início da década de 1980, um "ajuntamento promíscuo" de desempregados convertidos em garimpeiros agarrou-se à exploração de miligramas de ouro em toneladas de rejeitos da CVRD, em Itabira, descartados numa área próxima à antiga Fazenda do Pontal, pertencente à família de Drummond. Parte da propriedade fora soterrada por uma barragem de resíduos.

"Esta manhã acordo e/ não a encontro": a presença alucinada de uma ausência vista de uma das sacadas da infância de Drummond. A área do pico do Cauê hoje é ocupada por uma cratera de duzentos metros de profundidade, espécie de sino descomunal, arruinado e de ponta-cabeça.

gem, núcleo dessa memória, *se constituía objetivamente numa peça fundamental da maquinação histórica.*

PROJETO CAUÊ

Nos três primeiros anos da Companhia Vale do Rio Doce a exportação de minério de ferro, sujeita a uma realidade muito mais chã e distante das mesas de negociação diplomática, foi dez vezes menor do que a quantidade preestabelecida nos Acordos de Washington. De certo modo, a guerra acabou antes que a Companhia terminasse de se instalar. Equipamentos demoraram a chegar, a ferrovia era precária, havia constantes descarrilamentos, e o trabalho extrativo, duro em extremo, era executado majoritariamente por homens vindos da roça, enfrentando a montanha em condições inóspitas, com recursos rudimentares e em bases quase inteiramente braçais. Nessa fase, que os operários lembram como a "época do muque", usava-se um ponteiro manual para furar a rocha e colocar a dinamite, marretas para britar as pedras dinamitadas, e carrocinhas com rodas de ferro, chamadas "galeotas", para carregar o minério até os caminhões que o transportavam para o trem (puxadas pelos próprios trabalhadores em distâncias pequenas e por burros em distâncias maiores). Tratava-se também de limpar matas e construir estradas circundando a elevação, abrindo nela as esfoladuras que começavam a descascar a montanha e a decepar o pico.[51]

Salários atrasados e exigências excessivas de produção em condições de trabalho adversas levaram, em 1945, a uma greve sufocada com o recurso a um destacamento policial vindo de Belo Horizonte e formado por sessenta homens. A greve tem a duração de cinco dias, ocorrem quebra-quebras nos alojamentos e oficinas, engenheiros são agredidos, e o movimento resultou na criação da Associação Profissional dos Trabalhadores na Indústria de Extração de Ferro e Metais Básicos de Presidente Vargas, primeiro nome do sindicato local. Segundo Maria Cecilia de Souza Minayo, que estudou as transformações da subjetividade operária ao longo da história da Companhia, essa greve permanece numa zona tabu da instituição e da memória coletiva, lembrada apenas, e difusamente, por alguns desses "leões da Vale", como são chamados os trabalhadores dos primeiros tempos. Personagens que, não obstante, cultivavam o orgulho nacionalista, identificado com a ideologia da empresa estatal, de trazer divisas ao país, junto com o pensamento autogratificante de que aquele minério percorria o mundo, "como se as gotas de suor incorporadas nas pedras viajantes apagassem a vivência de uma superexploração dia a dia renovada".[52] A socióloga diz ainda, num raciocínio que corre paralelo, suponho que não intencionalmente, ao verso de Drummond, que um "desenho mágico", na geografia imaginária desses trabalhadores, ligava "Itabira e a mineração a todos os países do mundo para onde [corria] o 'ouro negro'".[53]

Com o fim da guerra, abre-se um vácuo no mercado de ferro. A Inglaterra suspende suas importações, e a empresa, sem o grosso da movimentação econômica que a sustentava, fica sem objetivo estratégico claro até 1952, quando começa a firmar seu novo lugar com a diversificação do mercado internacional do aço, ampliando o seu leque de exportações e iniciando o processo de crescimento que a levará à condição de "maior empresa de mineração a céu aberto do mundo".[54] Um novo maquinário mecaniza todas as etapas do trabalho: o ponteiro manual que furava a rocha é substituído pela perfuradora elétrica, os garfos de encher as galeotas são substituídos por escavadeiras possantes, os carrinhos de mão dão lugar a caminhões basculantes de quinze a trinta toneladas, e a britagem braçal soa como um resíduo da idade da pedra lascada frente aos equipamentos capazes de triturar trezentas toneladas de rocha por hora. Correias transportadoras, peneiras vibratórias, britadores giratórios e balanças automáticas operam os sistemas de granulação e triagem que selecionam, processam e otimizam o material até sua resultante como produto final.

Nos anos 1970, a implantação do chamado Projeto Cauê aumenta o potencial explorador e a escala das ações automatizadas de britagem e peneiramento, de classificação dos "finos de hematita" e de aproveitamento do itabirito antes lançado como rejeito. Por ironia, o pico do Cauê dá seu nome à operação que consuma o seu extermínio. Pois, com o aparato recrudescido, a mineração fechou o cerco sobre a montanha até fazê-la desaparecer e, mais do que isso, até escavar seu desenho em negativo na terra, ao longo de décadas de uma exploração que não acabou, até hoje, de roer o fundo do tacho telúrico. O tempo agigantou a evidência das potências extrativas e destrutivas empenhadas nesse sítio minerador, transformando-o numa espécie de anfiteatro alegórico sem espectadores onde "todos os dias os atores do trabalho continuam a encenar a peça da extração, numa luta insana contra a natureza já sem mistérios".[55]

Como vem sendo dito, vida e obra de Carlos Drummond de Andrade (1902-87) correm em paralelo com os desdobramentos da mineração em Itabira, indo da potência aparentemente indomável do Cauê quase virginal ("a boca da mina, lá longe, pequena mancha preta no dorso cinza-roxo da montanha")[56] até a entronização engolidora do aparato técnico-explorador que consolida o protagonismo da Companhia Vale do Rio Doce no mercado mundial. Nesse contraponto cabem os anos da infância, em que a visão do colosso de ferro se inscreve como a baliza cósmica da memória afetiva; cabe o impacto da chegada dos ingleses, americanos e franceses, em torno dos seus sete anos de idade, comprando as jazidas e dando sinais de um mundo empresarial e financeiro que passava a olhar para o pico do Cauê como sendo um imenso estoque mineral a ser consumido (*Boitempo*); cabe o nó renitente das contraditórias relações entre moderno e pré-moderno, inscrito na original contribuição mineira ao modernismo literário (*Alguma poesia*, 1930), em paralelo com os impasses que envolvem a mineração e o projeto siderúrgico-industrial até o final dos anos 1930 ("Sorriso crispado ou O depoimento do homem de Itabira"); cabe a perspectiva do desenvolvimento nacional alavancado pela contribuição itabirana ao "futuro aço do Brasil" (*Sentimento do mundo*, 1940); cabe o batismo de fogo da guerra, que ateia o sentimento do mundo conflagrado aos poemas d'*A rosa do povo* (1945) ao mesmo tempo que desencadeia as primeiras dinamitações no pico do Cauê; cabe a antevisão, no segundo pós-guerra, de uma maquinação do mundo que invade e manipula todas as dimensões objetivas e subjetivas da existência, intuída na visão do pico do Cauê transformado, agora ostensivamente, em objeto de exploração técnico-capitalista (como veremos); cabe a luta vã, com palavras, contra a exploração predadora, pela Companhia Vale do Rio Doce, das jazidas itabiranas (martelada em artigos no *Correio da Manhã*), contra os estragos que se anunciam na geologia da Minas mercantilizada, na consumação do desmanche da "montanha pulverizada" (intervenções várias em *Versiprosa*, *As impurezas do branco*, *Discurso de primavera* e *Boitempo*) e na consolidação da Companhia como máquina agigantada em múltiplas empresas subsidiárias, expandindo-se pelo território nacional e já em rota de fuga da cidade que a gerou, no momento em que se mostram os sinais de esgotamento dos estoques minerais itabiranos (artigos no *Jornal do Brasil* nos anos 1980).

Em 1970, um anúncio publicitário da Vale do Rio Doce, publicado n'*O Globo*, conferia ao contraponto entre o poeta e a história da mineração uma evidência, pode-se dizer, alegórica. Ao comemorar os sucessos da gigantesca empreitada mineradora —

ou seja, a consumação do Projeto Cauê —, a Companhia se apropriava da famigerada *pedra no meio do caminho* — pedra de toque e de escândalo — convertendo-a no mote de uma apologia dos seus próprios objetivos. A chamada do cartaz, em letras negritadas, transmudava o verso "no meio do caminho tinha uma pedra" em "há uma pedra no caminho do desenvolvimento brasileiro". Dizia o texto:

> Nosso caminho sempre esteve cheio de pedras. Mas essa tem um significado todo particular. Com ela, alcançamos esta semana a marca de 20 milhões de toneladas de minério de ferro exportados. Nós e as companhias associadas. Mais 2,5 milhões do que todo o ano passado. O que representa a entrada no País de divisas na ordem de 150 milhões de dólares. É a comprovação de que nossos objetivos de desenvolvimento estão sendo atingidos. Somos especialistas em transformar pedras em lucros para a Nação. É de mais pedras como essa que o Brasil precisa.[57]

Para quem conhece o histórico dos atritos entre o poeta e a Companhia, consolidado em sucessivos artigos de jornal escritos por ele nos anos 1950 e 1960 (como veremos adiante), a peça publicitária soa como uma revanche estrondosa, aproveitando-se da expressão poética que tinha se tornado lugar-comum de amplo uso. O fato é que, sem pedir licença ao autor, em tempos de ditadura, o anúncio convertia as palavras do poema numa apologia do lucro e da exportação pela exportação, numa total inversão de sentido da pedra de tropeço do enigma. Em 1967, Drummond havia publicado *Uma pedra no meio do caminho: Biografia de um poema*,[58] livro em que reunira críticas, ultrajes, elogios, referências e apropriações de que "No meio do caminho" tinha sido objeto ao longo das décadas, e que ele colecionara com paciência de amanuense e minúcia quase sadomasoquista. Era uma lista impressionante de exemplos que demonstravam o modo como um poema acusado inicialmente de ser ininteligível e de *não dizer nada* pôde virar expressão corrente e ser usado *para falar de tudo*, explodindo como uma bomba em estilhaços semânticos por todos os lados do espectro ideológico. A "pedra no meio do caminho" cria em torno do poeta uma aura de fama e infâmia, que acaba por consagrá-lo, à medida que as palavras se afirmam como expressão coloquial para significar qualquer *encontro de um obstáculo* ou *situação de impasse*, entrando aos poucos para o folclore urbano, assimilando-se ao vocabulário cotidiano, comparecendo no discurso político, no religioso, na intriga pública, fazendo parte da querela gramatical, da miscelânea diária, da inspiração de outros artistas, sem deixar de ser objeto de contínuas interpretações e exegeses às voltas com o seu enigma. Citada por comunistas e por católicos, por Tristão de Athayde e por Gilberto Freyre, pelos políticos mineiros Benedito Valadares e Bias Fortes, por Luís Carlos Prestes e por Roberto Marinho, mais tarde por adeptos do general Figueiredo, recebe a consagração tácita dos fatos consumados, sem perder a aura ambivalente do estigma.

A utilização publicitária do mote do poema pela Companhia Vale do Rio Doce, no momento em que se consumava a pulverização do Cauê (demolido com "minuciosa crueldade", segundo escrevera o articulista alguns anos antes),[59] era o coroamento de todas entre as inumeráveis apropriações de "No meio do caminho". Arrastada explicitamente para a apologia da exportação mineral em massa, a pedra do poema tinha seu lugar substituído pelo da pedra-símbolo dos milhões de toneladas exportadas, convertendo-se no fetiche responsável pelo milagre econômico da multiplicação das pedras e apontando na direção salvífica do lucro ilimitado. O que resultava, afinal, num caso raro de confronto direto da linguagem corporativa e mercadológica com a alta poesia, como só Drummond pôde provocar. Como efeito colateral involuntário, a propaganda trazia à tona o vínculo latente da *pedra no meio do caminho* com a esfera atávica da mineração (juntando seu destino torcido ao da "pedra de ferro" da "Confidência do itabirano", ambas postas em jogo, em momentos diferentes, no tabuleiro histórico).

Ao dizer que "No meio do caminho" funda a poesia brasileira num "patamar mais complexo e ambicioso do que tudo o que veio antes", Nuno Ramos observa que o poema destila uma espécie de "cansaço premonitório", um "ensimesmamento das retinas fatigadas" diante desse substantivo-pedra "que nunca sai da frente", um intrigante "olhar para trás, e não para a frente, para a metade do 'meio do caminho' que já foi, e não para a que virá". Essa visão compacta, impactada e retrospectiva da pedra ("nunca me esquecerei desse acontecimento/ na vida de minhas retinas tão fatigadas") só encontrará "sua conclusão clássica e definitiva", diz Nuno, n'"A máquina do mundo".[60] O anúncio celebratório do sucesso do Projeto Cauê convertia esse "olhar para trás" numa avalanche de toneladas despencando para a frente, abrindo caminho para um clima pulsante de acumulação de lucros (lembremos, a propósito, que "Pra frente, Brasil" era o slogan do "milagre econômico" nos anos 1970).

A soma do poema com o anúncio produz efeito parecido com o da famosa alegoria benjaminiana sobre o anjo da história.[61] Nesta, o anjo tem seu olhar fixado num enigmático trauma originário ("seu rosto está dirigido para o passado") de onde os acontecimentos emanam como a catástrofe única que acumula desastres. A tempestade, soprando da origem, empurra avassaladoramente o anjo para o futuro ao qual ele volta as costas mas no qual um "amontoado de ruínas" se junta até o céu. "Essa tempestade", diz Walter Benjamin, "é o que chamamos de progresso". No nosso caso, se o rosto do anjo torto se volta *para trás*, fixado no acontecimento que se imprime *na vida de suas retinas tão fatigadas*, o vento da tempestade mineradora empurra-o inexoravelmente para o futuro ("20 milhões de toneladas de minério de ferro exportados", "mais 2,5 milhões do que todo o ano passado"), somando às costas dele (que quer deter-se, contemplar a origem, rememorar os mortos e juntar os cacos) um "amontoado de ruínas" que, se não "cresce até o céu", decepa montanhas e rói o fundo da terra. O choque do arquipoema de Carlos Drummond de Andrade com a publicidade da Companhia Vale do Rio Doce está no olho desse furacão "que chamamos de progresso", manobrado por "especialistas em transformar pedras em lucros" e reclamando por "mais pedras como essa".

No trânsito da década de 1980 para a de 1990, já após a morte do poeta, a Companhia passa pelo "esgotamento de um modelo de gestão do trabalho" (no interior do qual enfrenta uma greve operária em 1989),[62] e por um remanejamento interno que aponta para sua privatização, em 1997, e para a redução de seu nome para Vale S.A., em 2007 (Minayo fala da passagem do *fordismo* ao *toyotismo*, acompanhando a mudança mundial na estruturação produtiva do capital). A cidade, acoplada simbioticamente a essa potência nascida das suas entranhas, vive na dependência econômica e política dos ditames da companhia, sem ter se beneficiado, nem de longe, de um retorno correspondente ao gigantismo da empresa que gerou. A inusual promiscuidade de origem do sítio minerador com o núcleo urbano acarreta um impacto ambiental que se traduz em altos níveis de poeira de ferro em suspensão, imóveis afetados pela dinamitação das rochas e assoreamento das fontes de água. Longe de ser reconhecida como vítima de uma intrusão abusiva, é a cidade que é posta, na prática, no lugar de intrusa, no momento em que bairros construídos sobre veios de minério de ferro são obrigados a se deslocarem para permitir a continuidade da exploração até o esgotamento total do estoque.[63]

Em novembro de 2015, a catástrofe socioambiental provocada pelos rejeitos da mineração acumulados pela Samarco (braço da Vale), que se derramaram sobre regiões povoadas e sobre o leito do rio Doce, alastrando-se de Mariana até o mar do Espírito Santo por uma trilha paralela à do "trem-monstro" mineiro, ao longo de setecentos quilômetros, saltará aos olhos como a face gritante do mecanismo cego contido nessa mesma exploração produtivista, acumuladora e dissipadora. O tempo nos devolve, com ela, ao arco inteiro dessa história, que tem a particularidade de ser toda pontuada pela obra de um escritor maior que a viveu por dentro, atravessando-a com diferentes registros de sua escrita, os quais vão da intervenção de circunstância à alta poesia, passando pelo memorialismo poético, pela notação analítica, pela iluminação lírica, pelo artigo jornalístico, pelo canto de protesto. Entre tais manifestações heterogêneas, a seção "A máquina do mundo", em *Claro enigma* (na qual se incluem o poema do mesmo nome e "Relógio do Rosário", seu avesso suplementar), merece ser examinada como uma cifra transcendental do trauma da mineração e como intuição enigmática do destino contemporâneo. Além da análise textual, que buscaremos fazer na próxima parte ("A máquina poética"), essa interpretação depende de uma contextualização prévia e do esclarecimento de certas circunstâncias objetivas que contêm em si linhas de força urdidas no poema.

A VISÃO

Carlos Drummond de Andrade viajou para Itabira em maio de 1948. Sua mãe, Julieta Augusta, que tinha vivido catorze anos num hospital em Belo Horizonte, como se fosse este um misto de asilo e hotel, sofrera um agravamento do seu estado de saúde em 1947, quando fora levada, de ambulância, para passar em Itabira o restante de seus dias. Avisado pelo irmão Altivo da sua piora, no final de maio de 1948, e em companhia do irmão José, Carlos embarcou em Belo Horizonte para sua cidade natal num avião de quatro lugares, da Companhia Vale do Rio Doce, que funcionava como táxi-aéreo. Anotado brevemente num diário íntimo, que esclarece alguns detalhes concretos do voo,[64] o relato é expandido na crônica "Antigo", publicada na revista *Política e Letras* em 28 de outubro daquele ano.[65] Coincidia de ser o centenário da elevação da vila a cidade. Em meio a considerações genéricas e meio anódinas sobre a velhice e a juventude das povoações, a crônica se abre, abruptamente, para a narrativa de duas visões impactantes, contrárias mas cruciais, para o golpe e a elaboração do trauma itabirano. Sem se referir à doença da mãe, que faleceria em dezembro de 1948, aos 79 anos ("circunstâncias de minha vida fizeram-me revê-la, a antiga Itabira do Mato Dentro"), conta que partiu de Belo Horizonte para uma viagem inesperadamente vertiginosa:

> Num voo que me deu a imagem da natureza, próprio para descortinar o conjunto da paisagem e fazer aprender a soma das formas tristes ou alegres, que antes apareciam no seu isolamento inexpugnável, tomei em Belo Horizonte a máquina aventureira que se chama táxi-aéreo e fui refazer, do alto, um dos atalhos do histórico caminho das minas. Lá embaixo, aquela fita amarela e inerte é o rio das Velhas [...]; mais adiante, o aviãozinho passa ao nível da ermida do alto da serra da Piedade [...]; e Caeté surge num vale, e o coro de montanhas cinzentas, azuladas ou violáceas, se vai misturando por sobre o silêncio e a solidão das Minas. Que carga de silêncio, que toneladas de solidão entram no mistério do comportamento mineiro, e como desta máquina frágil, sobre os abismos,

podemos compreender melhor o homem que lá embaixo debulha milho ou tange um bezerro![66]

Nessa visão extraordinária ("chegada inédita à velha terra, por sobre suas montanhas", conforme anotou no diário), salta-lhe pela primeira vez aos olhos a somatória das formas e dos espaços envolvidos na experiência secular de Minas Gerais, a coreografia coral das montanhas, a "fita amarela" do rio, a massa de silêncio captada em bloco, a solidão medida em toneladas, como se fosse hematita, solidária do homem que lida, no chão, com a espiga ou com a rês ("que toneladas de solidão entram no mistério do comportamento mineiro"), tudo liberado de seu "isolamento inexpugnável" e compreendendo da montanha ao grão de milho num só ponto de epifania, no qual se incluem a physis, o humano, a mineração, a lavoura, a pecuária.

O vislumbre cósmico e totalizante das Minas Gerais se confundia, no entanto, na mesma viagem, com a visão, também primeira, da máquina de exploração pesada que se instalava no pico do Cauê. O momento era o do exato meio caminho entre a fase inicial da Companhia Vale do Rio Doce, a da extração de ferro por meios rudimentares, e a da mecanização e expansão internacional. Uma injeção de recursos financeiros se fazia acompanhar, naquele ano, por um salto de mais de 100% na quantidade produzida e exportada, em relação ao ano anterior. As exportações, interrompidas desde que a Inglaterra sustara o comércio, em 1945, começavam a ser retomadas e intensificadas em função da arrancada produtivista da siderurgia mundial no pós-guerra, tendo os Estados Unidos como cliente principal, secundados por Canadá, Holanda e Bélgica.[67]

A visão da paisagem de Itabira, tal como relatada pelo poeta, apresentava então as evidências de uma nova marcação de território. "Casinhas catitas", enfileiradas num padrão industrial uniforme e distinto do acidentado e "ingênuo traçado das ruas itabiranas",[68] que "a Companhia Vale do Rio Doce fez construir para seus funcionários, [graduados] no bairro do Pará", ocupam agora o lugar "onde até alguns anos atrás só se erguiam pequenas construções de taipa e chão de terra batida"; "dois aviões postados no hangar como besouros" alinham-se no "campo de aviação, ao pé do pico venerável", como guardiões do novo estado das coisas; e mais que tudo, marcando o ritmo produtivo imprimido ao pico silencioso, a "faina" da mineração exibe caminhões apressados "que arfam contornando a montanha", "vagões que descem pesados de hematita" e "instalações de ar comprimido" prontas "para desintegrar os blocos milenários".[69] Assim, o tempo extático da visão aérea, com a paisagem panorâmica disposta em seu horizonte de longuíssima duração, era rebatido pelo tempo intensivo da máquina resfolegante ao rés do chão, cujos dispositivos de exploração atacavam em massa, agora, a geologia imemorial do lugar, carregada de memória afetiva.

O lance visionário e a ferida corrosiva da história, o descortino poético e as maquinações técnico-econômicas se defrontavam, ali, num choque de alumbramento e trauma. Por um novo lance do acaso objetivo, Drummond avistava a implantação mineradora no pico do Cauê no momento histórico em que esta começava a disparar a sua escalada extrativa e imediatamente depois de ele ter sorvido com os olhos o panorama deslumbrante de Minas. Assim, é como se essa viagem duplamente inaugural fosse a primeira e a última, revelando a solene dimensão inteiriça de um mundo cuja corrosão impiedosa se iniciava. É de supor que o sujeito se via, frente a seu maior vínculo de origem e destino (a Minas da mineração como sendo a própria consubstanciação do mundo), na encruzilhada trágica — o meio do caminho, o ponto de inflexão — entre o imperativo do progresso e a potência destruidora deste. Não esquecer, ainda, aquilo que está silenciado no texto, e que faz com que tudo nele vibre como os harmônicos de uma nota angustiante: o agravamento da doença da mãe, que anuncia a sua lenta e dolorosa agonia.

A crônica que registra o acontecimento, cheia de vestígios antecipatórios quando olhada a posteriori, não se mostra capaz, no entanto, de absorver prontamente o golpe dessa viagem sem retorno, e de elaborar o impacto das visões opostas e sobrepostas. Se ele dissera quase vinte anos antes, a propósito da visão da Siderúrgica Belgo-Mineira, em Sabará, que aquilo era "como um direto no queixo do saudosista",[70] é de imaginar que a visão da exploração do pico do Cauê beirasse o nocaute emocional. Antes de tudo, Drummond parece não querer admitir o real das perdas que se anunciam e a dimensão da destruição que avança sobre a face da cidade natal (a cidade pública que está diante de seus olhos e a cidade íntima aninhada na memória afetiva). Como sabemos que para ele, desde muito tempo e com boas razões, Itabira *é* o mundo, é este que se anunciava, então, como sendo aquele que conhecemos: administrado pela técnica, movido pelo lucro e danificado até o esgotamento.

Ao narrar as visões que relatamos, Drummond inverte a ordem cronológica das duas aparições, tratando primeiramente da implantação mineradora no pico do Cauê e rebatendo-a depois com a visão extasiante das Minas a *vol d'oiseau*. Na verdade, ele reage ao choque por meio de um mecanismo compensatório evidente, e mesmo gritante, cuja forma invertida é típica da denegação: já que não pode admitir para si mesmo a perspectiva da destruição do mundo que o formou, afirma obsessivamente que a cidade natal é inatingível e indestrutível. Nesse impulso confessional às avessas, sustenta que as novidades do progresso "não são o tempo", mas a mera "franja do tempo", que a "juventude perene" da vida não está no "vão escoamento das modas e técnicas" (e portanto na superfície da modernização e no exército minerador que se instala no Cauê), mas na "sensação de cidade insculpida no tempo e indene, por isso mesmo, à erosão, à política, à instabilidade econômica, ao romantismo, ao americanismo, à luta de classes e a outras vicissitudes de nossa humana contingência" (a enumeração mirabolante fala por si mesma da intensidade sintomática do mecanismo de defesa).[71]

O diário deixa ver que ele visitou o sítio minerador, que foi ao alto da montanha e de lá contemplou de novo as montanhas em torno: "Subimos ao pico do Cauê, já bastante devastado pelas perfuratrizes de ar comprimido, que faz saltarem os blocos de minério, a poder de dinamite. Do alto do pico, a vista estende-se pela solidão intérmina de montanhas despovoadas (apenas uma ou outra mancha de vida, e entre elas e o Pontal)" (lembremos que o Pontal é o lugar da fazenda familiar da infância).[72] Visitante in loco da empreitada exploradora, e viajante do avião da Companhia, rechaça, no entanto, na crônica publicada, a miragem do progresso que se impõe como ideário dominante no espírito da época, recusando-se a se estender sobre o que viu de "espetacular e dinâmico" no canteiro de operações da cidade mineradora.[73] O momento supõe, igualmente, o luto pelo projeto nacional-desenvolvimentista da "pedra de ferro" como o talismã da indústria de aço brasileira. Apega-se, em vez disso, à experiência que não se esgota, a "certas características profundas" que escapam à "evidência econômica, histórica, social, jornalística", e afirma a "louca fantasia" da infância, cujo "mundo murado" guarda a experiência da duração e tem na "via poética" o meio de transmissão de sua "herança personalíssima".[74] Os três dias na cidade (a mãe tinha melhorado um pouco) deram ocasião a uma perambulação meditativa registrada no diário: "As velhas casas [...] nas ruas da infância. Uma ou outra foi modernizada atrozmente. Em conjunto, mantêm-se dignas. Longa contemplação da casa em que fui menino, e ao pé da qual foram derrubadas as árvores. O relógio da Matriz bate — e repete — dez horas, e vejo meu pai, de camisola, caminhando pelos quartos, pondo à janela, no sereno, o seu copo de água".[75]

Segundo o diário, revisita a cidade que lhe é íntima, abandonando-se à estranheza das mudanças e à estranheza do próprio tempo. Na crônica, defende-se do trauma por meio de uma racionalização que se aferra às armas da lírica e se consola (explicitamente) na memória involuntária proustiana:

> [...] posso assinalar que aquela doce encosta de vale, que é a Penha, não mudou muito, embora tudo em torno mudasse. A estrada para o pico do Cauê, por onde desfilam caminhões, abriu um sulco vermelho entre as folhas. A água que escorria trêfega e ia formar um delicioso banheiro de meninos está agora cativa de um rego de cimento; mas sua frescura, afirmo-o convicto, e meu irmão José, igualmente nostálgico e forasteiro, o afirma também, é a mesma de 1924, de 1914, pois que, sorvida sobre a relva, operou em nós aquele brusco sortilégio da memória sensual, que um romancista descobriu no fundo de uma xícara de chá e de um bolo de madalena.[76]

Há boas razões para acreditar que o jogo de forças envolvido nessa experiência de *chegar a Itabira*, em maio de 1948, tenha contribuído para o insight e a formulação d'"A máquina do mundo", publicado no *Correio da Manhã* no ano seguinte.[77] Não quero dizer com isso que o episódio, ele mesmo, seja o assunto oculto do poema, nem que a *máquina do mundo* deva ser entendida, numa metáfora simplória, como sendo a Companhia Vale do Rio Doce. A complexidade e a riqueza do acontecimento oferecem, no entanto, certas precondições para sua transfiguração problematizadora em âmbito muito maior, já independente da restrição localista, mesmo que sem perder as marcas de sua inserção local e sem se descolar da geografia afetiva à qual pertence (como atestam "a estrada de Minas pedregosa" e o som do "sino rouco", sem falar no "sono rancoroso dos minérios"). Pois a viagem flagra o momento em que a geografia afetiva sofria o impacto da geoeconomia política, abrindo o flanco a uma densa reflexão cifrada sobre o ser e o estado do mundo.

Entre os possíveis índices embrionários do poema, detectáveis na crônica "Antigo", chama atenção um detalhe que diz respeito diretamente ao "reino das palavras": note-se que é a palavra "máquina", duas vezes atribuída ao avião — "máquina aventureira" e "máquina frágil" suspensa "sobre os abismos" —, que nomeia o aparelho por meio do qual se descortina um mundo intoxicado de sentido e de sentimento da totalidade. Não estou dizendo, aqui também, que se trata já de uma alusão intencional à "máquina do mundo" camoniana (à qual remeterá o poema de *Claro enigma*). Creio, em vez disso, que se trata de uma relação virtual, latente, talvez inconsciente, fazendo parte daquelas redes associativas em que as palavras se incubam, *antes* de se atualizarem num poema. No "reino das palavras", elas ressoam entre si como num "estado de dicionário" que correspondesse não ao dicionário convencional, mas a um dicionário analógico feito de nuvens de inter-relações semânticas e sonoras.[78] Para efeito do dicionário comum, por exemplo, o uso da palavra "máquina", atribuída ao avião, corresponde a seu sentido moderno, como um equipamento que mobiliza uma força mecânica e cuja ação substitui e alavanca o trabalho humano. No contexto em que aparece em "Antigo", no entanto, onde o avião, além disso, é o dispositivo graças ao qual se desvela uma massa de percepções e sentimentos totalizantes, o emprego redobrado do significante "máquina", sem perder o seu sentido usual, está a um passo de arrastar consigo a expressão "máquina do mundo", associada na memória poética da língua ao dispositivo mirífico que dá a ver a totalidade luminosa e transparente do cosmo, tal como surge descrita no canto x d'*Os lusíadas*.[79]

Na expressão clássica "máquina do mundo", a palavra "máquina" tem um sentido globalizante, muito mais amplo do que o usual, como explica João Adolfo Hansen. Do latim *machina*, vindo do grego *mékhané*, "máquina ou maquinação" quer dizer "invenção astuciosa", engenho inventivo produzido pela inteligência enquanto "instrumento da natureza".[80] Na concepção que vigorou até o século xvi, o próprio universo é uma grande máquina fabricada artificiosamente pelo engenho divino e articulada em camadas de similitudes e analogias. Mas são também máquinas todos os dispositivos engenhosos capazes de capturar, conter, represar e canalizar as forças da máquina do mundo (como a *máquina* mercante e a *máquina* navegante), incluindo, com destaque, o *engenho* retórico e máquina de linguagem que produz as ficções discursivas, como é o caso da poesia. Podemos dizer que a semântica de "máquina", enquanto engenho, aparato ou instrumento que produz "com arte ou indústria visando um fim determinado",[81] tem grande afinidade com a ideia de *dispositivo*, conceito foucaultiano cuja margem de abrangência Giorgio Agamben amplia, para a análise do contemporâneo, ao mesmo tempo que a remete às suas antigas implicações teológicas e filosóficas.[82]

No final do poema épico camoniano, a "grande máquina do Mundo" é apresentada pela deusa Tétis, na Ilha dos Amores, a Vasco da Gama: trata-se da aparição divinal de um engenho cosmográfico constituído de esferas estelares embutidas e concêntricas, tendo a Terra no seu núcleo luminoso, e graças ao qual é dado ao viajante contemplar, como prêmio pelas navegações portuguesas, o roteiro das viagens lusitanas pelas terras da África, da Ásia e da América. O engenho miraculoso abarca o *todo*, obedecendo a uma cosmovisão unitária: um globo pairando no ar e atravessado de luz, do qual se vê o centro, a superfície e a quintessência, a sucessão de esferas cristalinas compostas pelos círculos do Empíreo, do Primeiro Móbile, do firmamento das estrelas fixas (as constelações do Zodíaco), das sete luminárias moventes (Lua, Mercúrio, Vênus, Sol, Marte, Júpiter, Saturno), tendo no centro a Terra e os elementos (canto x, 80-91), na qual se vê, com luxuriante riqueza de detalhe, toda a costa da África bordejada a partir da Europa cristã, ramificando-se em confins das Arábias, Ásias e ainda extremos da inominada América (canto x, 92-143), no passado e no futuro, magnificando em êxtase a história portuguesa. Por meio dessa alegoria física e metafísica — espécie de Google Earth pré-moderno pairando luminescente acima do chão — Camões "figura a alma portuguesa em estado de receptividade extática da unidade invisível do divino", diz Hansen, ao mesmo tempo que "fundamenta o domínio físico do mar e das novas terras [...] como domínio teológico-político da monarquia católica sobre regiões e religiões gentias e infiéis, divinizando a história de Portugal".[83] Assim, a máquina do mundo n'*Os lusíadas* é a maquete da máquina do universo, oferecida à contemplação daqueles viajantes lusos, na pessoa de Vasco da Gama, cuja máquina navegante e mercante circundou o núcleo terreno da máquina divina, decantada por sua vez pelo "engenho e arte" da máquina poética camoniana.[84]

Nessa estrutura de dispositivos conjugados, *máquina* é a reprodução em miniatura do mundo, mas também o próprio mundo que ela imita. Deus é o autor do mundo enquanto grande máquina cósmica em funcionamento e também o autor do dispositivo engenhoso que a reproduz, envolvendo literalmente a ambos, o engenho supremo e a engenhoca miraculosa, numa só engenharia divina, independentemente das escalas de grandeza implicadas. Em outras palavras, a *disposição* ontológica do cosmo e o *dispositivo* técnico que a replica são concebidos como fazendo parte de um só todo, já que Deus envolve a orla de um como de outro ("Quem cerca em derredor este rotundo/ Globo e sua superfície tão limada,/ É Deus; mas o que é Deus, ninguém o entende,/ Que a tanto o engenho humano não se estende").[85]

Voltando à crônica de Drummond: com o devido grão de sal, e com uma dose de receptividade para a analogia desnivelada, pode-se reconhecer na vista aérea e panorâmica, em "Antigo", o efeito sublime, mesmo que enviesado e não propositado, de uma sorte de *máquina do mundo* mineira, em correspondência com a visão epifânica que se oferece aos viajantes portugueses no final d'*Os lusíadas*. É claro que a perspectiva drummondiana, sendo radicalmente moderna, aberta, descentrada, destituída de fundamento metafísico, e formulada como que en passant, distingue-se radicalmente da representação concêntrica, acabada e teleológica da cosmologia presente em Dante e Camões (de cuja diferença ele extrairá um efeito surdamente irônico, ao glosá-los estilisticamente n'"A máquina do mundo"). Mesmo assim, trata-se de um poeta obsessivamente atraído pela miragem da totalidade dos fatos do mundo. O efeito de totalização advém da perspectiva aérea oferecida de surpresa pelo "aviãozinho" — máquina moderna flutuando acidentadamente sobre o abismo do acaso e da contingência. Por meio dela, desvela-se o universo das Minas Gerais em sua vastidão e em suas ressonâncias mais íntimas e sutis, pondo em contato as suas várias esferas de existência, entrelaçadas para além do seu "isolamento inexpugnável" e banhadas na percepção e no sentimento do todo (orografia, hidrografia, mineração, lavoura e pastoreio, tudo contido na vertigem simultânea do muito grande e do muito pequeno). Não bastasse, essa máquina cósmica mineira, onde se entrelaçam a physis e a cultura imemorial, convive, na mesma passagem, com a entrada em cena da máquina mineradora que intervém no seu âmago, abocanhando o colosso de ferro com um empuxe avassalador que se anuncia como onívoro e também ele totalizante, em seu poder de manipulação extremo.

O que há de mais valioso na memória afetiva do poeta parece sofrer essa invasão objetiva como uma violência psíquica, contra a qual todo ele se debate. Ao lado do impacto subjetivo, a maquinação mineral já podia ser intuída, naquele momento, como fazendo parte da máquina "cósmica" da vez, isto é, a máquina do capital fundada na técnica exploradora e movida por um apetite geoeconômico ilimitado, maquinando a absorção, nas suas esferas de domínio, de tudo quanto existe.

Assistia-se ali, portanto, ao entrechoque da máquina econômica dura, em seu ataque técnico-explorador a um mundo convertido em objeto e em jazida, com a máquina total da natureza jazendo esplendorosa em si mesma. As duas *grandes máquinas* são mediadas pela perspectiva oscilante do "aviãozinho", pairando sobre elas com uma fragilidade equivalente à do sujeito. O poema "A máquina do mundo" nascerá, de certo modo, do atrito fino entre o significado literal imediato, prontamente reconhecível, material, moderno e tangível, da palavra "máquina", tal como presentificado na mineração em ato e nas suas máquinas concretas, incluindo a máquina "aventureira" do avião, e o sentido englobante de um sentimento ressonante do todo, cuja expressão se encontra na *máquina do mundo* guardada numa tradição poética venerável (*ultrapassada* no tempo histórico da modernidade, mas não na sua intensidade expressiva e no seu poder de interpelação).

N'"A questão da técnica", Heidegger fala da relação entre o rio Reno e a usina hidroelétrica nele instalada de uma maneira que nos remete sugestivamente à situação itabirana visualizada por Drummond.

> A usina hidroelétrica posta no Reno dis-põe o rio a fornecer pressão hidráulica, que dis-põe as turbinas a girar, cujo giro impulsiona um

conjunto de máquinas, cujos mecanismos produzem corrente elétrica. As centrais de transmissão e sua rede se dis-põem a fornecer corrente. Nesta sucessão integrada de dis-posições de energia elétrica, o próprio rio Reno aparece como um dispositivo. *A usina hidroelétrica não está instalada no Reno, como a velha ponte de madeira que, durante séculos, ligava uma margem à outra. A situação se inverteu. Agora é o rio que está instalado na usina* [o grifo é meu].[86]

Essa mesma inversão, mas com uma contundência maior, e de efeito acachapante sobre o poeta, evidencia-se no fato de que não era o canteiro minerador da Companhia Vale do Rio Doce que se instalava em Itabira, mas era Itabira que, a partir de então, estava instalada no canteiro minerador da Companhia Vale do Rio Doce, como deixará claro o decorrer do tempo (e como antevê a intuição poética na nascente do acontecimento).

Heidegger evoca o vale do Ruhr (curiosamente aquele mesmo que era o modelo da siderurgia mineira para Artur Bernardes), dizendo que não é somente o carvão processado que se tornará disponível no lugar onde for usado, mas é o lugar de onde ele provém que ficará disponível como estoque da energia nele armazenada. E é a essa conversão do pico do Cauê em estoque mineral em ato, e à redução da cidade a mero apêndice inconveniente da massa de ferro imobilizada como alvo da exploração, que Drummond reage, num primeiro momento, com a descalibrada afirmação da cidade "insculpida no tempo", íntegra, intocável, inarredável *do lugar que lhe é próprio*. Joga, contra a corrosão que se inicia, com a verdade do sentimento lírico mais íntimo, como se pudesse convertê-lo em dado literal de realidade contra o real, para devolver a cidade da memória ao seu nicho autônomo. Heidegger assinala, ainda, a diferença entre "'o Reno' instalado na *obra de engenharia* da usina elétrica e 'o Reno' evocado pela obra de arte do poema do mesmo nome, 'o

Reno' de Hölderlin".[87] É uma relação análoga à que temos, aqui, entre o pico do Cauê da engenharia mineradora e o pico do Cauê do engenho poético drummondiano (a poesia de Carlos Drummond de Andrade como "pico de Itabira que máquina mineradora não corrói", para lembrar novamente o poema de Waly Salomão).

São muitas, portanto, as questões capazes de afetar, atingir, desafiar e mobilizar um poeta eminentemente reflexivo como este. A crônica mais sofre o impacto delas do que é capaz de elaborá-las. Mas pode-se dizer que elas retornam n'"A máquina do mundo", lançadas para um grau superior de transfiguração e problematização. No núcleo denso do poema reconhece-se, independentemente da intenção do poeta, um tema caro à discussão contemporânea: a questão da técnica, tratada por Adorno e Horkheimer, por Heidegger, por Agamben retomando o conceito foucaultiano de dispositivo, convertida, no entanto, pela poesia, à condição de *claro enigma*. Não nos interessa, aqui, recobri-la com uma terminologia filosofante, mas compreendê-la como se lançando para uma espécie própria de dimensão problematizadora cuja reflexão se dá *nas* palavras (como o estado da linguagem menos redutível a outros discursos, a dificuldade de capturá-la reside exatamente em que ela os percorre e escapa *entre* eles).

Por ora, importa identificar, no episódio da viagem relatada em "Antigo", que a visão da *disposição "natural"* do mundo era impactada pela maquinação que se apresentava como a *nova "natureza" artificial do mundo*, a dos *dispositivos englobantes que o tomam como estoque disponível a ser esgotado*. Olhadas sob a luz retrovisora emitida pelo poema, as duas máquinas de "Antigo" se entrechocam e se fundem problematicamente, sendo lançadas depois, em ironia transcendental, contra o pano de fundo das grandes cosmologias literárias, a de Dante e a de Camões. Para passar do estado perturbado da crônica para a dimensão reflexiva e enigmática do poema, é de imaginar que foi preciso, porém, passar pelo luto daquela perda que o poeta se recusava a admitir, ao ver a destruição invadindo um mundo que era intimamente o *seu*. Na verdade, o luto atravessa o poema, em seu trabalhoso palmilhar do chão de pedra, carregando consigo, à maneira do maxilar dos antepassados, a visão da velha totalidade impossível (ainda assim vislumbrada) e a da nova totalidade manipulável e manipuladora (por isso mesmo recusada). Junto com o distanciamento cético frente às antigas cosmologias que contavam com uma visão unitária do todo (prometendo a "total explicação da vida", o "nexo primeiro e singular"), habita o poema uma *crítica moderna do moderno* (interrogante, emancipada e negativa), no momento em que a exploração social e econômica apontada em *Sentimento do mundo* e *A rosa do povo* ganhava uma ostensiva dimensão geoeconômica.

Impressiona que esse trabalho de luto em grande escala se dê juntamente com o luto pela morte da mãe.[88] São perdas que entram em ressonância secreta, e de cujo fundo comum resta um mundo findo, e ainda assim o mundo.[89] Ao contrário da figura visível e recorrente do pai, que retorna insistentemente como o espectro de uma dívida sempre renovada, a figura da mãe atravessa a obra de Drummond como um eco daquele suspiro ("que fundo!") que se lê em "Infância" — canto inaudível que acompanha "o desvio flexível e amável do traço materno" contra "a rispidez da minha linha de Andrade".[90] A melodia silenciosa dessa "voz materna" é a mesma que ressoa, difusa e incessante — como diz a "Canção de Itabira" (*Corpo*, 1984) —, no bambuzal, "no sino maior da igreja", nos "lábios das lavadeiras", na música do coqueiro, na ventania do "alto da serra" (serra que não há mais, "que hoje é lembrança") e no silêncio. Num poema em memória da mãe, intitulado "Para sempre" e publicado em *Lição de coisas* (1962), parece soar ainda o eco vertiginoso daquela viagem de avião em que a imensidão abrigava a semente: "mãe não morre nunca,/ mãe ficará para sempre/ junto de seu filho/ e ele, velho embora,/ será pequenino/ feito grão de milho".

4

LANTERNA MÁGICA

Se do fim voltarmos ao começo, por um efeito de torção, nos deparamos com uma estranha sincronia da poesia de Drummond consigo mesma, no que diz respeito à questão itabirana: é como se todos os elementos, olhados a posteriori, já estivessem anunciados de alguma forma desde o início. O já citado poema "Itabira", incluído na série "Lanterna mágica" do livro de estreia, prefigura, em estado de latência, as forças que entrarão em jogo no trauma local:

Cada um de nós tem seu pedaço no pico do Cauê.
Na cidade toda de ferro
as ferraduras batem como sinos.
Os meninos seguem para a escola.
Os homens olham para o chão.
Os ingleses compram a mina.

Só, na porta da venda, Tutu Caramujo cisma na derrota incomparável.

Desde o primeiro verso, assim como desde os primórdios da povoação, ao que parece, seus habitantes estão comprometidos com a massa montanhosa que os assombra ("Cada um de nós tem seu pedaço no pico do Cauê"). Feitas da mesma matéria do pico, as pedras do calçamento e as ferraduras dos cavalos se entrechocam como sinos no mesmo chão ferroso que as crianças pisam, ou para o qual olham os homens, com um olhar esquivo e rebaixado (já se insinuando aqui o tema do "orgulho" e da "cabeça baixa", presente na "Confidência do itabirano"). O compromisso com o pico do Cauê é uma forma de posse comum (cada habitante detém dele um pedaço simbólico e íntimo), mas é também uma penhora (cada um tem uma parte inalienável de si empenhada no destino desse acidente congênito da geografia local). É como se o acidente geológico se constituísse, assim, num silencioso banco de crédito, consolidado não na economia material do saque capitalista, mas na economia imaterial da dádiva-dívida, com seu lastro em ferro vinculado ao ferro das almas.

Tal dádiva-dívida, impagável, difusa, encravada em relações senhoriais de mando e dependência, digerida longamente no sentimento ancestral da mineração do ouro e da decadência, é interiorizada na economia lenta desse microcosmo provinciano que assiste à entrada em cena, insidiosa e sem estrépito, de outra agência lógica e econômica, a do comprador-explorador internacional. A chegada da companhia inglesa acusa por si só o valor de saque daquela riqueza maior, guardada com obstinada reserva de escrúpulo, cautela e mistério na vivência coletiva. Na súbita "chave de ouro" — ou de ferro — do poema, abisma-se uma ruminação insondável ("Só, na porta da venda, Tutu Caramujo cisma na derrota incomparável"). Ruminação sobre a qual paira uma ruína desmesurada e surda, não se sabe a rigor se íntima ou pública, se ressentida por mágoa atávica ou se pressentida nos novos tempos que se anunciam; ruminação encaramujada em

Tutu Caramujo, solitário na frente do armazém, mas contendo nela, pode-se dizer, um pedaço de "cada um de nós" e de todos, como o próprio pico do Cauê.

A cena capta uma situação de isolamento e declínio, mergulhada no passado e na pasmaceira provinciana, lastreada numa espécie de clausura férrea a cuja potência recôndita todos estão atados. A duração espaçada de um passado renitente, destilada verso a verso em cifras de um cotidiano quase imóvel, encruada à sombra de um morro entorpecido mas cheio de potências obscuras e guardadas no silêncio coletivo, convive com o primeiro anúncio da dinâmica invasiva do interesse estrangeiro, sem alterar ainda o seu ritmo lento, que persiste como que alheio a tudo. Confluem aí aqueles dados difusos, associativos, sinestésicos, que flutuam numa região pouco consciente e que emergem na "lanterna mágica" da memória como a aura não verbal da experiência.[1] No poema, cada frase é uma recordação afetiva batendo como um sino na "memória involuntária". Esta é construída com base naquela mina subjetiva espontânea de onde se extrai, na poesia lírica, a duração de um passado vivido que de repente se faz vívido (no caso, a onipresença estática do pico do Cauê, o clangor das ferraduras, o ritmo lento dos passos, dos olhares, a porta da venda, o tipo citadino popular imerso, com sua alcunha singular, no seu devaneio insondável).

Trata-se de um tempo que nem retorna nem avança, remontando, como sabemos, aos anos em torno de 1910, quando da compra da mina. Já vimos, em "Sorriso crispado", o poeta declarar que ouvia a afirmação de que Itabira "é o lugar mais rico do mundo", justamente em 1910, e "quando ia para o grupo escolar". O que sugere uma associação entre tais fatos e sentimentos: a compra da mina, a promessa de riqueza para a pequena cidade, a dimensão mundial desse acontecimento, tudo pairando sobre o momento em que "os meninos seguem para a escola" e "os homens olham para o chão". O início da operação extrativa estará fadado, como vimos, a permanecer longamente travado em impasses ("E virá a companhia inglesa e por sua vez comprará tudo/ e por sua vez perderá tudo e tudo volverá a nada", dirá o poema-balanço "Os bens e o sangue", de *Claro enigma*). Pode-se dizer que a enigmática cisma de Tutu Caramujo, carregando o ônus difuso de uma "derrota incomparável" cujo conteúdo fica elidido, não deixa de ressoar, em gérmen ou resíduo, algo de uma história latente cheia de impasse e suspensão, dentro da qual vibra a nota lancinante de um trauma. Leituras causalistas tendem a ver na compra da mina a razão direta da "derrota incomparável". Mas o poema tem uma estrutura paratática mais fluida, em que os elementos se dispõem lado a lado sem que se trace entre eles uma conexão explícita. Não nomeando o conteúdo da cisma encaramujada, o texto permanece aberto a múltiplas leituras (como é próprio, evidentemente, da poesia), mas também à pergunta: é o poema que antecipa o devir de uma história desastrosa, ou é o tempo que o ressignifica e projeta retrospectivamente nessa "derrota incomparável" os desdobramentos da exploração do Cauê, os quais conhecemos hoje? Ficções literárias dispõem, como se sabe, da reconhecida capacidade de absorver acontecimentos posteriores que acabam por iluminar aquilo que já estava latente nelas. O fato é que, à luz da história da mineração, e sob as sombras do presente, a "lanterna mágica" do poema se acende e todo ele ganha uma dimensão nova, em que o pequeno mundo itabirano (o da "cidadezinha qualquer") aparece mais uma vez como um microcosmo estranhamente rasgado de enormidade e da dimensão do "incomparável".

Numa primeira versão manuscrita do poema, o personagem não tinha nome — o sujeito da cisma aparecia como sendo simplesmente "um velho".[2] Essa designação genérica e anódina, ao ser substituída, já na primeira edição do livro, pelo hipocorístico

Tutu Caramujo, com suas conotações individualizantes aquecidas pelo apelido comunitário, adquire uma dimensão fortemente particularizada sem perder seu halo simbólico. Testemunhos locais referem-se à existência real de Tutu Caramujo, apelido de Antônio Alves de Araújo, pequeno comerciante itabirano, dono de venda mas também homem atuante, presidente da Câmara Municipal, ainda no Segundo Reinado, responsável pelo Correio e cidadão zeloso, "preocupado com o futuro da cidade".[3] Consultado sobre Tutu Caramujo, o próprio poeta teria dito, em carta a Joaquim-Francisco Coelho, que se tratava da "alcunha [...] de um velho comerciante itabirano, em fase de decadência econômica — tal como a cidade do seu tempo".[4] Para efeito do poema, e independentemente dos elementos "verídicos", o que fica é a figura de alguém que introjeta na sua caramujice, como um "anjo da história" em versão provinciana, o destino em suspenso da povoação, como uma espécie de guardião solitário do sentido, dos antecedentes e das consequências da cena que se desenha à sua volta, na qual a compra da mina tem certamente um peso crucial.

Pode-se dizer também, sem perder a dimensão singular que ela tem no poema, que a sintomática cisma de Tutu Caramujo manifesta certo estado de introversão cheio de latências, análogo a uma faceta já identificada pela crítica como caracterizando o próprio grupo modernista mineiro na altura dos anos 1920. Formado principalmente por Emílio Moura, João Alphonsus, Cyro dos Anjos, além de Drummond, sua peculiaridade grupal estaria associada à combinação do espírito cosmopolita moderno com uma vivência profunda do marasmo local. São modernistas "atormentados pelos fantasmas do passado rural", ao mesmo tempo que "deslocados no contexto da modernização", diz Ivan Marques, que os estudou em *Cenas de um modernismo de província*.[5] Essa vivência de um atraso regional interno, no plano social e cultural, uma vez introjetada e atravessada por dentro, pelos seus sujeitos, teria tido o poder de conferir ao modernismo mineiro um foco singular, potencializado dialeticamente pelo conservadorismo que o rodeava. Segundo Laís Corrêa de Araújo, "a estrutura agrária decadente, a mentalidade conservadora e repressiva, apoiada num religiosismo estereotipado e deformante, possibilitaram, e exigiram mesmo, uma intervenção de reconhecimento e de denúncia", em especial a que se vê no "texto frio, conciso, epigramático", de Drummond, que "procede a uma aferição [...] objetiva e contundente da realidade e a uma filtragem efetivamente crítica dos elementos de definição de uma sociedade em decadência".[6] Internalizando e mimetizando características do contexto mineiro — social, geográfico e cósmico —, a apreensão da fragmentação e da simultaneidade modernas não se faz sem um vezo de solipsismo provinciano e, mais que isso, abissal. Pode-se dizer que, como o mineiro por excelência (para glosar aqui um poema bem posterior de Drummond), Tutu Caramujo não diz *nem a si mesmo* "o irrevelável segredo" que, "varando o ferro/ para chegar ninguém sabe onde", chama-se "Minas".[7]

Vale notar que o já citado grupo mineiro do qual Drummond participava, enquanto escrevia o livro, foi visto por Mário de Andrade, segundo expressão de Ivan Marques, como "uma soma de caramujos ensimesmados", sem prejuízo de aparecer como "movimento intelectual harmoniosíssimo".[8] Em Minas, e na Itabira do poema, em particular, o homem da província e o poeta modernista — ambos Tutus Caramujos, cada um a seu modo — partilham secretamente, junto com o abismar-se no pico do Cauê, o sentimento de uma derrota sem objeto e sem paralelo, que não deixa de ser a intuição de uma história de longo curso em que a modernidade, como já dissemos, comparece como ausência e sobrevirá como catástrofe.

DESTINO MINERAL

A crônica chamada "Vila de Utopia", publicada em 1933, faz par com o poema "Itabira", e esclarece muito do seu contexto. Drummond registrava o seu retorno à cidade natal, três anos depois da estreia literária, como um "choque emotivo" marcado pela dupla sensação de reconhecimento e estranhamento.[9] A cidade, em ritmo de "prodigiosa monotonia", continuava "posta na vertente da montanha venerável e adormecida na fascinação do seu bilhão e 500 milhões de toneladas de minério com um teor superior a 65% de ferro, que darão para 'abastecer quinhentos mundos durante quinhentos séculos', conforme garantia o visconde do Serro Frio".[10] A referência à avaliação delirante sobre a potência natural inesgotável, adormecida numa cifra imensurável de toneladas e anos, contrastava ironicamente com o dinamismo, também altamente fantasioso, da potência industrial que poderia despontar ali, se o tempo da modernização fosse acelerado: "Se a vida passasse depressa, a estrada de ferro já teria posto os seus trilhos na orla da cidade; à sombra do Cauê, uma usina imensa reuniria 10 mil operários congregados em cinquenta sindicatos, e alguma coisa como Detroit, Chicago, substituiria o ingênuo traçado das ruas do Corte, do Bongue, dos Monjolos".[11]

Estão mobilizados, aí, dois fantasmas vultosos e extremos, que só se encontram por ironia: o da riqueza subterrânea tida por infinita, dormindo em monocórdica monotonia, e o da hipotética modernidade capitalista a todo vapor, com sua dinâmica produtiva, longe de ter chegado ao quadrilátero ferrífero. O texto pendula entre uma e outra miragem, como se explicitasse algo do segredo do poema "Itabira": a distância que persiste entre a reserva resguardada do ferro montanhoso e a compra da mina pelos ingleses; o fantasma do tesouro mineral dado por inesgotável (pelo visconde do Serro Frio, "num momento de porquemeufanismo furioso")[12] e o fantasma de uma industrialização trepidante, que articulasse mineração, siderurgia local e rede ferroviária, convertendo o burgo provinciano ao ritmo fabril acelerado de uma improvável Detroit ou uma Chicago mineira (vai aí uma possível alusão paródica àquela Minas convertida pela fantasia de Artur Bernardes em vale do Ruhr). Cronicamente não resolvido no fórum político nacional, o contraste entre esses dois fantasmas se resolve no texto — não se resolvendo — numa ironia típica de crônica machadiana: "Mas para que tanta pressa? Tudo virá a seu tempo, e se não for agora, [...] algum dia há de ser, e tudo estará bem. Na consumação dos séculos se consumarão também os nossos desejos, e a alma alcançará a bem-aventurança eterna, que é o sono no regaço de Deus. Até lá, vivamos com calma".[13]

Tudo somado e subtraído, a irresolução entre o sono férreo oculto em camadas telúricas e o sonho do progresso projetado num futuro inverossímil desemboca na cumplicidade profunda e declarada do poeta com a cidade e com o "destino mineral" que divide com ela, com a "geometria dura e inelutável" que a prende "ao dorso fatigado da montanha". Declara-se uma vítima assumida do sofrimento congênito que já o perseguia quando "do alto da Avenida, à tarde, [...] olhava as [...] casas resignadas e confinadas entre morros, casas que nunca se evadiriam da escura paisagem de mineração, que nunca levantariam âncora [...] para a descoberta do mundo". Repõe aqui uma espécie de cisma de Tutu Caramujo, não à porta da venda, dessa vez, mas em outro lugar geográfico, o da visão do alto, de onde a cidade é apreendida como um todo e vista como paralisada no tempo e no espaço.

A cidade não avança nem recua. A cidade é paralítica. Mas, de sua paralisia provêm a sua força e a sua permanência. Os membros de ferro resistem à decomposição. Parece que um poder superior tocou esses membros, encantando-os. Tudo aqui é inerte, indestrutível e silencioso. A cidade parece encantada. E de fato o é. Acordará algum dia? Os itabiranos afirmam peremptoriamente que sim. Enquanto isso, cruzam os braços e deixam a vida passar. A vida passa devagar, em Itabira do Mato Dentro.[14]

É desse lugar fatalizado pelo seu "destino mineral" (cidade que ele insistirá em ver como incorruptível, misturando o tempo afetivo com o histórico) que se declara um "filho da mineração", o caramujo da mina cujos olhos vacilam quando saem "da escura galeria para o dia claro" — um ser, antes de tudo, "municipal e infenso à grande comunhão urbana".[15]

Ninguém duvida que Carlos Drummond de Andrade abriu a avenida central da modernidade urbana e cosmopolita na poesia brasileira, independentemente da sua confissão de íntima e profunda pertinência ao mundo originário provinciano e mineral. O nó em que se encontram travados e confundidos o estado de encantamento férreo do mito pessoal e a condenação à paralisia da história só será "desatado", tragicamente, com a predação mineradora, antevista com lucidez em "Sorriso crispado" (texto no qual a temperatura branda de "Vila de Utopia", de 1933, subia para um grau de urgência militante, em 1938). Já "Antigo", acusando, em 1948, o começo voraz da extração exportadora, e tendo diante de si a sombra solene d'"A máquina do mundo", marca o fim da longa fase de latência do destino mineral itabirano e drummondiano, dando início a um estado de inconformidade impotente, no plano prático, que produzirá, ainda assim, toda uma linha de manifestações de intervenção, em prosa e em poesia, a partir dos anos 1950.

CONSTRUÇÃO EM RUÍNA

Um sinal de crítica e denúncia da nova situação estabelecida, mesmo que cifrado, é "Beira-rio", intrigante narrativa presente em *Contos de aprendiz*, publicado em 1951, no mesmo ano, portanto, de *Claro enigma* e d'"A máquina do mundo" em livro.[16] Tem com a questão da mineração uma relação indireta, mas significativa. A situação em jogo é a da "instalação da grande indústria" chamada simplesmente, no conto, de "Companhia". Não se especifica a natureza da mercadoria a ser produzida, apenas se indica o caráter corporativo do amplo empreendimento que se constitui de uma fábrica em construção sobre um "campo em ruínas", do lado de um rio, e da cidade improvisada para "residência de diretores, técnicos e operários", na outra margem do mesmo rio. Entre os operários, nem todos conseguiram lugar na vila recém-erguida, e dormem em casa de pau a pique sob um "cortinado" de mosquitos. Entre os técnicos, dominam os "americanos louros e bem-dormidos, que construíram suas casas entre jardins, ou que saem do hotel com ar tranquilo". A nova cidade leva o nome de Capitão Borges, "em honra do desbravador daquele sertão" — com o que a máquina industrial rende preito à ordem coronelista, cujas práticas truculentas reproduz.

As condições de trabalho e pagamento, impostas pela Companhia, fazem lembrar aquelas apontadas por Maria Cecilia de Souza Minayo na implantação da Companhia Vale do Rio Doce. Diz o conto: "O dia de trabalho espichava-se por oito horas legais e mais duas de prorrogação, sem pagamento. A Companhia tinha pressa na execução do programa. Como não restassem trabalhadores a recrutar, na região, exigia-se de todos um esforço maior". A remuneração por esse "suplemento de serviço" fica prometida para quando acabada a obra, mas sem garantias nem fiscalização do Ministério do Trabalho, ausente "naquelas brenhas". Antes de recebidos pelos operários, os pagamentos se esvaem em vales consumidos no armazém da Companhia que, proprietária do hotel e do cinema, instalou também o posto policial e doou a capela e o cemitério.

No conto, um pequeno vendedor de cigarros, pastéis e aguardente — o negro Simplício da Costa, "Vosso Criado" — monta sua tenda junto ao rio, no ponto de onde sai a balsa que liga a povoação de Capitão Borges à fábrica em construção. A cachaça — desaguadouro do vazio existencial que se cava naquele cercado sem alternativas nem compensações simbólicas — é ferreamente proibida. Simplício da Costa (homem popular cujo perfil estaria em algum lugar entre o biscateiro cordial e o valentão altivo) confia na formalização legal de sua condição, isto é, na "licença do governo", de que dispõe, para comerciar. Na contramão desse frágil direito, que ele ostenta confiante, é brutalmente expulso do seu ponto comercial improvisado, tem sua tenda destruída e suas mercadorias atiradas ao rio por soldados arregimentados por um subdiretor da Companhia que amoleceu e aliciou o comandante do destacamento policial à base de cerveja.

Diante do modo como Simplício se retira, sem perder a dignidade, "num passo pesado […] e sem pressa", os soldados gritam: "Eta negro safado, até parece que ele tem costume…", e, para assustá-lo, "atiram a esmo". Note-se que, nesses "tiros a esmo", temos em cena, literalmente, aquelas práticas apontadas no poema "Forja", tratadas no início desta parte, características dos tempos pré-modernos e permanentes no processo de implantação da industrialização. Um trabalhador formal da Companhia e o balseiro assistem, impotentes, ao ato de arbitrariedade e truculência: "detidos a distância pelas sentinelas, […] contemplam as ruínas".

"Beira-rio" combina, numa cenografia inventada ou adaptada (um canteiro de obras e um conjunto habitacional, divididos por um rio atravessado por uma balsa), elementos que podiam ser reconhecidos na nova paisagem itabirana: uma grande Companhia introduz a escalada industrial num campo atrasado, com participação de técnicos americanos, com base na exploração do trabalho mal remunerado, com trabalhadores recrutados entre a escassa mão de obra disponível na região e submetidos a metas implacáveis a alcançar a qualquer custo. Dentro disso, o conto apresenta o quadro de uma ordem violenta, capaz de tudo para imprimir seus padrões disciplinares, impondo-se sem o contraste nem a garantia da lei.

O livro, "parente da crônica e do diário de memórias", escrito por um ficcionista assumidamente "aprendiz" cuja aproximação à prosa narrativa guarda certo travo de "ruim esquisito", faz uma dupla improvável com o "hermetismo propositado" e altamente elaborado da poesia de *Claro enigma*.[17] O conto nos leva, no entanto, a contextualizar melhor o suposto absenteísmo social que emana do livro de poemas, do seu tom elevado e da epígrafe famosa que, citando Paul Valéry, diz: "Les événements m'ennuient" ("Os acontecimentos me entediam"). No seu nível mimético, de um realismo algo pedestre, "Beira-rio" funciona como uma espécie de suplemento ficcional-documental ao esoterismo poético e metafísico de *Claro enigma*, indiciando uma atenção subterrânea do autor para com as relações opressivas entre capital e trabalho no novo cenário maquinizado da região mineira.[18] Ao mesmo tempo, pode ser lido como um comentário indireto às condições em que se deu a implantação da Companhia Vale do Rio Doce.

Se "Beira-rio" projetava uma situação então atual (a da chegada da Companhia) sobre uma paisagem ficcional assumida, outro conto do mesmo livro, "Câmara e cadeia", coalhado de reminiscências da cidade, fazia um acerto de contas com o passado dentro de um cenário itabirano descrito com minúcia fiel. Trata-se da mesma rua do casarão familiar da infância, que fundava seu prestígio, como já vimos, na proximidade com a matriz, por um lado, e com a Câmara e a cadeia, por outro. No conto, essas duas instituições se encavalam e se sobrepõem no mesmo prédio, onde os jogos de interesses particulares entre vereadores, no andar superior, estão separados por "uma simples tábua" do andar inferior onde vivem, num porão empesteado, "criaturas embrutecidas, pisadas, que comiam, dormiam e faziam necessidade juntas, sobre o chão atijolado que não se lavava nunca". A cena se passa na altura de 1920, com uma breve menção à vigência do governo de Epitácio Pessoa. Um preso — jovem homicida — força a porta da cela e irrompe na sessão da Câmara, arrastando o subterrâneo pestilento do mundo social calcado e recalcado do andar de baixo para dentro da sala onde se desenrola o palavrório da pequena ordem local. O vereador Valdemar, cujos movimentos interiores a narrativa em terceira pessoa acompanha de perto, reconhece, em meio ao mal-estar gerado pela aparição intempestiva, o seu próprio mal-estar: ele está na posição insustentável de quem tem que encarnar o papel legalista de representante público, convivendo mal com as tramoias privadas de seus pares, ao mesmo tempo que sente empatia por aquele rapaz ameaçador e logo fugitivo, que ele avista ainda, da sacada da Câmara, desaparecendo no beco, depois de ter instaurado por um momento o pânico no terreiro da vereança.

Esses contos, misturados no livro a outros de conteúdo mais anódino, atestam o quanto a questão social continuava viva no escritor, mesmo no momento em que sua poesia, de tom hierático e cifrado, parecia desdenhá-la, e era acusada por isso. Mas é que, em Drummond, a problemática mais aparente frequentemente engana, se for tomada ao pé da letra, de maneira exclusiva e excludente. Por trás da capciosa e solene renúncia aos fatos sociais, ostentada na poesia de então, escondiam-se esses relatos miúdos e circunstanciados de feridas sociais abertas e purulentas. Por outro lado, o engajamento político-social d'*A rosa do povo* fora extraído, como sabemos, de uma convivência íntima com a "poesia pura" e com a indagação radical da linguagem. Se, no momento histórico d'*A rosa do povo*, tais polaridades estavam em tensa e intensa conjunção, no momento de *Claro enigma* entravam em disjunção, tendo de um lado uma poesia formal de estilo culto e de outro a mimese social realista desses contos "de aprendiz".

Tal disjunção tem razões tanto políticas quanto estéticas. O tom elevado e supostamente distante de *Claro enigma* fazia, entre outras coisas, o luto de uma perspectiva política que se mostrara inviável, a da aproximação prática à causa operária por meio da aliança com os militantes do Partido Comunista Brasileiro.[19] Esta parecera ser, por um momento, a via mais consequente de atuação para o poeta participante que concebia o *povo* — essa entidade de dificílima abordagem — como uma lâmina a atravessar o poema num movimento ousado e utópico de invenção político-social.[20] A convivência com a ponta rombuda do realismo pragmático-dogmático, no entanto, desencantou em pouco tempo essa perspectiva, e com ela, a de uma militância intelectual capaz de percorrer de peito aberto as distâncias de classe. Tratava-se, assim, de amargar na prática a frustração da utopia social que os poemas angustiados e calorosos da guerra auguravam. Na frieza atômica do pós-guerra, em que se remanejava a divisão do mundo, não era possível, diz Drummond a certa altura, identificar-se nem com Ióssif Stálin nem com o secretário de Estado norte-americano John Foster Dulles.

Junto a isso, Drummond se deparava com impasses internos à ação poética. O estado emergencial da guerra, o terror real, concernindo à humanidade inteira, tinha emprestado ao exercício da poesia uma justificação inabitual. Com ela, o poeta da negatividade podia alimentar uma relativa cota de positividade, de afirmação da esperança e da utopia, já que o mundo carregava ele mesmo o peso do negativo, apresentando-se expressamente como uma inominável fratura exposta. Em outras palavras, é como se ele pudesse converter, mais que nunca, a sua negatividade implacável em promessa de redenção, retirando vida das ruínas e da morte e revertendo-as na expectativa da "Cidade do amanhã".[21] "O elogio da vida em meio à putrefação", diz Murilo Marcondes de Moura, "é o paradoxo insano" dessa poesia, que descobre nos escombros da morte total a vida "prodigiosa" que "pulula como insetos ao sol".[22] "A esperança, quando não a visão abertamente utópica, deve ser encarada como uma necessidade inescapável da época, um antídoto contra o desespero que se mostrava quase fatal."[23]

No pós-guerra, porém, esse papel desempenhado pela atividade poética perdia sua validade. Segundo John Gledson, o interesse pelo formalismo e pelo ceticismo de Paul Valéry, já antigos no poeta mineiro, "devem ter se mostrado particularmente valiosos e atrativos" no momento em que, em crise depois d'*A rosa do povo*, ele duvidava dos poderes "tanto representativos como expressivos" da poesia.[24] "Eu 'convalescia' de amarga experiência política, e desejava que meus versos se mantivessem o mais possível distantes de qualquer ressentimento ou temor de desagradar os passionais da 'poesia social'."[25] Razão para mergulhar mais fundo na sua dividida relação com a linguagem de ênfase formal e autônoma, agora de perfil classicizante, embora sinalizando uma inquietação social que encontra escape visível, mesmo que literariamente desnivelado, em alguns contos. Descrente de poder ir ao encontro do *outro de classe*, ele assume o estado crítico e contraditório de sua própria classe.

Os dois *contos de aprendiz* tratados aqui ocupam, assim, uma posição singular entre as inquietudes e as contradições drummondianas. Distantes da visão panfletária da arte e da visão dogmaticamente redentora e manipuladora da política (visão que *A rosa do povo* já driblava por dentro com a sua cerrada complexidade), ao mesmo tempo que colocados nos bastidores, e mesmo no avesso, da poesia hermética, cujo tom elevado fazem descer ao chão, evidenciavam uma crítica social assumida a partir das contradições da classe média. No caso, dessa "melancólica e indecisa" classe média cujos indigitados "defeitos" (as vacilações e a impotência acusadas pelos comunistas) são vistos como tendo o mérito de expor, pelo menos, o entrelugar incômodo em que se desvela o mal-estar social como um todo.[26] Note-se que, nos dois contos, o personagem que faz as vezes de alter ego do escritor (o trabalhador formal da Companhia, de um lado, e o vereador, de outro) está paralisado e imprensado em meio à violência da exploração e da repressão de classe contra os pobres, a qual fica, no entanto, exposta e desnudada pela lente angustiada de sua perspectiva.

Já se observou que o "desajustamento" da classe média, assumido e valorizado por Drummond a essa altura, por ser capaz, entre outras coisas, de expor a verdade das próprias debilidades e contradições, encontrava expressão política nas teses do Partido Socialista Brasileiro, "a cujo pequeno grupo o poeta se juntava nos congressos da Associação Brasileira de Escritores em oposição à maioria ligada ao Partido Comunista".[27] Tal como se expressam nos "textos de intervenção" de Antonio Candido, que militava pelo socialismo democrático, essas teses buscavam "lançar as bases de uma radicalização das classes médias que, no vazio de uma situação revolucionária, serviria de alternativa à fraqueza das opções burguesas e sub-burguesas atiçadas pelo populismo".[28]

A pertinência dessa correlação merece ser matizada com a ruminação íntima do poeta, anotada em seu diário, em abril de 1945, sobre a incompatibilidade de sua posição autoconflituada com a militância partidária:

> Nunca pertencerei a um partido [...]. Há uma contradição insolúvel entre minhas ideias ou o que suponho minhas ideias, e talvez

sejam apenas utopias consoladoras, e minha inaptidão para o sacrifício do ser particular, crítico e sensível, em proveito de uma verdade geral, impessoal, às vezes dura, senão impiedosa. Não quero ser um energúmeno, um sectário, um passional ou um frio domesticado, conduzido por palavras de ordem. *Como posso convencer a outros, se não me convenço a mim mesmo?* [o grifo é meu] Se a inexorabilidade, a malícia, a crueza, o oportunismo da ação política me desagradam, e eu, no fundo, quero ser um intelectual político sem experimentar as impurezas da ação política?

A notação se encerra bruscamente com a frase: "Chega, vou dormir".[29] Não se trata de uma defecção, ao contrário do que possa parecer, mas da brasa insone de um impasse que não cessa, e que o sujeito carrega consigo quando recusa o mundo tal como se apresenta.

A CAMPANHA

Algum tempo depois de deflagrada a exploração mineral no front itabirano, a Companhia Vale do Rio Doce, já bem inserida no mercado mundial, passa a ser para Drummond o antagonista explícito a enfrentar. Ao longo do ano de 1955 ele abre luta, na sua coluna no *Correio da Manhã*, contra a atuação da empresa, afirmando que a cidade, que já "deu ao país mais de seis bilhões de cruzeiros, extraídos do seu subsolo", e que alimenta com seu minério a tremenda "fome de divisas" nacional, vegeta à margem "desse jato intenso de dinheiro", com sua zona rural abandonada, sem escolas, subnutrida, mal servida de estradas, com o núcleo urbano sem água tratada, com luz fraca e calçamento precário.[30] A disparidade entre a riqueza empresarial e a pobreza urbana — "mancha escura, no quadro da indústria da mineração" — clama que esse lucro fenomenal beneficie a cidade. É preciso impedir, diz ele, que o "filé-mignon" da exportação de hematita (expressão usada pelo senador Juraci Magalhães fazendo a apologia da expansão mineradora) deixe para Itabira e Minas Gerais "apenas os ossos descarnados".[31] Contra aqueles que alegavam que "70% da população de Itabira vive em função das atividades da Cia.", ele contra-argumentava que "100% da Cia. [...] vive em função do ferro de Itabira".[32]

O ano de 1955 era de eleições presidenciais e, não por acaso, a bateria de artigos, embora sem direcionamento eleitoral explícito, tentava aproveitar o momento estratégico para influir nos rumos da política mineral e no futuro da Companhia. O poeta-cronista procurava amplificar nacionalmente as vozes críticas que se agitavam na cidade natal, testemunhando os acontecimentos locais e encaminhando suas demandas. Apoiava-se em dados fornecidos por um grupo de itabiranos mobilizados em torno da causa municipalista, em especial José Hindemburgo Gonçalves, misto de advogado, técnico fiscal e amador de estatística que, com seu nome meio militar (inspirado em Von Hindemburg, marechal de campo que comandara o Exército Imperial Alemão na Primeira Guerra Mundial), lidava "desembaraçadamente com leis, estatutos, cifras, percentagens, médias".[33] O arco de reivindicações desse valente exército de Brancaleone itabirano se ampliaria no decorrer da polêmica, cobrando instalação de siderurgia, participação dos empregados nos ganhos da empresa, critérios mais justos de participação municipal no preço do ferro e reversão do lucro excedente em benefício da região.

Entre as várias demandas, há uma que retorna, no entanto, quase como um bordão, martelado a cada artigo: a exigência de que a Companhia Vale do Rio Doce instalasse sua sede administrativa na própria cidade de Itabira, como mandava seu estatuto de fundação, em vez de permanecer no Rio de Janeiro, alheia ao que se passava em volta do canteiro explorado. Drummond acusa a existência de uma espécie de imperialismo interno: "a exploração organizada e oficial do interior pela metrópole, o asfaltismo guloso e sibarita" que dirige de "Cadillac" as atividades econômicas a milhares de quilômetros de distância, insensível ao lugar e às condições em que as riquezas se produzem.[34] Enquanto "os ingleses abandonam Suez, os franceses retiram-se da Indochina, Chiang Kai-shek do continente, a Alemanha [...] volta a ser nação livre", diz ele, aludindo com certo humor às mudanças geopolíticas no quadro do pós-guerra, a Companhia Vale do Rio Doce continua encastelada no Rio, sob a alegação de que as condições locais, o aparelhamento da mina e o estado da ferrovia eram ainda inadequados para a transferência administrativa.[35] O escritor rebate essa e outras justificativas, vindas de diretores da empresa ou de políticos que a representavam, denunciando-as como subterfúgios sistemáticos com os quais se finge tomar providências que são sempre de aparência. Por meio dessa "comédia embromatória"[36] é escamoteada, segundo ele, a exigência regimental de estabelecimento da sede da Companhia em Itabira (cidade que ele trata como sendo a "capital geoeconômica" *de fato* da mineração brasileira, ao argumentar contra as pretensões de instalar a direção em Belo Horizonte ou Vitória).[37]

Há algo de notável nesse bordão: Drummond apega-se a um argumento formal (o cumprimento do estatuto) e apoia-se numa razão político-administrativa (a de que a presença efetiva da empresa na cidade se traduziria em maior integração com esta e no reconhecimento justo do seu valor material e simbólico). Mas, mais que isso, é como se ele exigisse da Companhia Vale do Rio Doce uma entrega sacrificial correspondente àquela que foi imposta à cidade, isto é, que a Companhia pagasse de maneira quase ritual a dívida para com o município, *tornando-se* itabirana. Em outros termos, como se a economia capitalista, que é uma economia do *saque* (economia literalmente de *extração* de mais-valia da força de trabalho e da natureza), tivesse que prestar seu tributo à economia ancestral da *dádiva-dívida* (fundada na *relação* permanente e recíproca dos laços de troca).[38] Em suma, como se a empresa estatal desenvolvimentista, dona da prerrogativa de saquear o estoque mineral da cidade e de abocanhar o pico inteiro, tivesse que se alinhar com a população e fazer jus, mais que à letra, ao espírito daquele verso do poema "Itabira": *cada um de nós tem um pedaço de si empenhado no pico do Cauê.*

O colunista admite a certa altura, perante os leitores do *Correio da Manhã*, que se trata de um tema cansativo e aparentemente paroquial[39] mas que envolve na verdade uma questão duradoura, típica "de um aspecto da economia brasileira, ao longo de nossa história: a exploração sôfrega e inumana de riquezas minerais, para alimentar uma civilização de corte e de litoral, com sacrifício completo da população do interior".[40] Batendo na tecla desse desequilíbrio interno, as crônicas parecem distantes de um discurso de cunho socioambiental ou de um alcance geoeconômico maior (o assunto é abordado dentro dos limites nacionais e regionais, como era próprio dos discursos da época, sem assinalar a pressão do mercado mundial; a consciência da finitude dos recursos físicos e dos danos causados ao meio ambiente, por sua vez, é um tema que começará a emergir somente depois da crise do petróleo nos anos 1970). Mesmo assim, uma frase de passagem toca de repente no nervo de uma questão cuja abrangência e atualidade nos assalta: "Sempre se chamou a indústria de mineração de 'indústria ladra', porque ela tira e não põe, abre cavernas e não deixa raízes, devasta e emigra para outro ponto".[41] A extração mineradora é reconhecida explicitamente, na frase, como devastadora, não sustentável, movida por um apetite cego e destinada ao abandono e à substituição contínua dos estoques que esgota, sem falar no rastro de rejeitos acumulados que deixa para trás (essa evidência pode ser aferida, hoje, pelo território devastado de Minas Gerais). Ao mesmo tempo, pode-se dizer que a indústria mineradora tornou-se o protótipo de uma lógica geoeconômica do saque, não exclusivamente mineral, que opera sobre o planeta fazendo-o o objeto paradoxal e final de uma operação incessante de consumição e descarte.

Naquele momento, a frase descrevia aquilo que estava em jogo no destino da cidade de Itabira, objeto de assalto histórico por uma "indústria ladra", que o poeta tenta (inutilmente) denunciar enquanto ocorre. Ele dirá mais tarde que a cidade transformou-se no sítio fantasmático onde se consumou o assassinato de um pico e de uma fisionomia simbólica (o *espírito do lugar*, pode-se dizer),[42] "em troca de benefícios fiscais que não correspondiam ao vulto do bem que o município perdia, [...] sem a sua paisagem [...], a sua cultura", e sem que se tenha feito nada "para compensar essas perdas com a implantação de uma infraestrutura de serviços e bens, e ainda com alguma coisa mais do que isso, essa coisa que torna perenes as cidades: a silenciosa e poderosa ação cultural das bibliotecas, dos centros de pesquisa, dos institutos de arte, das oficinas de criação em todos os níveis".[43]

Nos anos 1980, quando a exaustão mineral já se anunciava no horizonte e a máquina empresarial agigantada dava sinais ostensivos de se retirar "em busca de paragens mais rendosas",[44] ele dirá que Itabira "vendeu sua alma à Companhia Vale do Rio Doce",[45] como um Fausto provinciano perdido no meio da máquina mundial. Podemos entender melhor, retrospectivamente, o bordão secretamente desesperado — a ideia fixa — de seus artigos em 1955: se a direção da Companhia Vale do Rio Doce (e não somente a sua frente mineradora) se *fixasse* em Itabira, é como se ela tivesse mais dificuldade de estabelecer com a cidade a relação extrativa e descartadora de que se investe a *mobilidade* predadora inerente ao capital, em seu infatigável processo de "destruição criativa da terra".[46] Um poema chamado, aliás, "Infatigável" (*Discurso de primavera*, 1977) resume bem as linhas concretas desse conceito: "O progresso não recua./ Já transformou esta rua/ em buraco.// E o progresso continua./ Vai abrir neste buraco/ outra rua.// Afinal, da nova rua,/ o progresso vai compor/ outro buraco".

A campanha de 1955 se encerra com a crônica-poema "Correio municipal",[47] imitando em quadras rimadas uma suposta carta dirigida ao poeta por certo Nico Zuzuna, que "assina" simbolicamente o texto:

> [...] *Sucede que há bem treze anos,*
> *oito meses e uns trocados,*
> *os pobres itabiranos,*
> *mais fazem, mais são furtados.*
>
> *A nossa mina de ferro,*
> *que a todo mundo fascina,*
> *tornou-se (e sei que não erro),*
> *pra nós, o conto da mina.*
>
> *Vai-se a cova aprofundando*
> *pelas entranhas do vale,*
> *e um dinheiral formidando,*
> *como outro não há que o iguale,*
>
> *dessas cavernas se escoa*
> *e passa pela cidade,*
> *passa de longe... Essa é boa!*
> *Aceitar isso quem há de?*

Não chega à tesouraria
da faminta Prefeitura,
pois vai reto à Companhia
que o povo não mais atura.

"Do Rio Doce se chama,/ de pranto amargo ela é", diz ainda o poema. A Companhia promete "mundos e fundos" ("piscina, cinemascópio,/ avião cada dois segundos"), mas, "de positivo", seu legado é "poeira de ferro, sucata/ e o diabo (que a carrega)". Em não havendo saída institucional (um presidente da República que tenha aprendido "as lições de nossa história" colonial e saiba agir contra a predação), o poema aponta na direção da "sagrada violência/ de povo inclinado à luta", e conclui:

As pedras juntam-se aos braços...
Que o desespero nos una!
E é só. Duzentos abraços
do velho Nico Zuzuna.

O ímpeto combativo radical prometido no final do poema não se confirmou — muito ao contrário. Uma nota retrospectiva de Drummond n'*O observador no escritório*, de 24 de março de 1960, assumia a guerra como perdida e, mais que isso, indicava o fato de que ela se travara ingloriamente, na realidade, no campo da velha política eleitoral. Solicitado pelo presidente da Câmara Municipal de Itabira a interceder pela cidade junto ao governo e à Companhia Vale do Rio Doce, Drummond declara ter se incompatibilizado com ambos, avaliando que lutara "em pura perda pelas aspirações da comunidade" e que não se sentia "animado a recomeçar". "Na ocasião em que poderíamos ter vencido — ou, pelo menos, em que se impunha um esforço coletivo para vencermos — o pessoal de lá votou em massa nos candidatos indiferentes ou contrários à causa de Itabira com relação à Vale (Juscelino e Jango), desprezando os que nos eram favoráveis — Juarez e principalmente Milton Campos. Agora é tarde, Inês é morta."[48]

A lógica política aplicada nesses nomes não é de uma evidência imediata. Juarez Távora, tenente da Revolução de 1930 e ministro da Agricultura no governo Vargas, apoiara fortemente, em 1934, a elaboração e aprovação do Código de Minas, que defendia as jazidas brasileiras (embora se alinhasse posteriormente entre os chamados "entreguistas" na questão da Petrobras). Candidatou-se à Presidência da República pelo PDC, apoiado pela UDN, em 1955, em eleição vencida por Juscelino Kubistchek. Milton Campos (candidato à vice-presidência pela UDN, na chapa de Juarez Távora) era um dileto amigo de juventude de Drummond, e a esperança investida em seu nome se apoiava certamente mais, nesse caso, na vontade política azeitada pela proximidade pessoal do que num histórico ligado à questão da mineração.

Vai nesse malogro muito das peculiaridades do modo de funcionamento cordial brasileiro, em que as relações políticas e públicas se confundem com as relações pessoais privadas. As vozes que se levantaram contra o "sistema de dar tudo e receber pouco" revelaram-se poucas,[49] e a massa eleitora local mostrou-se inconsciente, indiferente ou refratária aos argumentos daqueles que exigiam mudanças estruturais no procedimento da Companhia Vale do Rio Doce, mudanças estas dependentes, além disso, de um nebuloso jogo eleitoral de compadrio (o apelo a Milton Campos) — ainda que não movido por interesse econômico pessoal.[50] A revolta ficaria represada nos domínios obscuros de uma "memória rota".[51] Ao exigir "sem azedume" que a Companhia, "que mal ou bem [ia] produzindo riqueza para o país", cumprisse "seus deveres sociais" como "obra pública" que era, em vez de "uma empresa particular de comércio", o poeta empenhava o seu cacife simbólico contra um esquema de poder político e econômico de altíssima resiliência.[52] Convidado para o Dia do Itabirano pela Câmara e Prefeitura, em 1965, recusa-se a ir à cidade, preferindo, a contemplar o vazio do pico do Cauê, guardá-lo na "caixa abstrata" da memória afetiva, "para o resto da vida", mesmo que carregando a pecha, como itabirano refratário, de "saudosista empedernido, de inimigo da industrialização e do desenvolvimento e renovação das cidades". "O ausente defronta-se com ausências, numa ausência maior. Entretanto, basta fechar os olhos — nem isso — basta pensar, olhar uma fotografia amarelada, e tudo ressurge com a doçura e a gravidade serena das coisas que eram antes, como ficaram sendo para sempre na distância espacial e temporal."[53]

Em 1983, acompanhou ainda um fato insólito, produto terminal do processo de esgotamento do minério. A Companhia, depois de montar uma usina especialmente destinada a potencializar o que restava de aproveitável no itabirito (que é o último grau da hematita exaurida), deixara rolar serra abaixo um montante de rejeitos de ferro incrustados de migalhas de ouro não rentável (cerca de cinquenta miligramas por tonelada). Uma leva de desempregados, convertidos de repente em garimpeiros, agarra-se à exploração do lixo aurífero como a uma tábua de salvação. A Companhia apela então para a Prefeitura e a delegacia de polícia em nome da manutenção da ordem, da segurança da comunidade e da saúde pública ameaçada pelo "ajuntamento promíscuo" daquela espécie de Serra Pelada itabirana. No *Jornal do Brasil*, o poeta rebate: em vez de criminalizá-los, a Vale deveria ajudar a esses desempregados que apenas querem viver ou sobreviver, "em rala compensação pelo que [tirou] do município, em 41 anos de sucção de sua riqueza", dando-lhes assistência sanitária, "um servicinho de prevenção de acidentes, e [facilitando-lhes] a sindicalização!".[54]

O acontecimento combina o saldo degradante da História com um deslocado e irônico resíduo amargo de lirismo. "Chove ouro no Pontal", diz ainda a crônica. "Chuvinha fina, mal dá para molhar, mas consola muita gente." A melancólica chuva de beleza onírica sobre um campo devastado, que o reconecta imaginariamente com a infância (lembrando que o Pontal é a antiga fazenda familiar que se transformava em campo de rejeitos da Vale), confirma com um esquisito fecho de ouro aquilo que era anunciado pela chave de ferro do primeiro de todos os poemas — *Tutu Caramujo* [agora o próprio poeta] *cisma na derrota incomparável.*

RESCALDO

Não é o caso de encerrar esse longo acompanhamento dos sinais da história da mineração nos escritos de Drummond sem comentar brevemente três poemas — "O pico de Itabirito", "Canto mineral" e "Triste horizonte" — em que ele se debate ainda com as circunstâncias e as consequências das maquinações minerais, numa espécie de rescaldo íntimo no fundo do qual a brasa permanece acesa, apesar de tudo, sob as cinzas de batalhas inglórias.

Em 1965, o poema "O pico de Itabirito" participava de um movimento que soa como um eco da história do Cauê e da campanha contra a Itabira Iron — renascia ali a hidra de sete cabeças das grandes companhias mineradoras estrangeiras. Alunos da Escola de Minas de Ouro Preto vinham, desde 1959, debatendo o problema do ferro e do manganês em Minas, e combatendo o avanço explorador da companhia norte-americana Hanna Corporation no território do estado (em que se incluía a exploração da serra do Curral, no horizonte de Belo Horizonte). No dizer do poema, a Icominas, a St. John del Rey Mining e a Hanna, agindo aliadas em tripla e "agressiva empresa" contra o pico similar ao de Itabira, na cidade de Itabirito (tido como o único monólito do mundo constituído de hematita compacta), consideravam "que tudo se exporta", e que "galas da natureza/ são luzes de estrela morta". Essas companhias, "sem dizer água-vai/ serram os serros de Minas,// nobres cimos altaneiros/ que davam, com sobriedade,/ aos de casa e a forasteiros/ um curso de eternidade". À maneira de um parecer técnico-poético apoiando o "Conselho dos homens bons da DPHAN" (Diretoria do Patrimônio Histórico e Artístico Nacional, órgão público em que trabalhava Drummond e que, em 1962, durante o governo de João Goulart, tombara o pico de Itabirito, colocando-o sob proteção federal),[55] o poema acusa a cegueira da sanha exploradora frente a esse "marco azul da memória" e "assombro da paisagem".

O fato é que, após o golpe de 1964, o tombamento do pico de Itabirito foi suspenso, atendendo aos interesses das mineradoras inglesas e norte-americanas, e a campanha contra a Hanna se viu interrompida. Para o poeta, a máquina mineradora tratava de novo de "tudo exportar bem depressa": "Ficam buracos? Ora essa,/ o que vale são divisas// que tapem outros 'buracos'/ do Tesouro Nacional,/ deixando em redor os cacos/ de um país colonial". Se a DPHAN *tombara* a rocha, acendendo "um sol de esperança/ sobre a paisagem mineira", o poema luta ainda contra a ameaça que cai da penada ditatorial: "E vem de cima um despacho/ autorizando: Derruba!/ Role tudo, de alto a baixo,/ como, ao vento, uma embaúba!". E o pico de Itabirito terá o mesmo destino da montanha pulverizada de Itabira: "será moído, exportado./ Só quedará, no infinito,/ seu fantasma desolado".[56] Olhada à distância, a campanha contra a Hanna, embora similar à campanha contra a Itabira Iron, tem um destino significativamente oposto, como registra José Murilo de Carvalho: aliando-se ao grupo Antunes, mediante a criação da MBR, a Hanna acabou não só por vencer, mas por fazer, em outro campo de exploração, o da serra do Curral, "exatamente o que pretendia a Itabira, com o agravante de usar os trens da Central do Brasil, prejudicando o transporte de passageiros, e de destruir a paisagem da capital mineira".[57]

Já mais afastado da circunstância imediata, "Canto mineral" (*As impurezas do branco*, 1973) é um balanço lírico geral do destino mineiro — balanço histórico das minas esgotadas e exploradas "no múltiplo/ sem-sentido" da palavra, "minas de mil/ e uma noites presas/ do fisco, do fausto,/ da farra; do fim"; do ouro, do diamante e do ferro; da riqueza endividada e extinta nos baús; do arrependimento "de ter vendido/ na bacia das almas/ [o] lençol de hematita"; "do rude Cauê,/ a TNT aplainado"; da "escritura/ de hipoteca e usura"; e do "banco solerte/ praticando a arte/ do cifrão mais forte". O poema sinfoniza a Minas do "bailar dos sinos", do "balir dos hinos", da seresta diamantina, Minas "pastorela", "Tiradentes", "liberal", "cidadela", "torturada", "surreal", "coronela" — em outras palavras, a Minas musical, poética, política (tardiamente "defendida/ de áureas cobiças/ pelo astuto jogo/ do pensar oculto,/ do dizer ambíguo,/ do nevoento pairar/ de flocos de sigilo"), Minas tal e qual a "pedra-enigma/ no labirinto da mina". "Canto mineral" se sustenta no limite frágil da negatividade e da positividade, que luzem de maneira ambígua e radioativa ("Minas tório urânio") no "cristalino/ abafado/ espírito de Minas" (à procura talvez de uma "raiz e minério" que se desate em flor, como no poema "Áporo", mas sem mais "achar escape").

"Triste horizonte" (*Discurso de primavera*, 1977), por sua vez, é um libelo contra a mercantilização de Belo Horizonte — "a brutal Belo Horizonte [atual]/ que se empavona sobre o corpo crucificado" da "provinciana saudável" de sua juventude, "de carnes leves pesseguíneas". O poema expõe as razões da sua recusa a visitá-la, a contrapelo da saudade. Mordido pela notícia da "galerização" da igreja da Floresta, pela sua promiscuidade com um centro comercial — igreja que ficava diante da casa onde morou —, Drummond explora com ironia ácida o fato de que a generalização da mercadoria, entranhada no tecido católico de base que dá nome aos mais diversos ramos de negócios em Minas, acaba, num efeito bizarro, por fazer das figuras de São José um corretor imobiliário, um dono de estacionamento, um comerciante de automóveis e destruidor de árvores, de São Pedro um dono de supermercado, enquanto Nossa Senhora das Dores "abre caderneta de poupança,/ lojas de acessórios para carros/ papelaria, aviário, pães-de-queijo". Mais do que a loucura dos santos endoidecidos e da "dolorida mãe de Deus", que parecem deixar de pastorear para faturar, repugna a territorialização privada da serra do Curral, fechada para visitação pela empresa que a explora, dominada pela ação devastadora e proibida de existir como ponto tradicional de refúgio e de libertação panorâmica do olhar. O final do poema, assumindo tonalidade profética, emprestada do texto bíblico, fala por si mesmo:

> *Tento fugir da própria cidade, reconfortar-me*
> *em seu austero pincaro serrano.*
> *De lá verei uma longínqua, purificada Belo Horizonte*
> *sem escutar o rumor dos negócios abafando a litania dos fiéis.*
> *Lá o imenso azul desenha ainda as mensagens*
> *de esperança nos homens pacificados — os doces mineiros*
> *que teimam em existir no caos e no tráfico.*
> *Em vão tento a escalada.*
> *Cassetetes e revólveres me barram*
> *a subida que era alegria dominical de minha gente.*
> *Proibido escalar. Proibido sentir*
> *o ar de liberdade destes cimos,*
> *proibido viver a selvagem intimidade destas pedras*
> *que se vão desfazendo em forma de dinheiro.*
> *Esta serra tem dono. Não mais a natureza*
> *a governa. Desfaz-se, com o minério,*
> *uma antiga aliança, um rito da cidade.*

Desiste ou leva bala. Encurralados todos,
a Serra do Curral, os moradores
cá embaixo. Jeremias me avisa:
"Foi assolada toda a serra; de improviso
derrubaram minhas tendas, abateram meus pavilhões.
Vi os montes, e eis que tremiam.
E todos os outeiros estremeciam.
Olhei para a terra, e eis que estava vazia,
sem nada nada nada."

Pedindo à saudade insistente que se cale ("Não me cicies outra vez/ o impróprio convite"), e recusando-se a retornar ("Não quero mais, não quero ver-te,/ meu Triste Horizonte"), o poema não deixa de ser, ao avesso, uma declaração final de "destroçado amor" à cidade.

SEGREDO EGÍPCIO

Por baixo dos poemas que se debatem com as circunstâncias adversas e que investem explicitamente contra o horizonte da devastação histórica jazem aqueles outros em que o vínculo do *destino mineral* permanece como uma inscrição funda, inapagável e quase fora do tempo. É bem o caso d'"A palavra e a terra", hierático poema em seis partes que abre *Lição de coisas* (1962), na seção do livro intitulada "Origem". Nele se lê, em certo momento:

Aurinaciano
touro de caverna
em pó de oligisto
lá onde eu existo
Auritabirano

A palavra "aurinaciano" refere-se ao período paleolítico superior, de quando data o aparecimento da arte figurativa em forma de pedra, osso e pintura rupestre. Dicionarizada como "aurignaciano", deriva do nome do sítio arqueológico de Aurignac, localizado no extremo sul da França, perto dos Pireneus. Remete aos primórdios das inscrições humanas, lá onde começam a se inscrever "o corpo na pedra/ a pedra na vida/ a vida na forma". Essas inscrições ocupam o lugar pré-histórico, *mas intensamente atual*, de um ponto de vista poético, em que se "abre a primeiríssima porta", em que se divisa o traçado "preliminar a todo gesto", ali onde afloram as palavras em estado de *chamado*. Giorgio Agamben diz que "a poesia e o pensamento atravessam a língua em direção ao nome, àquele elemento da língua que não discorre e não informa, que não diz algo sobre algo, mas nomeia e chama".[58] N'"A palavra e a terra" os nomes chamam explicitamente pelas coisas: o poema pergunta o que seria delas "sem o apelo/ à existência" que vem da voz, apelo que mantém "vivas as coisas/ nomeadas" e sem o qual elas morreriam à míngua de um anonimato originário. A palavra cria a coisa, ao nomeá-la, chamando-a à existência, e as próprias coisas não existiriam sem essa *fórmula mágica*, espécie de "segredo egípcio" capaz de presentificar o ausente e de assinalar a presença ("quantas feneceram em sigilo/ se a essência/ é o nome, segredo egípcio que recolho/ para gerir o mundo no meu verso?").[59]

No trecho d'"A palavra e a terra" que citamos, a palavra "aurinaciano" *chama* pela palavra "auritabirano", que se inscreve, assim, numa escala abissal, remota, profunda, inaugural da própria linguagem, origem da origem. Como na relação entre os pares de palavras do poema "Isso é aquilo" (também de *Lição de coisas*), que se comportam como um vertiginoso dicionário analógico (um campo energético em que cada palavra só se apoia nas refrações semânticas e sonoras que entretece com a outra que é seu duplo), *Aurignac* acaba por reverberar em *Itabira*.[60] Contaminada pelo ouro (*auri-*) de que se investe no jogo de sentido e na troca sonora, "auritabirano" abriga o "touro de caverna/ em pó de oligisto/ lá onde eu existo": epitáfio às avessas, voltado para o primórdio imemorial, marca o lugar da existência como uma inscrição rupestre traçada a hematita ("pó de oligisto"), dando à férrea condição itabirana a dimensão transcendental da *pedra alta e funda que brilha* no reino mineral da linguagem.

Dois outros poemas finais (em *Farewell*, livro póstumo, 1996) remetem ainda e sempre ao veio dessa inscrição permanente, fantasia originária inapagável. "A ilusão do migrante" fala daquele que nunca saiu do lugar de onde veio, apesar da "ilusão de ter saído", e que permanece "lá [...], enterrado/ por baixo de falas mansas,/ por baixo de negras sombras,/ por baixo de lavras de ouro,/ por baixo de gerações". Já "A casa do tempo perdido", no avesso d'"A ilusão do migrante", fala do casarão condenado da infância onde ninguém mais atende ao apelo do sujeito que, "batendo e chamando/ pela dor de chamar e não ser escutado", se encontra num lugar sem lugar em que nunca deixou de estar e que se esfumou em nada. Sem aceder, diferentemente de Proust, à visão do baile final do "tempo redescoberto", o "tempo perdido" está guardado, ali, na *caixa virtual* (a "caixa abstrata" da memória afetiva, a que se referia a crônica)[61] em que o lugar de origem permanece intacto, mas espelhado na *caixa vazia* do casarão espectral onde se anula ("A noite e o dia se confundem no esperar,/ no bater e bater.// O tempo perdido certamente não existe./ É o casarão vazio e condenado").

Um poema pouco notado, chamado "Canção imobiliária" (*Viola de bolso I*, 1952), dá sinais dessa espécie de desajuste fino entre a caixa virtual da memória afetiva e a caixa vazia do real (que, a rigor, são a mesma). O sujeito lírico se depara com a existência, em Copacabana, de certo "edifício Itabira". A inscrição, no prédio carioca, do nome da cidade natal é suficiente para que prorrompam o poder da palavra e o *chamado* poético ("Ai, Itabira, refrão/ do não, que na alma se estira"). Um complexo de associações minerais, acionado pelo "segredo egípcio" da nomeação, é projetado sobre o edifício: "Relembras o mundo morto,/ vives em negro minério,/ horto de mágoas, ourives/ do ferro em que me desmembras". O encontro conduz a um abalo tormentoso interno, suspenso sobre o vazio: "Ouço, edifício, em teu vão/ de sombra esquiva, o trovão// que em mim são passos na escada/ do terraço, rumo ao nada".

No grande conjunto dos escritos ligados à questão mineral em Drummond, de que tratamos ao longo desta parte, a *caixa virtual* da memória afetiva é simultaneamente a *caixa vazia* do real vazado pelo tempo. Mas elas são inseparáveis de uma terceira, a *caixa-preta* da história da mineração no Brasil no século XX, contendo as marcas do desastre histórico: o fracasso na tentativa de deter a pulsão predadora e espoliadora investida nos interesses que se alimentaram e se realimentaram das jazidas de Minas Gerais, e cujo alcance enigmático, para muito além da condição local, só se pode aferir se tentarmos sondar por dentro os meandros da máquina poética (aquela mesma, dizendo-o pela terceira vez, que "máquina mineradora não corrói").

Se a fixação amorosa pelo passado, na obra do poeta, costuma ser analisada segundo a ótica do apego e da culpa de classe, das vicissitudes da decadência social e da sua correspondente *tara nostálgica*, isso é ainda pouco, por mais pertinente que seja, para compreender a aventura sentimental, política e poética investida nessa relação insistente com uma inserção originária, com uma luta histórica surda e com o enigma da condição vivente enquanto "estar-no-mundo".

A MÁQUINA POÉTICA

5

A PROPÓSITO DA PALAVRA "MUNDO"[1]

A proeminência de que se reveste a palavra "mundo", no título e no corpo d'"A máquina do mundo", não está sozinha na poesia de Drummond: talvez nenhum outro poeta, no Brasil ou no mundo, use tanto a palavra "mundo", em seus poemas, como Carlos Drummond de Andrade.[2] Sua máquina poética se move muitas vezes à base de *mundos* — e não se trata somente daqueles bordões que se tornaram sua marca, como "mundo, mundo, vasto mundo", "sentimento do mundo", ombros que "suportam o mundo", "não serei o poeta de um mundo caduco", coração ora "maior" ora "menor" que o mundo. Feixes inumeráveis de "mundos" se alternam entre a insistência da totalidade, que interpela o sujeito a cada passo, e a irrisão que contamina tantas vezes essa busca, com o mundo reduzido a um cálculo ínfimo, uma pedra inexpelível.

Se pinçarmos alguns exemplos, entre muitos, veremos que compõem entre si uma espécie de litania latente, convulsiva, insistente, quase um cacoete poético. Na poesia de Drummond, *mundo* é uma entidade que comparece nas mais diversas e desniveladas situações — quando o sujeito escreve num domingo solitário, quando descreve a primeira experiência sexual, quando especula sobre o céu e a terra, quando vislumbra a luz indecisa de um farol, perdida na noite, quando está isolado, quando se sente abraçando a humanidade, quando é ultrapassado pelos acontecimentos e quando os abarca em si mesmo:

> "[...] o mundo parou de repente" ("Poema que aconteceu");
> "Inabitável, o mundo é cada vez mais habitado" ("O sobrevivente");
> "A rede virou,/ o mundo afundou" ("Iniciação amorosa");
> "é preciso ter mãos pálidas/ e anunciar o FIM DO MUNDO" ("Poema da necessidade");
> "e só uma estrela/ guardará o reflexo/ do mundo esvaído" ("Canção de berço");
> "Por que fiz o mundo? Deus se pergunta/ e se responde: Não sei" ("Tristeza no céu");
> "Vem, farol tímido,/ dizer-nos que o mundo/ de fato é restrito,/ cabe num olhar" ("Rua do olhar");
> "O mundo te chama:/ Carlos! Não respondes?" ("Carrego comigo");
> "Irredutível ao canto,/ superior à poesia,/ rola, mundo, rola, mundo [...]" ("Rola mundo");
> "mas tu ganhavas o mundo e nele aprenderias tua sucinta gramática,/ a mão do mundo pegaria de tua mão e desenharia tua letra firme,/ o livro do mundo te entraria pelos olhos e te imprimiria sua completa e clara ciência [...]" ("Como um presente");
> "Estou solto no mundo largo" ("Idade madura");
> "Meus olhos são pequenos para ver/ o mundo que se esvai em sujo e sangue [...]" ("Visão 1944");
> "neste salão desmemoriado no centro do mundo oprimido" ("Canto ao homem do povo Charlie Chaplin");

"Bela/ a passagem do corpo, sua fusão/ no corpo geral do mundo" ("Canto esponjoso");
"Tu não me enganas, mundo, e não te engano a ti" ("Legado");
"Certa palavra dorme na sombra/ de um livro raro./ Como desencantá-la?/ É a senha da vida/ a senha do mundo./ Vou procurá-la.// Vou procurá-la a vida inteira/ no mundo todo" ("A palavra mágica").

Na última citação, o mundo aparece explicitamente como o campo da procura por uma palavra que seria ela mesma a senha para atingi-lo. Esse encontro do mundo com o mundo através de uma "palavra mágica" que daria acesso a ele não se realiza, no entanto, senão como busca: "se tarda o encontro, se não a encontro,/ não desanimo,/ procuro sempre". E o poema insiste: "Procuro sempre, e minha procura/ ficará sendo/ minha palavra". Ora, a palavra que sobra da impossibilidade de encontrar a "palavra mágica" não é outra senão a própria palavra "mundo". Esta é, na verdade, o signo que circula na periferia de uma palavra total ausente: embora nomeie a totalidade, sinaliza a impossibilidade de alcançar o objeto que designa, vivendo, no seu retorno insistente, dessa espécie de gesticulação. De certo modo, a palavra "mundo" é o índice, disseminado na obra, daquela "Tentativa de exploração e de interpretação do estar-no-mundo" com que Carlos Drummond de Andrade nomeou a inclinação existencial e metafísica de sua poesia (ao usá-la como título de uma das partes da *Antologia poética* organizada por ele mesmo em 1962).[3] É essa pulsão reflexiva que está registrada n'"A máquina do mundo" quando se fala, ali, na "inspeção/ contínua e dolorosa do deserto", levada a efeito, com exaurida obsessão ontológica, "pela mente exausta de mentar/ toda uma realidade que transcende/ a própria imagem sua debuxada/ no rosto do mistério, nos abismos".

A pulsão reflexiva é inseparável, porém, do corpo a corpo

com o existente. No poema que abre *A rosa do povo* ("Consideração do poema"), lê-se a certa altura: "*como fugir ao mínimo objeto/ ou recusar-se ao grande?*" (o grifo é meu). A pergunta expõe a atração irreprimível do sujeito por esse objeto que, excedendo todos os objetos, está em toda parte: "Eis aí meu canto.// Ele é tão baixo que sequer o escuta/ ouvido rente ao chão. Mas é tão alto/ que as pedras o absorvem. Está na mesa/ aberta em livros, cartas e remédios./ Na parede infiltrou-se".[4] O vício da droga-mundo, que não admite desprezar nada do que existe, arrasta-o muitas vezes para o procedimento estilístico da enumeração caótica, de gosto surrealista, tentando dar conta do turbilhão de ocorrências mínimas no mundo inesgotável, como acontece em "Nosso tempo" (*A rosa do povo*): "Certas partes de nós como brilham! São unhas,/ anéis, pérolas, cigarros, lanternas,/ são partes mais íntimas,/ a pulsação, o ofego".[5] No mesmo poema, uma lista minuciosa alinha coisas, bichos e pessoas que guardam em si as preciosidades escondidas no destituído de atenção e de valor — "moça presa na memória, velho aleijado, baratas dos arquivos, portas rangentes [...]/ capa de poeira dos pianos desmantelados, [...]/ velhos selos do imperador, aparelhos de porcelana partidos, [...]/ ossos na rua, fragmentos de jornal, colchetes no chão da costureira, luto no braço, pombas, cães errantes, animais caçados".

Na outra ponta desse jorro de seres despercebidos e de restos mínimos, do qual o poema "Resíduo", também n'*A rosa do povo*, é a mais contundente e magnífica das expressões, está a totalidade espedaçada que pergunta por um sentido no "mundo desintegrado" em que "Orfeu, dividido, anda à procura/ dessa unidade áurea, que perdemos" ("Canto órfico", *Fazendeiro do ar*). "Amplo/ vazio/ um espaço estelar espreita os signos." Nele, pede-se a Orfeu que revele seu "número de ouro" — a cifra da "estranha ordem geométrica de tudo" (para emprestar mais uma expressão d'"A máquina do mundo") — cifra que, nesse caso, não se abre senão ao *chamado* e ao poder instaurador da palavra poética: "Orfeu, que te chamamos, baixa ao tempo/ e escuta: só de ousar-se teu nome, já respira/ a rosa trismegista, aberta ao mundo".

"Na natureza nada pode ser dado, independentemente de quão grande o julguemos, que, considerado de outra perspectiva, não seja suscetível de ser graduado até o infinitamente pequeno, assim como inversamente nada é tão pequeno que, por comparação com outras medidas menores ainda, não possa pela nossa imaginação ser aumentado até a dimensão de um mundo."[6] Vale para a poética de Drummond essa formulação de passagem, presente na *analítica do sublime* kantiana, que ilumina a propensão do espírito a girar sem parada entre o muito pequeno e o muito grande. Isto é, nada do que é percebido pelos sentidos escapa à desmedida das coisas se a imaginação for arrastada ao infinito pela multidão dos dados sensíveis enquanto a razão tenta captar a ideia da totalidade absoluta — a capacidade de compreensão não acompanhando mais os limiares da apreensão, e instaurando-se no sujeito uma luta insana em que as faculdades da imaginação e da razão são levadas a seu máximo e a seu limite.[7] O "prazer negativo" que daí advém, como efeito estético da inadequação constitutiva, no sujeito, das forças que nele se engalfinham perante a desmedida dos objetos, é o que Kant define como o domínio do *sublime* — que trabalha surdamente, de maneira toda particular e problemática, pode-se dizer, por dentro da poética drummondiana.[8]

É dentro dessa ordem de inquietação intrinsecamente moderna que se coloca a *demanda por mundo* na poesia de Drummond. Note-se que, não obstante os símbolos herméticos invocados no citado "Canto órfico" ("Orfeu", "a rosa trismegista"), não se trata, nele, de uma epifania da totalidade revelada, mas de uma aposta consciente no efeito da palavra em estado de chamamento. Vigora ali aquele "segredo egípcio" da arte, de que já falamos: uma aliança tática e profunda com o mito, que permite à poesia afirmar sua adesão ao existente, mesmo que mergulhada na interrogação insolúvel sobre ele.[9] A totalidade visada pela poesia de Drummond não se cristaliza, na verdade, em nenhuma unidade cosmogônica, não se submete à regência de nenhum *axis mundi*, não se fundamenta em nenhum centro ou pilar metafísico, não desvenda nenhuma organicidade oculta, não aspira a nenhum retorno reativo a harmonias ancestrais. Seu gesto aponta para um horizonte sem resguardo em que se embatem as modalidades existenciais do *estar-no-mundo* com o inaferrável *ser-do-mundo*. É como se algo no núcleo poético emitisse um sinal de radar que submete o que existe a uma varredura constante, acusando o seu cerne opaco e impenetrável, ao mesmo tempo que rastreia a multidão das ocorrências e sonda as suas bordas incognoscíveis. A demanda pelo sentido da totalidade e sua impossibilidade de cumprir-se, a insistência com que se busca e a resistência, no sujeito e fora dele, da impossibilidade de cruzar o limite, o fato de que a impossibilidade esteja no âmago mesmo da procura e que, no entanto, não iniba o seu extraordinário apetite de mundos, tudo isso faz a singularidade dessa trajetória única na poesia brasileira.

Um parêntese histórico: o desejo de abarcar, mesmo que com sinal negativo, a turbulência indomável do mundo, que se encontra em vigor na obra de Drummond ao longo de pelo menos três décadas, dos anos 1930 aos 1960, pressupõe a aposta integral na capacidade da poesia de problematizar a vida como um todo, de interrogar o destino humano e de afrontar — "com suas palavras, intuições, símbolos e outras armas", incluindo a autoironia —, a "Grande Máquina" dos poderes soberanos ("Elegia 1938", *Sentimento do mundo*) e a "marcha do mundo capitalista" (prometendo destruí-los, no limite, "como uma pedreira, uma floresta,/ um verme") ("Nosso tempo", *A rosa do povo*).

Trata-se de um rompante poderoso em que o poeta toma para si o poder de questionamento pela poesia num raio que vai da dimensão mais íntima do sujeito à dimensão política e à dimensão cósmica, da família à sociedade, das "dentaduras duplas" ao universo, da "gota de bile" ao mal-estar na civilização, do "que vive uma fração de segundo" até o que boia "como uma esponja no caos", gerando um ritmo "entre oceanos de nada" ("Eterno", *Fazendeiro do ar*) — sem perder de vista, a partir de sua angustiada posição de classe média, o lugar das classes sociais no conjunto problemático e opaco da sociedade como um todo. O desejo de incluir o mundo pela poesia se faz com perfeita consciência irônica da disparidade dos poderes envolvidos, já que o mundo insiste em excluir a poesia, forçando por expeli-la, e já que o poeta amarga a condição obscura, e mesmo espúria, de funcionário público a serviço do aparelho cultural e ideológico de Estado em tempo de ditadura.[10]

Para efeitos da máquina poética, porém, é esse fora da Lei soberano, jogando com as virtualidades do "reino das palavras", que nomeia o monstro e peita com desassombro o poder da "Grande Máquina" (não confundir de imediato com a *Máquina do Mundo*) — entidade na qual se amalgamam o capital, os dispositivos onipresentes de dominação e a face neutra da alienação vertendo sobre cada coisa a sua cota de estranheza ("Trabalhas sem alegria para um mundo caduco,/ onde as formas e as ações não encerram nenhum exemplo./ Praticas laboriosamente os gestos universais,/ sentes calor e frio, falta de dinheiro, fome e desejo sexual.// [...] Amas a noite pelo poder de aniquilamento que encerra/ e sabes que, dormindo, os problemas te dispensam de morrer./ Mas o terrível despertar prova a existência da Grande Máquina/ e te repõe, pequenino, em face de indecifráveis palmeiras"). O final dessa "Elegia 1938" detona uma imagem cuja potência inesperada é calculada na economia do texto como uma bomba. O leitor vai sendo entorpecido por uma sequência de déficits sombrios e declinantes ("caminhas entre mortos e com eles conversas", "a literatura estragou tuas melhores horas de amor", "coração orgulhoso, tens pressa de confessar tua derrota") até que, quando já próxima do esperável ponto de extinção, explode subitamente numa frase que é pura dinamite poética: "Aceitas a chuva, a guerra, o desemprego e a injusta distribuição/ porque não podes, sozinho, dinamitar a ilha de Manhattan". "Tenho palavras em mim buscando canal,/ são roucas e duras,/ irritadas, enérgicas,/ comprimidas há tanto tempo,/ perderam o sentido, apenas querem explodir", diz uma passagem de "Nosso tempo". Ou, n'"A flor e a náusea", a revelação, de passagem, de uma precoce vocação poética de homem-bomba: "Pôr fogo em tudo, inclusive em mim./ Ao menino de 1918 chamavam anarquista./ Porém meu ódio é o melhor de mim./ Com ele me salvo/ e dou a poucos uma esperança mínima".

A partir dos anos 1960 e 1970, no entanto, a onipresença da publicidade e da "comunicação de massas" abala o crédito simbólico acumulado pela palavra poética e sua capacidade de conclamar, invocando-as da perspectiva privilegiada de um sujeito, as menores e as maiores porções da totalidade turbulenta. Drummond anunciara o deslocamento e o abalo desse lugar de palavra num poema como "Os materiais da vida" (*A vida passada a limpo*, 1958), em que o discurso e a imagem publicitária dão mostras de inseminar-se em todos os discursos ("Drls? Faço meu amor em vidrotil/ nossos coitos serão de modernfold/ até que a lança de interflex/ vipax nos separe/ em clavilux/ camabel camabel o vale ecoa/ sobre o vazio de ondalit/ a noite asfáltica/ plkx"). O próprio poema "Eterno", que se inicia com a fórmula famosa ("E como ficou chato ser moderno./ Agora serei eterno"), apresentava em 1954 um menu de modalidades do eterno que não deixam de ter uma inflexão publicitária: "Eternalidade eternite eternaltivamente/ eternuávamos/ eternissíssimo/ A cada instante se criam novas categorias do eterno". A insidiosa concretude técnica e semiótica de que se investe o vocabulário da publicidade emergente avança sobre os temas consagrados da poesia (o amor, o erotismo, os encontros e desencontros, o vazio, a solidão, o nada, a eternidade), disputando o seu primado e acuando-a numa zona mais hermética onde ela se vê condenada a secretar borborigmos pseudomallarmaicos ("drls", "plkx") em meio à onda crescente de mercadorias.

Nos anos 1970, em contexto já diferente, a mesma questão retorna em poemas pode-se dizer que mais derramados e menos rigorosos, como "Ao Deus Kom Unik Assão", paródia virulenta da deificação dos meios de massa (*As impurezas do branco*, 1973) e "Eu, etiqueta", anatomia e anátema da mercantilização do corpo revestido e investido pelas logomarcas (*Corpo*, 1984). Em "Diamundo — 24 h de informação na vida do jornaledor" (também d'*As impurezas do branco*), a colagem de fragmentos emitidos por agências de notícias, desgarrada no ritmo intensivo da vida social turbinada pela comunicação de massas, atesta por si só o deslocamento, se não a inoperância, da intervenção de tipo quase demiúrgico que o poeta sustentava antes sobre o mundo. Em outras palavras, a invocação do sujeito ao "mundo" perde algo de sua força diante do poder avassalador do mundo propriamente dito, que vai se tornando ostensivamente o império das coisas simultaneizado pela ação dos media e da propaganda.

Para aferir o quanto os "mundos" drummondianos são o índice de uma escrita que não pode dispensá-los, é revelador constatar, por contraste, que a mesma palavra é praticamente ausente em João Cabral de Melo Neto: de *Pedra do sono* (1940-41) a *Educação pela pedra* (1962-65), por exemplo, a palavra "mundo" aparece duas solitárias vezes.[11] Uma vez, sintomaticamente, no poema "A Carlos Drummond de Andrade" (como quase não poderia deixar de ser), numa frase que toca com precisão o nosso ponto: "Não há guarda-chuva/ contra o mundo/ cada dia devorado nos jornais/ sob as espécies de papel e tinta".[12] E, vinte anos depois, não no corpo mas no título do poema "Sobre o sentar-/ estar-no-mundo", onde a atitude filosofante, sugerida pela expressão "estar-no-mundo" (sob cuja rubrica Drummond reunira em antologia pessoal, como já foi dito, parte fundamental de sua poesia), é enquadrada ironicamente na atitude de quem senta em "tábua-de-latrina,/ assento além de anatômico, ecumênico,/ exemplo único de concepção universal,/ onde cabe qualquer homem e a contento".[13] (Não seria de todo impertinente ver na passagem uma alusão irônica às contorções reflexivas da poesia drummondiana.)

A poesia de João Cabral não postula o "mundo". Depois de um início subjetivista, onírico e nebuloso (*Pedra do sono*), ela conquista um estado de extroversão continuada, a partir d'*O engenheiro*, focalizando objetos que se bastam na sua presença. O olhar poético, levado por uma imaginação material da vontade, que experimenta a resistência das coisas, no domínio de uma consciência diurna e penetrante, mantém a necessária distância dos objetos — nem tão próximos a ponto de o sujeito se confundir com eles, nem tão distantes a ponto de que seja preciso evocá-los na ausência. Reduzido fenomenologicamente à tela da atenção, e coincidindo com ela a cada vez, o *mundo* não é invocado nem chamado pelo nome. Podemos convir, no caso de João Cabral, que isso não se coloca justamente porque *mundo* é aquilo que suscita a atenção sem caber nela, que a extrapola, que pede uma atenção total que desborda as fronteiras do sensível e do inteligível, acabando por emaranhá-los. A redução fenomenológica operada pela poesia cabralina visa, entre outras coisas, a não se deixar emaranhar no emaranhado do mundo — em outras palavras, a neutralizar a tentação do *sublime*.

Enquanto a poesia de João Cabral trabalha com essa restrição de sua área de manobra, projetando uma totalidade reduzida e sem resto, dentro da qual operam os seus objetos próprios, iluminados por uma luz perquiridora fora da qual é como se houvesse um vazio, a atenção do sujeito, na poesia de Drummond, é continuamente interpelada por aquilo que lhe escapa, que lhe excede os limites, que empenha o todo e põe o sujeito em causa. Os objetos são como pontos negros que remetem continuamente a algo que desliza, movidos pelo compromisso da totalidade que acusa continuamente a sua própria impossibilidade de cumprir-se, retornando por isso mesmo como Coisa incontornável, obstáculo e pedra absoluta no meio do caminho.

Não por acaso *mundo* e *pedra* são palavras estratégicas no vocabulário poético de Carlos Drummond de Andrade: uma é o contrário e o equivalente da outra. Pois, se o mundo é o limiar inexprimível e inabarcável ao qual não se chega, certos objetos comparecem como a própria cifra dessa impossibilidade — espelhos opacos e irredutíveis da totalidade inacessível. Irrompem como o obstáculo que interrompe o caminho, fazendo-se a manifestação de um mundo que se apresenta ali mesmo onde se furta a apresentar-se. Nesse sentido, a aparição da *máquina do mundo*, formando um só núcleo com a *pedra no meio do caminho*, é a mais imponente e exponencial ocorrência de tal síndrome em toda a obra drummondiana, inclusive por apresentar-se como a sua versão invertida: aparecendo ao caminhante da estrada pedregosa, *promete suspender-se enquanto obstáculo para deixar ver finalmente o que esconde.* Trata-se da mais intrigante e crucial das variações em torno dessa posição em que se enredam inseparavelmente a busca e o bloqueio, e que cabe definir tecnicamente como *saturnina*.

Podemos usar o termo astrológico sem perigo de divagação, dada a sua acepção simbólica precisa: *saturnina* é a condição em que se apresenta o *limite*, ali mesmo onde se demanda a *totalidade*. "Deus dos extremos" e "demônio das antíteses", Saturno, o mais elevado e mais lento dos planetas, remeteria à vida material mais crua e ao mesmo tempo à vida interior mais alta, ao enfrentamento dos mais duros e trabalhosos dos obstáculos e à mais consistente e divinatória força da inteligência e da contemplação, à plenitude da Idade de Ouro e à impossibilidade de resgatá-la, como diz Walter Benjamin em passagem de *Origem do drama barroco alemão*. Benjamin identificava nas contradições dessa configuração simbólica, nas incongruências e nos seus ziguezagues entre aspectos positivos e negativos, que tornam "tão fascinantes as [suas] metamorfoses", o *traço dialético* que lhes é inerente.[14] Em Drummond, o limite converte-se na cifra em negativo da totalidade impossível, que nele se concentra e faz-se tangível. A totalidade, bloqueada pelo obstáculo, reverbera no objeto que bloqueia: o mundo reside no gume entre o movimento do todo e sua interrupção, com o que podemos falar num *sublime* em perpétuo estado de suspensão e travamento.

Não seria difícil reconhecer na poesia de Carlos Drummond de Andrade, se fosse o caso, muitos dos traços do temperamento melancólico-saturnino, que Susan Sontag elenca em seu ensaio biográfico-interpretativo sobre Walter Benjamin, intitulado "Sob o signo de Saturno".[15] Não estamos falando aqui de influências astrais, nem da melancolia no seu vago sentido romântico de tristeza e nostalgia, mas do antigo complexo simbólico no qual Benjamin enxergou cum grano salis uma "grande riqueza de intuições antropológicas justas". Sontag mostra que, em vez de categorias da psicologia moderna e da psicanálise, o pensador preferia, desdenhando-as com calculada ironia, testar em si mesmo a teoria tradicional dos quatro temperamentos — o sanguíneo, o colérico, o fleumático e o melancólico. Entre estes, reconhecia-se no último, o temperamento ligado ao "astro de revolução mais lenta, o planeta dos desvios e das dilações",[16] vinculado à opacidade e ao peso do chumbo, ao inverno, à velhice e às conquistas longamente maturadas. Podemos reconhecer no *saturnino*, como faz Susan Sontag com Benjamin, e como fazia o pensador alemão ele mesmo, não um conjunto de características de vida suscetíveis de explicar as obras, mas características da obra que se mostram vitais.

A "falta de jeito", por exemplo, que advém "da percepção de um número excessivo de possibilidades", a relação *maladroite* com as exigências práticas e a figura do desajustado contumaz, associadas ao saturnino benjaminiano,[17] são reconhecíveis no destino *"gauche"* de Carlos, vaticinado pelo seu "anjo torto" no "Poema de sete faces". Nada mais drummondiano, por sua vez, que "a relação consciente e implacável com o eu" — esse "eu todo retorcido", como ele mesmo o define em sua *Antologia poética*, convertido em objeto de autoanálise como se fosse um texto hermético "que precisa ser decifrado".[18] Se a realidade se apresenta, para ele, como o domínio das coisas em escala inumerável, cada uma delas ostentando o fetiche de sua insondável relação com o todo, sem deixar de ser um testemunho pungente dos pequenos "tesouros de significação contidos no efêmero, no desacreditado e no negligenciado" (como acabamos de ver no poema "Nosso tempo"),[19] o saturnino se faz um colecionador detalhista, movido por um "instinto tático"[20] como o que leva o poeta a catalogar surdamente, durante décadas, todas as controvertidas referências a seu poema "No meio do caminho" para depois publicá-las em livro (além de ser o arquivista silencioso e implacável de si mesmo, colecionando fotos, artigos de jornal, objetos, e escrevendo ao longo da vida um minucioso diário completamente alheio "à noção de utilidade profissional").[21] A ironia é, por fim, o crivo supremo da posição saturnina, insinuando em cada visão a sua sombra derrisória, instilando em cada decisão o veneno da contradição e fazendo com que posições discrepantes se embatam e se corrijam entre elas, que o poeta participante se deixe ver sob a aparência do absenteísta e vice-versa, que a aparente autonomia formal de sua poesia exponha a crueza dos choques sociais,[22] que o titã cultural apareça sob a espécie do funcionário consciencioso, que o monstro enigmático não se distinga do homem comum, e que o extremamente sério soe também na chave do piadístico e do irrisório. Tudo isso consumado na figura de um ser socialmente arredio ao contato corporal (embora missivista organizado e impecável), cuja silhueta é quase a caricatura pronta de uma longilínea "esfinge de óculos",[23] um "monólito negro de terno e gravata"[24] guiado por uma saturnina e itabirana "cabeça baixa", caminhando com suas indefectíveis "mãos pensas".

Desses elementos, vamos reter o ponto mais nuclear que importa para o funcionamento da máquina poética drummondiana: a recorrência de um *mundo vedado pelo obstáculo*, em que a busca sem trégua *do mínimo ao grande* expõe fatalmente o limite. Silviano Santiago observou em "três importantes poemas de Carlos Drummond de Andrade ('No meio do caminho', de 1930; 'Carrego comigo', de 1945; e 'O enigma', de 1948)" uma "reincidência" temática que avança pelo "beco sem saída" e pelo "enigma obscuro": "um objeto (pedra, embrulho e Coisa, respectivamente) que de repente brota, não se sabe bem de onde, nem para quê, e que, intrigante, intercepta o caminho e os passos do poeta".[25] Betina Bischof examina a opacidade, o entrave, o obstáculo, a aporia e o impasse como chaves para a interpretação do poeta: "Há em muitos poemas de Drummond uma estrutura travada [...] que impede o acesso do eu lírico ao objeto buscado. [...] O poema se articula precisamente [...] na tensão que se sustenta sem encontrar uma resolução", apresentando-se, no entanto, como "uma resposta à imobilidade ou impossibilidade nele mesmo contidas", que só acha alguma forma de saída se mergulhar mais ainda "numa negatividade sem brechas".[26] Para Eduardo Sterzi, Drummond é reconhecidamente "o poeta do impasse, do bloqueio", sendo a *interrupção* o "princípio ético-estético, ou núcleo significante elementar, do que há de mais próprio e intenso [...] na [sua] poesia".[27]

A *interrupção* é justamente o ponto de contato entre a totalidade e o limite, o *meio do caminho* entre a coisa e a ligação opaca que ela entretém com tudo que constitui o *mundo*, por meio de uma espécie de mediação travada. Se "o mundo é tudo o que ocorre", "a totalidade dos fatos", o conjunto total dos acontecimentos em sua trama instável de relações e interações,[28] Sterzi observa que a palavra "acontecimento", estrategicamente reiterada em Drummond, implica o choque entre coisas, a topada do real, a colisão como limite constitutivo de tudo (diferentemente de "evento", palavra ligada à semântica da *saída*, do *desenlace* e da *resolução*): "*acontecimento* deriva do verbo *contingere*, por meio do incoativo *contingescere* (ou, mais precisamente, de sua variação *contigescere*), 'tocar a, em; alcançar, atingir, chegar a; encontrar, topar; suceder; resultar de'".[29] É por isso mesmo que a pedra no meio do caminho, embora inerte, é de fato, e com precisão, um "*acontecimento* na vida de minhas retinas tão fatigadas" (o grifo é meu).

No extremo, é como se todas as palavras em Drummond fossem de algum modo refrações ou reverberações da palavra "mundo", apontando para a totalidade impossível que ressoa ironicamente na famigerada rima vã: "Mundo mundo vasto mundo,/ se eu me chamasse Raimundo/ seria uma rima, não seria uma solução". Mais do que uma rima, "mundo" exibe-se ironicamente, no caso, como o significante claudicante que, inserido dentro de outro, o da subjetividade "Raimundo", nem por isso o preenche de sentido, resultando em derrisória autoparódia. Não deixa de ser a partir desse ponto negro, no entanto, sem refúgio e com lucidez pungente, que a poesia de Drummond desvela o cerne problemático irredutível do nosso mundo, a dureza da existência concreta, o halo do que se ganha e do que se perde em cada toque mínimo, o rasgo de enormidade que assombra e ilumina.

PREÂMBULO

"A máquina do mundo" é o desaguadouro quase obrigatório da crítica drummondiana, que realiza há décadas, em torno dele, um verdadeiro congresso hermenêutico. O poema já foi esquadrinhado e iluminado por um denso conjunto de leituras, e já tem acumulada sobre si uma brilhante tradição crítica. O retorno ao texto, aqui, se faz no sentido de destacar e perseguir aspectos e dimensões que decorrem do partido assumido por este livro: o de que a presença semioculta da mineração na obra de Drummond deixa nele marcas e cifras que merecem atenção renovada, as quais podem levar a lê-lo, no limite, e em alguns aspectos decisivos, de maneira distinta daquelas como tem sido lido.

Para adiantar alguns entre os elementos em questão, ganha relevância o "sino rouco" como disparador do processo que conduz à visão da máquina do mundo, e que é associado explicitamente, na seção final de *Claro enigma*, ao relógio da Matriz do Rosário em Itabira. Além de conectar o acontecimento narrado ao *espírito do lugar*, com a carga de lembranças e de vínculos pessoais e históricos que ressoa nele — o que não chega a ser novidade, embora nem sempre receba a ênfase devida —, o som do sino remete à durée bergsoniana como alteração qualitativa do tempo. O argumento desenvolvido aqui vai na direção de tomar esse elemento da paisagem, junto com outros aos quais se liga intimamente (as aves negras se fundindo com o céu de chumbo), como índices coparticipantes de uma transformação radical que se opera no sujeito, e que é diretamente responsável pela aparição inusitada da máquina do mundo. Esta se torna, num primeiro momento, menos a irrupção intempestiva de um objeto transcendente, de cunho estranhamente filosofante, que baixa de repente na estrada pedregosa de Minas, e mais a extensão de uma experiência cognitiva e afetiva que, embebida na atmosfera sonora e lentamente gradual do crepúsculo, dá de repente um salto quântico.

Por isso mesmo, cabe insistir na pergunta sobre em que consiste propriamente essa máquina: qual a natureza desse objeto — se se pode dizer objeto —, no que diz respeito à sua forma, a seu lugar na paisagem, ao modo como se recorta e se distingue do mundo — se é que o faz. O poema, é claro, prima por não dizê-lo. As leituras, quando tentam fazê-lo, não são conclusivas: trata-se de um aparato de ficção científica, à maneira de um óvni? É um clarão? É algo que surge no alto da montanha que assoma à frente do caminhante? Um engenho ou uma emanação? Baixa do alto? Brota do fundo da terra? Respira transcendência? Emana imanência?

Essas questões não costumam estar no foco principal das interpretações, que se concentram mais, e com bons motivos, na discussão sobre a razão intrigante pela qual o sujeito recusa a oferta miraculosa que a ele se entrega, acenando-lhe com a compreensão final do sentido primeiro e último de tudo quanto existe. Assinala-se, em geral, que a promessa de explicação totalizante pela máquina do mundo, de cunho regressivo e pré-moderno, por um lado, e autoritário e mistificador, por outro, não corresponde ao ânimo (ou ao desânimo) interrogante, dubitativo, negativo e crítico que move esse sujeito insatisfeito e moderno. A primazia dada à questão da recusa se faz ao preço de deixar escapar, no entanto, muito do sentido complexo das sete estrofes em que a máquina do mundo, *malgrado tudo*, é descrita de maneira fulgurante. É curioso e sintomático que essa passagem fique jazendo tantas vezes numa espécie de limbo minimizado ou invisível às leituras (como se não tivesse tanta importância em si, já que o sujeito *parece* desdenhar aquilo que ela descreve). Mas é nela, justamente, que a cifra histórica e metafísica do poema se concentra, assumindo a forma vertiginosa de uma fita de Moebius, e é nela que se vê, como num *aleph* enigmático e, diríamos, premonitório, a mundialização dos dispositivos de exploração e dominação do mundo que se anunciavam no pós-guerra. É de retomar, no caso, as razões da recusa. Há no poema, segundo creio, uma inflexão histórica que contracena complexamente com o questionamento metafísico que está no seu cerne, e tal dimensão ganha importância e magnitude se consideramos o entorno da mineração e a chegada da máquina mundializante a Itabira, que coincide não por acaso com o momento de sua gestação.

É de perguntar, no fim, por que a máquina do mundo, ao desaparecer, "repelida" pelo sujeito, não vai se desmanchando e se *decompondo*, como seria de esperar, mas vai-se, ao contrário, "miudamente *recompondo*". O que é isso, afinal, que, ao se desmanchar se recompõe, como se não fosse outra coisa senão o que já está, e que, ao desaparecer, dá mostras de permanecer no mesmo lugar?

> 1   E como eu palmilhasse vagamente
>   uma estrada de Minas, pedregosa,
>   e no fecho da tarde um sino rouco
>
>   se misturasse ao som de meus sapatos
> 5   que era pausado e seco; e aves pairassem
>   no céu de chumbo, e suas formas pretas
>
>   lentamente se fossem diluindo
>   na escuridão maior, vinda dos montes
>   e de meu próprio ser desenganado,

10   a máquina do mundo se entreabriu
para quem de a romper já se esquivava
e só de o ter pensado se carpia.

Abriu-se majestosa e circunspecta,
sem emitir um som que fosse impuro
15   nem um clarão maior que o tolerável

pelas pupilas gastas na inspeção
contínua e dolorosa do deserto,
e pela mente exausta de mentar

toda uma realidade que transcende
20   a própria imagem sua debuxada
no rosto do mistério, nos abismos.

Abriu-se em calma pura, e convidando
quantos sentidos e intuições restavam
a quem de os ter usado os já perdera

25   e nem desejaria recobrá-los,
se em vão e para sempre repetimos
os mesmos sem roteiro tristes périplos,

convidando-os a todos, em coorte,
a se aplicarem sobre o pasto inédito
30   da natureza mítica das coisas,

assim me disse, embora voz alguma
ou sopro ou eco ou simples percussão
atestasse que alguém, sobre a montanha,

a outro alguém, noturno e miserável,
35 em colóquio se estava dirigindo:
"O que procuraste em ti ou fora de

teu ser restrito e nunca se mostrou,
mesmo afetando dar-se ou se rendendo,
e a cada instante mais se retraindo,

40 olha, repara, ausculta: essa riqueza
sobrante a toda pérola, essa ciência
sublime e formidável, mas hermética,

essa total explicação da vida,
esse nexo primeiro e singular,
45 que nem concebes mais, pois tão esquivo

se revelou ante a pesquisa ardente
em que te consumiste... vê, contempla,
abre teu peito para agasalhá-lo."

As mais soberbas pontes e edifícios,
50 o que nas oficinas se elabora,
o que pensado foi e logo atinge

distância superior ao pensamento,
os recursos da terra dominados,
e as paixões e os impulsos e os tormentos

55 e tudo que define o ser terrestre
ou se prolonga até nos animais
e chega às plantas para se embeber

no sono rancoroso dos minérios,
dá volta ao mundo e torna a se engolfar
60   *na estranha ordem geométrica de tudo,*

e o absurdo original e seus enigmas,
suas verdades altas mais que todos
monumentos erguidos à verdade;

e a memória dos deuses, e o solene
65   *sentimento de morte, que floresce*
no caule da existência mais gloriosa,

tudo se apresentou nesse relance
e me chamou para seu reino augusto,
afinal submetido à vista humana.

70   *Mas, como eu relutasse em responder*
a tal apelo assim maravilhoso,
pois a fé se abrandara, e mesmo o anseio,

a esperança mais mínima — esse anelo
de ver desvanecida a treva espessa
75   *que entre os raios do sol inda se filtra;*

como defuntas crenças convocadas
presto e fremente não se produzissem
a de novo tingir a neutra face

que vou pelos caminhos demonstrando,
80   *e como se outro ser, não mais aquele*
habitante de mim há tantos anos,

*passasse a comandar minha vontade
que, já de si volúvel, se cerrava
semelhante a essas flores reticentes*

85   *em si mesmas abertas e fechadas;
como se um dom tardio já não fora
apetecível, antes despiciendo,*

*baixei os olhos, incurioso, lasso,
desdenhando colher a coisa oferta*
90   *que se abria gratuita a meu engenho.*

*A treva mais estrita já pousara
sobre a estrada de Minas, pedregosa,
e a máquina do mundo, repelida,*

se foi miudamente recompondo,
95   *enquanto eu, avaliando o que perdera,
seguia vagaroso, de mãos pensas.*

O poema exige do leitor fôlego espiritual, mas também sintático. O andamento segue um fluxo majestosamente subordinante, num caminho volteado de frases em ordem indireta no qual se reconhece uma glosa altiva do estilo camoniano. Ao mesmo tempo, é escandido em estrofes de três versos decassílabos que ressoam as cadências da terza rima, tal como se vê n'*A divina comédia* de Dante Alighieri, embora, aqui, não rimadas e incorporadas ao verso branco modernista. Essa vinculação ancestral, inscrita na malha fina da estrutura estrófica e sintática, confirma-se a cada passo, segundo Alcides Villaça, numa linguagem "a que não faltam a escavação etimológica, a forma arcaica, a palavra desusada, bem como as fortes inversões, a posição pouco usual de adjetivos, o distanciamento entre o verbo, o sujeito e os complementos — tudo oferecendo à leitura imediata a resistência das construções linguísticas elaboradas, à margem da fluência coloquial, ou da segmentação epigramática, ou das colagens e sínteses da poesia moderna".[30] As alusões a Dante e a Camões, para além da superfície estilística, remetem a dois grandes poemas totalizantes dos séculos XIV e XVI em que a ordem universal se abre aos olhos do poeta-personagem — Dante n'*A divina comédia* e Camões/Vasco da Gama n'*Os lusíadas* — através de um périplo que atravessa o cosmo e se oferece epifanicamente à vista. No primeiro caso, o cosmo tripartite do medievo (Inferno, Purgatório, Paraíso) e o vislumbre mirífico da divindade; no segundo, a terra recém-circum-navegada pelos portugueses e a divinização de sua história — ambos compreendidos pela cosmologia ptolomaica.

Villaça assinala o "formidável paradoxo" contido na tensão entre "formas poéticas de um estilo alto, da tradição dos sonetos clássicos, das elegias densas e reflexivas, e mesmo da épica" — formas essas "altamente afirmativas em si mesmas" —, comprometidas aqui, ao contrário, com uma busca que patina sobre "o esvaziamento de todos os conteúdos".[31] Queremos avançar na ideia de que esse "gesto" formal elevado contrasta ironicamente com a emergência de algo como *a máquina do mundo contemporânea*, no exato momento em que a maquinação geoeconômica, que se expandia sobre o planeta, recaía sobre a alma de ferro e sobre o estoque montanhoso do lugar originário. Trata-se, assim, não somente de *uma* máquina do mundo, mas de uma complexa fricção poética entre as várias acepções da palavra "máquina".

PENUMBRAL (VERSOS 1-12)

"A máquina do mundo" simula o tempo de um crepúsculo — do "fecho da tarde" até a consumação da "treva mais estrita", enquanto a escuridão e os raios do sol se deixam coar entre si até a extinção total da luz. É um poema da *duração* — pode-se dizer mesmo que começa como uma máquina poética de produzir duração, instaurando um devir de vibrações afetivas que acompanham a gradação minimal da luz e da escuridão. Nas quatro primeiras estrofes cruza-se um limiar de pequenas mutações no fim das quais a entidade se entreabre com uma naturalidade que parece desconhecer as resistências anteriores que o sujeito teria enfrentado nas suas tentativas vãs de romper o caráter indevassável do enigma ("se entreabriu/ para quem de a romper já se esquivava/ e só de o ter pensado se carpia").

A ação, já longamente continuada, de uma busca sem objeto que não seja a própria resistência da matéria pétrea, sofre o efeito do som esgarçado de um sino que, fundido ao dos passos secos na estrada, concorre para a manifestação de certa entidade inefável que se nomeia "máquina do mundo". Pode-se creditar esse poder instaurador, por tudo que já viemos dizendo, ao impacto no sujeito, por meio do sino, de uma experiência não verbal que carrega consigo, de maneira intensa e difusa, todo um mundo de associações individuais e coletivas ligadas ao lugar, ao passado, à infância, à empatia e à compaixão mineiras, dobrando o tempo sobre o tempo e convertendo-o numa espécie de ondulação ressonante que transporta em si um agudo *sentimento do mundo*.

Pode-se objetar que o trecho do poema, em seu tom sóbrio ("e como [...] no fecho da tarde um sino rouco/ se misturasse ao som de meus sapatos"), não engrandece explicitamente a contundência desse "sino rouco" sobre o sujeito e sua ambiência. Mesmo que não conhecêssemos, no entanto, toda uma poética do efeito disparador e totalizante do som do sino, disseminada pela lírica drummondiana, bastaria o poema "Relógio do Rosário", fazendo coro explícito com "A máquina do mundo" na seção final de *Claro enigma*, para gritar aquilo que o sino traz de potência fusional avassaladora: "Era tão claro o dia, mas a treva,/ do som baixando, em seu baixar me leva// pelo âmago de tudo, e no mais fundo/ decifro o choro pânico do mundo,// que se entrelaça no meu próprio choro,/ e compomos os dois um vasto coro".

Há, pois, nesse Angelus laico que abre o poema, uma passagem secreta para o "âmago de tudo", que reside em primeira instância no som do sino, tocante pela própria ranhura imperfeita de sua vibração, o qual se mistura ao som "pausado e seco" dos sapatos do caminhante sobre o solo pétreo. A propósito da junção dessas duas sonoridades de natureza contrastante, é curioso observar que são elas mesmas que Henri Bergson confronta e distingue na passagem d'*Os dados imediatos da consciência* em que qualifica a natureza não contabilizável da duração (não estou pensando aqui em influência do filósofo sobre o poeta, mas numa afinidade reflexiva inerente à densidade do poema). Diz Bergson que, "quando eu escuto um ruído de passos na rua, eu vejo vagamente a pessoa que anda; cada um dos sons sucessivos se localiza então num ponto do espaço em que o caminhante estaria pousando o pé; eu contabilizo as minhas sensações no próprio espaço onde as causas tangíveis se alinham". Já as batidas de um sino, continua ele, tendem a arrastar a percepção para uma zona vibratória contínua, ressoante, envolvente e emocionalmente profunda que só conta para os efeitos da pura duração. Nela, os sons se organizam entre si em figuras rítmicas ou melódicas, fazendo com que o sujeito não os contabilize, mas se limite "a recolher a impressão por assim dizer qualitativa que sua quantidade exerce sobre [si]".[32]

O poema de Drummond efetua em modo lírico a mesma

dissolução do discreto no contínuo e do quantitativo no qualitativo que dirige o argumento bergsoniano: o "pausado e seco" dos passos, que demarca nitidamente as distâncias espaciais, se deixa envolver pela badalada dolorosa e onipresente do campanário, e essa passagem altera a natureza da realidade percebida, levando a estrada a se diluir no seu entorno e, em última instância, o espaço a se diluir em tempo — em devir.

É significativo observar que tal distinção entre tempos é reconhecível na história social dos campanários que agitou as pequenas comunidades ao longo do século XIX, na Europa. Segundo um historiador da cultura, o tempo alveolar dos sinos — cíclico, ritualizado, e como que imóvel — foi sendo substituído, não sem conflitos, pela escansão numérica e progressiva dos relógios e pela sirene das fábricas, que implantam o "tempo civil" da época moderna.[33] Para efeitos da poesia drummondiana, no entanto, é de assinalar que a torre esquerda da Matriz do Rosário em Itabira conjugava sino com relógio, chegando a confundi-los na mesma nomeação (note-se que "Relógio do Rosário", título do poema final de Claro enigma, refere-se ao som do sino), fazendo com que o ritmo da vida coletiva ganhasse projeção numa espécie de temporalidade fusional. Enquanto "o relógio da fachada [...] dominava todas as horas", lembra ele, "ordenando o trabalho de cada um, a reza de cada um", tendo seu valor de face visível, o sino "soava longe" como a dimensão recôndita da duração, entranhada "no friozinho do amanhecer, na preguiça da tarde, no tecido confuso da noite", martelando gravemente o recesso do "silêncio absoluto, quando pessoas e animais pareciam mortos".[34]

É algo da mesma natureza, a meu ver, que acontece no início d'"A máquina do mundo": os passos escandidos se convertem em ressonâncias, os conteúdos da memória involuntária e do tempo perdido afloram e tocam o limiar de "uma emoção que", como disse um intérprete de Bergson, "está ligada", mais do que a seus conteúdos, "à passagem do tempo propriamente dita", quando sentimos "o tempo fluindo em nós e 'vibrando interiormente'", e quando "é a própria duração que, em nós, é emoção".[35] Esse acontecimento é contaminante: não se reduz ao sonoro, embora disparado por ele, e se dissolve na continuidade sujeita a infinitas gradações da passagem do claro ao escuro. Enquanto o som dos sapatos se funde ao do sino, é de notar que o pretume *visível* das aves ("suas formas pretas" pairando no céu de chumbo) se confunde com o pretume do *não visível* (a "escuridão maior" que vai chegando com a noite). Nas palavras de Silviano Santiago, "aves lançadas contra o céu de chumbo [...] perdem contorno à medida que o chumbo se derrete em negro".[36] A escuridão noturna, por sua vez, vem a um só tempo de fora ("dos montes") e de dentro ("de meu próprio ser desenganado"). No lusco-fusco em que o negror visível das aves se confunde com o negror do invisível (a noite interior e exterior) — no limiar em que não sabemos distinguir o que *ainda* estamos vendo do que *já* estamos *não vendo* — ou seja, no umbral, ou na penumbra, em que somos levados a *ver o não ver* — é que se entreabre a *visão*. Em outros termos, não se trata propriamente de que a máquina aparece *no* mundo, mas de que *o mundo aparece como máquina*.

Ao dizer isso, não pensamos no sentido moderno da palavra "máquina", mas naquele que remonta aos textos clássicos cujas marcas estilísticas o poema, não por acaso, glosa. Como n'*Os lusíadas*, máquina do mundo é o próprio engenho cósmico, a representação do mundo que o apresenta por inteiro, destacando-se dele para mostrar-se como a parte que exibe o todo. No poema de Drummond, no entanto, o mundo não se faz propriamente representar, mas se *apresenta*, contido como um todo em seu nicho mineiro. Diferentemente do que ocorre n'*Os lusíadas*, não temos a aparição final de um objeto visível — o cosmo exibido por um dispositivo mirífico que o replica —, e sim o *entreabrir*-se de algo cuja percepção depende não somente da visão mas, como se dirá adiante, de "quantos sentidos e intuições" restavam ao sujeito. O engenho cósmico não se representa, portanto, por meio de um simulacro mecânico e luminoso que emule a sua totalidade perfeita, sua esfericidade polida, limada, criada por Deus à maneira de um deus ex machina pairando acima do solo, mas se entreabre *como se saísse misteriosamente de si para mostrar-se em si mesmo* — em outras palavras, como se subisse num pedestal imperceptível.

É próprio da época moderna, diz Antonio Cicero, ao interpretar o poema, que a "totalidade patente do universo perman[eça] [...] inexplicável", "não apenas de fato, mas de direito", regida pela dúvida, fundada em postulados "hipotéticos, precários e provisórios", irredutível a "um princípio positivo último e inquestionável" que fosse capaz de oferecer a "total explicação da vida". "Se a máquina do mundo era, na Idade Média, capaz de se abrir, é [justamente] porque era fechada" — finita, esférica e cercada por Deus.[37]

No poema de Drummond, a máquina do mundo não *baixa* como se pronta, mas se destila no interior do transe que envolve o sujeito na geografia afetiva que o cerca. Trata-se do umbral indiscernível de luz e escuridão, atravessado pelo som difuso, envolvente e englobante do sino, em que se juntam a estrada de pedra, o caminhante e seus passos secos, Minas e seu páthos imemorial, as aves engolidas pelo céu que escurece, coado ainda pelos raios de sol e pelo desengano interior insondável, tudo fundido num todo irradiador e contaminante. A naturalidade com que a máquina se entreabre ao caminhante é correspondente à disposição, por parte deste, a abrir-se a um estado de percepção e não percepção em que ver e não ver se confundem, embebidos em som. É nessa espécie de estado alterado da consciência, umbral de irradiação e penumbra, que se deixa entrever a face serena do *mesmo* no rosto abissal e desértico do mistério, que até então resistia a toda compreensão.

Vista assim, a questão do poema não se introduz pela fábula, a ser tomada ao pé da letra, de uma máquina falante pronta a pontificar sobre o sentido de tudo, como manifestação direta da inteligência filosofante, mas nasce de uma adesão emocional primeira ao estar-no-mundo, desencadeada pela atmosfera fusionante da Minas mineral, tocada pelo soar ao acaso de um sino.

O RECADO DO MUNDO (VERSOS 13-35)

O *estado de máquina* se instaura, nesse primeiro momento, sem nenhum estrépito: com majestade circunspecta, ela se entreabre ao sujeito sem ferir-lhe os sentidos, sem fazer nenhum ruído a mais ("um som que fosse impuro") e sem emitir nenhuma luminosidade excessiva capaz de agredir as retinas fatigadas (as "pupilas gastas na inspeção contínua e dolorosa do deserto"). A aparição não se destaca do mundo como um objeto luminoso capaz de replicá-lo, à maneira d'*Os lusíadas*, mas é como se jazesse imersa na própria totalidade, acordando de um sono imemorial similar àquele do pico do Cauê (quando a fantasia local dizia que este estava apto a "abastecer quinhentos mundos durante quinhentos séculos"). É claro, porém, que essa *branda irrupção* (o oximoro é propositual) vem para expor algo tremendo: nada menos que a presença avassaladora do mundo em sua totalidade (Alfredo Bosi fala em abertura do "Universo, abarcando Natureza e História";[38] Luiz Costa Lima, da História como esfinge cujo rosto a areia e o vento corroem).[39] A dissintonia intrigante entre a potência do acontecimento e a aparente placidez com que se apresenta "em calma pura", num primeiro momento, é um dos traços singulares da tonalidade a um tempo lírica e mais-que-

-irônica do poema. Aqui, a enormidade passa capciosamente por pedestre. A aparente modéstia com que o engenho totalizante se insinua, caminha a contrapelo de toda a fenomenologia do sublime, tal como se expõe na análise kantiana: para Kant, o sublime é a manifestação exorbitante de um objeto, ou, mais que um objeto, de uma entidade informe (como os oceanos e o céu estrelado) que remete à infinitude e que extrapola, pela sua enormidade e força, a capacidade de apreendê-la e suportá-la. Na natureza ou na arte, a sua ocorrência impõe um efeito perturbador sobre o sujeito, que sofre "uma suspensão momentânea das faculdades vitais, seguida imediatamente por um transbordamento tanto mais forte das mesmas".[40] A escalada na apreensão das coisas ultrapassa o grau de compatibilidade com o imaginável e o concebível, desarranjando a possibilidade de uma compreensão totalizante, que no entanto se busca, e entrando num estado de inadequação conflitiva em que se misturam prazer e sofrimento — sentidos, intuição, imaginação e razão em luta (cabendo a esta última, na formulação kantiana, restabelecer a palavra final).

O sublime assoma, assim, como algo da ordem do "absolutamente grande", "grande para além de toda comparação", "em comparação com o qual tudo o mais é pequeno".[41] Destacada do mundo, sua emergência é potente o bastante, quando acontece, para fazer com que o mundo soe como um *resto* menor de sua enormidade. Nada disso se dá no primeiro momento da aparição mineira da máquina drummondiana: nela, o mundo parece não poder figurar como um resto em relação à máquina do mundo porque ela própria é o mundo coincidindo placidamente consigo, *sem resto*. Por isso mesmo é tão difícil, ou impossível, encontrar no texto algum elemento que justifique a sua identificação com a forma de um objeto particular reconhecível. Silviano Santiago observou que a aparição é cercada de um clima "estranho, porém familiar", semelhante ao que cerca a aparição de óvnis no interior mineiro (onde sempre haverá alguém disposto a criar, contar e ouvir histórias sobre discos voadores). Essa ficção (científica) do objeto vindo do além, com sua aura fascinante e insólita, "como se a máquina do mundo [...] fosse objeto interplanetário, alvo da curiosidade pessoal e do interesse geral", é aproximável, segundo Silviano, da presença da "máquina do tempo" em obras como a de H. G. Wells.[42] A associação com a atmosfera difusa de uma *science fiction* oitocentista não quer dizer, no entanto (e nem parece ser esta a intenção do crítico), que a máquina do mundo deva ser tomada literalmente como um objeto extraterrestre (nada, aliás, no texto, o autorizaria). Já se aventou que a máquina apareceria como uma emanação de luz da ordem do "clarão",[43] mas o texto só nomeia "um clarão" para revelar, como vimos, que a máquina não emitia nenhuma luz excessiva ou notável. Poder-se-ia dizer que a aparição epifânica constitui-se em algo que aparece no alto da montanha, perante o sujeito diminuído,[44] mas, aqui também, a montanha é nomeada apenas para garantir que não havia ninguém que, sobre ela, falasse com outro alguém num colóquio silencioso entre montanhas — a fala muda da máquina, que será "ouvida" interiormente pelo sujeito, ocorre numa atmosfera de completo silêncio geológico ("assim me disse, embora voz alguma/ ou sopro ou eco ou simples percussão/ atestasse que alguém, sobre a montanha,// a outro alguém, noturno e miserável,/ em colóquio se estava dirigindo").

Em suma, a abertura da máquina do mundo se dá sem que ela exorbite da paisagem, sem que se dê a manifestação de coisa alguma que não coincida com o mundo enquanto tal e sem que nada salte à vista para se distinguir dele. Não se dá aqui o sempre esperado espetáculo da transcendência, em que algo sobrenatural se manifestasse vindo do alto ou de fora, mas é o imanente que se apresenta de repente como carregado de estranha virtualidade.

Aqui nos aproximamos de um dos pontos mais sensíveis da

metafísica mineira em sua relação íntima com a geografia: a presença da máquina do mundo na estrada pedregosa de Minas se anuncia como uma espécie de *recado do morro* silencioso no qual é como se as montanhas se falassem, sem, no entanto, falar. Algo comparável acontece em "O recado do morro", novela de Guimarães Rosa de 1956, na qual, também, logo depois que se alude ao poder do morro da Garça, prenunciado por seus "descarregamentos subterrâneos", de transmitir conteúdos ocultos e sibilinos a certos recadeiros suficientemente lunáticos para percebê-lo, se diz: "[...] em seu pousado, o da Garça não respondia, cocuruto. Nem ele, nem outro, aqui à esquerda, próximo, superno, morro em mama erguida e corcova de zebu". Numa fórmula de extraordinário despiste entre o dito e o não dito, na iminência de algo por dizer — e de notável semelhança com o trecho citado d'"A máquina do mundo" —, assegura-se que "[...] os morros continuavam tranquilos, que é a maneira de como entre si eles conversam, se conversa alguma se transmitem"[45] (compare-se com "assim me disse, embora voz alguma/ ou sopro ou eco ou simples percussão/ atestasse que alguém, sobre a montanha,// a outro alguém, noturno e miserável,/ em colóquio se estava dirigindo").

A situação encontra curiosa correspondência com uma crônica de Drummond sobre os profetas do Aleijadinho em Congonhas do Campo, chamada "Colóquio das estátuas". Nela, se imagina que os profetas confabulem silenciosamente, "numa reunião fantástica, batida pelos ares de Minas". "Onde mais poderíamos conceber reunião igual, senão em terra mineira [...]?", pergunta a crônica drummondiana e, sem afirmá-lo, sugere mineiramente a resposta: "no seio de uma gente que está ilhada entre cones de hematita, e contudo mantém com o Universo uma larga e filosófica intercomunicação, preocupando-se, como nenhuma outra, com as dores do mundo, no desejo de interpretá-las e leni-las?".[46]

Essa pergunta-resposta vale por uma afirmação sobre a mineiridade congênita da conversação fantástica, sem palavras, entre estátuas e montanhas, em que nada menos que o universo está em causa. Curiosamente, é como se as duas passagens literárias, n'"A máquina do mundo" e n'"O recado do morro", compusessem também uma conversação virtual entre as obras de Guimarães Rosa e de Carlos Drummond de Andrade, à maneira de um colóquio tácito entre poetas, tendo como base certas disposições latentes na geografia física e humana de Minas Gerais — um imenso território pouco urbanizado onde a experiência humana e histórica é intimamente afetada pela geografia física, e onde esta é afetada de volta por uma intensa culturalização. Nesse ambiente fundamente permeado pela experiência, a geologia não fala mas *dá recados* metafísicos (não me refiro a nenhuma intertextualidade intencional entre os autores, sobre esse ponto, mas a uma sintomática vertente geoliterária mineira em que a natureza, profundamente entranhada de experiência histórico-social e coletiva, fala em silêncio). Note-se que a frase de "Colóquio das estátuas" descreve sinteticamente, em sua primeira parte, "A máquina do mundo" ("larga e filosófica intercomunicação" silenciosa com o universo em meio a morros ferríferos) enquanto, em sua segunda parte, descreve sinteticamente "Relógio do Rosário" (identificação compassiva com a dor do mundo, de modo a compreendê-la e a trazer-lhe lenitivo).

Em Drummond, como já vimos, a geografia histórico-afetiva, a paisagem marcada por "cones de hematita" e pela atividade mineradora, em meio à qual se rumina, em solidão cósmica, a inexplicação da vida e o "pasto inédito/ da natureza mítica das coisas", sofria, no exato momento de composição d'"A máquina do mundo", a intervenção de uma escalada técnico-mundializante, tendo na corrosão do pico do Cauê o seu emblema surdo. Em Guimarães Rosa, o morro da Garça, pirâmide geológica no centro geodésico de Minas, participa da história imemorial da pecuária extensiva como um marco "sobressainte" nas longas e cansativas viagens de boiadeiros ("por dias e dias", segundo contam eles, "caceteava enxergar aquele Morro: que sempre dava ar de estar num mesmo lugar, sem se aluir, parecia que a viagem não progredia de render, a presença igual do Morro era o que mais cansava").[47] Integrando o relevo plástico do cerrado ("tudo calcário"),[48] com suas grutas e rios subterrâneos ligados como uma rede fluvial de mensagens ocultas, com sua biodiversidade natural e linguística imprimindo-se na escrita entre a letra e a oralidade, e constituindo-se numa espécie de baliza estática do espaço e do tempo, o morro da Garça, quando "fala" ao recadeiro Gorgulho, testemunha uma convivência sem data com o destino dos viajantes, e pontua enigmaticamente a violência arraigada da sociedade patriarcal que fermenta emboscadas entre homens que disputam mulheres, num circuito ambivalente em que se confundem e se entrechocam truculência e doçura, luta cruenta e festa ("E que toque de caixa? É festa? Só se for morte de alguém... Morte à traição, foi o que ele Morro disse").[49] (A obra de Guimarães Rosa, em especial o *Corpo de baile*, é o canto do cisne do cerrado, reduzido hoje à monocultura e à esterilização de suas fontes miraculosas.)

A TENTAÇÃO (VERSOS 36-48)

Um conhecido aforismo de Schiller diz que, "quando a alma *fala*, já não fala *a alma*". No poema de Drummond, pode-se dizer igualmente que, quando a máquina *fala* (entre os versos 36 e 48), já não fala *a máquina* — pelo menos aquela primeira máquina, em que o mundo se desvelava como engenho cósmico em recado silencioso. Agora, em vez disso, é o anúncio de um gozo ilimitado de poder e saber que se promete ao sujeito contra toda resistência que nele possa subsistir ("O que procuraste em ti ou fora de// teu ser restrito e nunca se mostrou,/ mesmo afetando dar-se ou se rendendo,/ e a cada instante mais se retraindo,// olha, repara, ausculta"). A mudança de tom é inseparável da assunção do discurso pela máquina, e pela sua configuração como persona que fala ao *tu* do caminhante, concitando-o a tomar para si as regalias sem limite que sua aparição prodigaliza — ou *disponibiliza*. Fica claro, no entanto, que essa "fala" é uma tradução em palavras, pelo sujeito do poema, de um gesto inefável, sem código nem voz ("voz alguma/ ou sopro ou eco ou simples percussão"), que se desprende da presença muda da entidade virtual. Há toda uma complexidade a ler nesse espelhamento em que ele assume a persona dela, dizendo o que a máquina lhe diz sem dizer, na forma de um recado do mundo captado e retransmitido por ele, e que consiste agora num convite desmedido a tomar para si a totalidade que se abre sem mais véus. Há nisso a cena moral, quase arquetípica, de uma *tentação* que recai sobre o sujeito em vias de ser seduzido por uma promessa de poder total. Mas é importante identificar, nesse solilóquio cindido, o embate do próprio sujeito com o secreto e nada desdenhável *desejo de totalidade* que está investido na sua pulsão saturnina, mesmo que contido pelo limite.

Comecemos pela cena da tentação. Extrovertendo-se como sujeito falante, a entidade-máquina dá publicidade ostensiva a sua oferta máxima: o bem inapreçável e mais procurado por esse buscador obsessivo, que é o conhecimento oculto ("essa ciência/ sublime e formidável, mas hermética") e a chave do mundo tornado transparente em sua totalidade ("essa total explicação da vida,/ esse nexo primeiro e singular"). O que era no sujeito a introjeção do limite em forma de *retração* ("o que procuraste em ti ou fora de/ teu *ser restrito* e nunca se mostrou,/ mesmo afetando dar-se ou se rendendo,/ e a cada instante mais se *retraindo*"), a máquina promete converter à dimensão excedente da sobra miraculosa ("essa riqueza/ *sobrante* a toda pérola") e à manifestação ostensiva da enormidade desmedida em que o sublime é assumido — agora sim — com todas as letras: "essa ciência/ sublime e formidável, mas hermética" (*formidabilis* significando justamente aquilo que é assustadoramente grande, sem prejuízo de ser *hermético*, isto é, conhecimento cifrado para privilégio de iniciados). Não bastasse ser desmesurado, prodigioso e exclusivo, o âmbito filosófico da oferta se apresenta como exaustivo: abarca da miragem do fundamento ("esse nexo primeiro e singular") às consequências últimas do conhecimento ("essa total explicação da vida").

Não há dúvida de que se opera, aqui, uma viragem naquela linguagem silenciosa das coisas enquanto devir, que habitava a natureza e o sujeito (o recado mudo que levou a máquina do mundo a abrir-se com infinita sutileza, no primeiro movimento do poema), saltando para uma dicção oratória e persuasiva (não mágico-encantatória, mas pragmática e envolvente, segundo Alcides Villaça) que trava com o outro um jogo de poder em que entram o chamado sedutor ("olha, repara, ausculta") e o pressuposto de uma entrega sem reservas ("vê, contempla,/ abre teu peito para agasalhá-lo"). Villaça chama a atenção para o caráter insidioso desse "convite último" que "implica, mais que a abertura sensorial do poeta, o desarmamento completo de seu espírito", já que "abrir o peito é *dar-se, franquear-se, despojar-se* de qualquer resistência: é *confiar* de modo irrestrito". Em outras palavras, há no convite da máquina uma cláusula mefistofélica — a interiorização do conhecimento total ao preço de uma captura do desejo ("a condição parece justa, pois para se conhecer intensamente alguma coisa é preciso *querer* conhecer, e a máquina não pediria ao sujeito senão esse querer, materializado no gesto de abertura de si mesmo").[50]

Em suma, arma-se para esse pesquisador parcimonioso e ardente (o saturnino renitente) um golpe invasivo contra a sua resistência mais íntima, prometendo-lhe tudo e exigindo-lhe, no mesmo movimento, transigir com tudo, sacrificando as arraigadas exigências do rigor e da negatividade. É notável que a situação implica uma subversão cabal, com o devido efeito irônico em surdina, do paradigma narrativo da poesia drummondiana: aqui, o obstáculo no meio do caminho parece suspender-se enquanto obstáculo, deixando ver finalmente o que esconde, como se o opaco pudesse virar transparência absoluta, como se o bloqueio no cerne do mundo pudesse suspender-se graças ao sortilégio de uma promessa publicitária, e como se uma vida inteira de vigilância epistemológica pudesse locupletar-se no banquete das evidências. Mais do que uma exceção clamorosa ao esquema saturnino da poética drummondiana, em que o caminho é de praxe interceptado pelo obstáculo, a voz que discursa n'"A máquina do mundo" promete um *regime de exceção* de aparência dadivosa e já duvidosa pelo caráter total da oferta apresentada com ausência total de custo. Em outras palavras, é como se a lógica do conhecimento filosófico, fundada na dúvida, se confundisse no mesmo movimento com a fé autoevidente da religião e com a promessa autodemonstrativa da propaganda.

Invertamos agora a cena da tentação mefistofélica e a fábula da máquina mirífica que promete ao sujeito mundos e fundos, e tentemos mostrar-lhe um bastidor importante. Enunciada pelo próprio sujeito que é objeto da peça persuasiva, e que se faz portador do seu recado, a fala incide provocativamente sobre aquele *nó do limite com a totalidade* que habita o saturnino em seu âmbito mais íntimo: embora ele cultive ciosamente o limite, o discurso ostensivo da máquina, saindo de sua própria "mente exausta", não deixa de desnudar um aspecto da ambição de totalidade que lhe é inerente, expondo-a sem rebuços. Como seu duplo mais íntimo e traiçoeiro, a fala da máquina deixa a descoberto, nesse movimento, o desejo latente que faz dele um pactário faustiano potencial, disposto a tudo pela ambição do todo.

A máquina falante tem muito a ver, nesse sentido, com a Pandora d'"O delírio" de Brás Cubas (texto que não deixa de conter, como Luiz Costa Lima sugere, uma espécie de máquina do mundo).[51] Lembremos que, no delírio de Brás Cubas, o percurso disparador é a viagem ao antes do tempo no lombo de um hipopótamo, no transe do personagem entre a vida e a morte. Ali, o umbral é a entrada na "região dos gelos eternos" em que se confundem, não o *preto no preto*, como é aqui o caso, mas o *branco no branco* ("planície branca de neve", "montanha de neve", "sol de neve", "vegetação de neve", "animais grandes e de neve", céu de "imensa brancura"). É nesse lugar glacialmente fusional que cai do alto, ao mesmo tempo que se destaca da terra, a figura de Pandora, espessa e diáfana natureza-mãe e inimiga cujos contornos se confundem com o ambiente — figura que arrebata o viajante agônico ao alto de uma montanha de onde ele vê, através do nevoeiro, o desfile dos séculos fixado num turbilhão-relâmpago (todos os tempos contidos numa só fração do tempo). No caso machadiano, Pandora é algo assim como a personificação ancestral da máquina do mundo que provoca irônica e causticamente o sujeito, sem contemplação nem piedade, expondo o real da morte contra o desejo sôfrego de viver e as ilusões nele implicadas. No caso de Drummond, ao contrário, a máquina do mundo torna-se, no momento em que discursa, uma Pandora contemporânea que provocasse o sujeito, sem o contraste de nenhum limite ou reserva, a assumir a vontade de potência e o real da ilusão como estado constitutivo do mundo.[52]

O reconhecimento da oscilação, no sujeito do poema, entre a recusa e a surda tentação, entre a fuga à desmedida e o impulso à totalidade, é condição para que se possa ler o que vem em seguida: a descrição totalizante, em sua formulação poética mais acabada, do mundo em estado de máquina, para a qual concorrerão agora *todos* os sentidos desta palavra.

O PALÁCIO DE MOEBIUS (VERSOS 49-69)[53]

Vale reler a passagem, formada por um conjunto vertiginoso de sete estrofes (em que o número sete, já associado tradicionalmente à simbolização da totalidade, se infinitiza surdamente pela figuração topológica da fita de Moebius que nele se inscreve):

As mais soberbas pontes e edifícios,
o que nas oficinas se elabora,
o que pensado foi e logo atinge

distância superior ao pensamento,
os recursos da terra dominados,
e as paixões e os impulsos e os tormentos

e tudo que define o ser terrestre
ou se prolonga até nos animais
e chega às plantas para se embeber

no sono rancoroso dos minérios,
dá volta ao mundo e torna a se engolfar
na estranha ordem geométrica de tudo,

e o absurdo original e seus enigmas,
suas verdades altas mais que todos
monumentos erguidos à verdade;

e a memória dos deuses, e o solene
sentimento de morte, que floresce
no caule da existência mais gloriosa,

tudo se apresentou nesse relance
e me chamou para seu reino augusto,
afinal submetido à vista humana.

Aqui entramos no ponto mais delicado e decisivo da nossa hipótese, no qual a análise mais se diferencia substancialmente de parte significativa das leituras que se consolidaram na fortuna crítica d'"A máquina do mundo". Algumas delas, empenhadas principalmente na caracterização do jogo cerrado entre convite e recusa, no fim do qual o caminhante diz desdenhar a visão que a máquina lhe oferecera, não citam ou não se detêm nessa passagem, como se ela mesma fosse também desdenhável para a interpretação.[54] Quando, ao contrário, avaliam-na com ênfase, seguindo como exemplo o caminho apontado pela densa, luminosa e marcante leitura de Alfredo Bosi, leem-na como um desfile de imagens encadeadas ao longo de uma enumeração em que se "junta abstrato com abstrato", tudo submetido à alegoria desumanizada de uma História que assume a proporção reificada e gigantesca da Coisa, e em que "os aspectos particulares nos quais a vida universal se prismatiza são recalcados, reduzidos, enfim suprimidos em favor de uma designação genérica [...] que tudo abraça e nada estreita em suas malhas excessivamente largas".[55]

Entendendo o espírito crítico-humanista dessa interpretação, que vê na grande máquina do mundo, quando vislumbrada, uma estrutura impessoal e sem alma (e, justamente por isso, personificada na chave generalizante da alegoria), proponho rever a análise do trecho, no sentido de captar as diferenças internas à descrição grandiosa, e o desenho topológico pelo qual ela se investe de uma dimensão cósmica que não se reduz, a meu ver, à fenomenologia da alienação. Ao longo de um só e extenso período sintático, o discurso faz um movimento interno similar ao da banda de Moebius — aquele espaço topológico obtido pela colagem de duas extremidades de uma fita depois de efetuar-se uma torção de meia volta em uma delas. Ao girar torcendo-se sobre si mesma, e encontrando-se com a sua outra extremidade, a frente da fita torna-se seu avesso, o dentro torna-se seu fora, o verso seu reverso, como se o *mesmo* e o *outro* trocassem seus respectivos lugares, uma vez completado o circuito.

Para efeitos do poema, a cadeia de imagens parte das "mais soberbas pontes e edifícios", passa por aquilo que "nas oficinas se elabora" (a palavra "oficina" tendo aqui o sentido geral de laboratório das explorações técnicas agindo sobre todos os domínios do existente, em aliança com a engenharia universal e suas construções "soberbas"), atravessa os poderes da técnica e da ciência que turbinam o pensamento (capaz de atingir "distância superior ao pensamento"), assinala o domínio faustiano dos "recursos da terra" que atravessa também, num continuum acelerado pelas sucessivas adições (e... e... e...), as propriedades anímicas de todo o ser terrestre, isto é, as humanas "paixões *e* os impulsos *e* os tormentos", a cadeia animal e vegetal ("*e* tudo que define o ser terrestre/ ou se prolonga até nos animais/ *e* chega às plantas") até mergulhar "no sono rancoroso dos minérios", seu ponto de inflexão mais fundo (fenda através da qual, diz Bosi com razão, "é possível divisar as Minas, Itabira e suas pedras, o subsolo de orgulho, a dor da memória"). Todo esse aparato de alcance global encontra seu vértice na ferida da mineração mineira, que já estava consignada desde o início na estrada pedregosa.

Mais do que um cortejo de elementos alegóricos que só se juntam pela cadeia abstrata que os dispõe lado a lado, a análise e a interpretação apostam, aqui, numa cadeia includente em que todos os elementos se conjugam e se precipitam, multiplicados sob o regime da técnica, até desembocarem no "sono rancoroso dos minérios". Não se trata, a meu ver, de uma enumeração abstrata e genérica, mas de uma visão articulada e nítida de um *universal concreto*, captado em voo rasante até o coração mineral da terra: a tecnociência contemporânea e os dispositivos de dominação e exploração do mundo agindo sobre todas as esferas objetivas e subjetivas da existência (o domínio e a exploração dos recursos da terra, extensivo ao domínio das subjetividades e de todas as formas biológicas animais e vegetais, culminando na exploração mineral, com seu toque afetivo mordente e "rancoroso", tudo regido pela engenharia universal, pelo labor tecnizado e por um pensamento como se já informatizado e premonitoriamente percebido como capaz de superar vertiginosamente seus próprios limites no tempo e no espaço — "o que pensado foi e logo atinge/ distância superior ao pensamento").

Silviano Santiago observava com razão, a meu ver, em seu ensaio escrito em 1966, que essa cadeia de elementos interligados forma uma visão do poder técnico que domina todas as esferas da vida e da natureza — "não só o domínio das coisas elaboradas, trabalhadas pela mão, materiais, industriais (pontes, edifícios, oficinas), como o domínio dos recursos da terra, ou ainda dos do mundo animal, vegetal e mineral, sem se esquecer dos próprios e complexos sentimentos humanos (paixões, impulsos, tormentos)". Naquele momento, o domínio esgotante da vida e da natureza pela técnica pareceu-lhe ser a visão de uma "utopia moderna", mesmo que "imprecisa e vaga", cujo correspondente deveria ser buscado "não nas investigações científicas de nossa época" mas no passado, isto é, na *science fiction* oitocentista de H. G. Wells (como já vimos). Passados mais de cinquenta anos, no entanto, podemos reconhecer aí uma experiência que nos é contemporânea e na qual a "utopia moderna", sem desconhecer suas imensuráveis potencialidades, é inseparável da *distopia* trágica do controle instrumentalizante de todas as instâncias da natureza e da vida.

Mas é nesse ponto exato que o poema opera um revirão interno, dando "volta ao mundo" e tornando "a se engolfar/ na estranha ordem geométrica de tudo" (note-se que o verso "dá volta ao mundo e torna a se engolfar" é exatamente o verso central das sete estrofes, o pulo do gato marcando o ponto de inflexão da virada topológica). A partir de então, o fio do discurso volta a mergulhar na visão da totalidade, percorrendo-a agora em chave reversa, sob as espécies do "absurdo original e seus enigmas", das "verdades altas" livres do fetiche de sua monumentalização, da "memória dos deuses" e do "solene/ sentimento de morte, que floresce/ no caule da existência mais gloriosa". Num movimento de torção sobre si mesmo, em que o todo se apresenta "afinal submetido à vista humana", o mundo retorna, depois do ponto de viragem, não mais em termos da engenharia e da tecnociência dominantes, mas investido das forças irredutíveis do enigma, do mito e da morte (em outras palavras, do "pasto inédito/ da natureza mítica das coisas" que o discurso da máquina do mundo anunciara). "O solene/ sentimento de morte, que floresce/ no caule da existência mais gloriosa" — imagem esplêndida vista às vezes apenas como sombria — tem a potência de captar a ambivalência da morte na raiz florescente da vida e a vida mesma em sua estranha exuberância, como a daquelas "indecifráveis palmeiras" em face das quais nos vemos, quando despertamos "pequeninos" para a existência terrível da "Grande Máquina" (em "Elegia 1938").

Em suma, temos aqui dois vieses do mesmo mundo, postos pela forma de Moebius em coextensividade recíproca, cujo verso e reverso permanecem como o enigma dos enigmas: o domínio totalizante do mundo convertido em estoque e posto à disposição da mecânica dos dispositivos de exploração, e o mundo indomável que jaz, movente e incognoscível, em sua disposição enigmática. É possível reconhecer nessa formulação poética singularíssima certa afinidade com "A questão da técnica", texto de Heidegger de 1953 (não falo em influência, mas numa relação problemática a verificar).[56] Para este, a essência originária e sempre atual da técnica consiste não no instrumental usado como meio para atingir determinados fins, mas no desvelamento do real, em que ela põe a nu aquilo "que não se produz a si mesmo" e que não é capaz de se dar a ver por si só.[57] Modernamente, no entanto, a técnica investe-se, para Heidegger, de um acento explorador, mais que produtor-desvelador: em vez de *erigir* ("pro-por produtivo"), ela passa a *mirar* a natureza como fornecedora de recursos ("dis-por explorador"), convertendo-a em fundo estocado, extraído, manipulado e submetido pelo cálculo (com o que a técnica passa de desveladora a encobridora, ausentando-se de sua essência). Reside aí, segundo o filósofo, uma ameaça abissal, em cuja ambivalência mora o perigo de um perder-se, ao mesmo tempo que o advento inusitado do completamente novo.

Heidegger concentra toda a discussão numa palavra — *Gestell* — que significa, a princípio, algo como "aparato", "equipamento", aquilo que reúne e dispõe, como numa "prateleira". Concebida como "a força de reunião [...] que desafia o homem a des-encobrir o real no modo da dis-posição, como dis-ponibilidade", *Gestell* comparece na tradução brasileira como "composição".[58] Num texto em que elucida a complexa trama de implicações etimológico-filosóficas contidas na palavra, Philippe Lacoue-Labarthe a relaciona com "estela" (monumento monolítico feito em pedra vertical), pedestal onde o real se põe de pé, elevado a um estado de desvelamento e de descoberta, suspenso entre o mostrar-se e o ocultar-se (tendo sua liberdade no próprio mistério de "um encoberto que sempre se encobre, mesmo quando se desencobre").[59] Modernamente, o destino da técnica teria sua inflexão deslocada para sentidos em que *Gestell* aparece menos como estela do que como instalação, estande, vitrine, gôndola — tudo aquilo que põe o real no alvo de uma exploração que o converte em objeto de disponibilização, e em que se esquece ou se encobre a sua potencialidade produtiva (no sentido poético do fazer) e seu destino desvelador.

A palavra participa do mesmo campo semântico de "dispositivo" (já que o verbo alemão *stellen* corresponde ao latim *ponere*, de *dis-ponere* e *dis-positio*),[60] mas é elevada à condição de cifra da essência da técnica como desvelamento, quando a maquinaria dos dispositivos que dispõem *do* mundo e o *disponibilizam* como estoque deixa entrever a sua *disposição* (o desvelar-se do sempre encoberto).[61]

É a maquinaria dos *dispositivos*, enquanto engenharia geral, que varre, no poema de Drummond, os reinos humano, animal, vegetal e mineral, convertidos igualmente em estoque totalizado dessa manipulação, da qual emerge, no entanto, pela torção de Moebius, a *disposição* enigmática do mundo — o rastro inominável de um real erguido sobre o "sentimento de morte, que floresce/ no caule da existência mais gloriosa". Quando a máquina do mundo, personificada, convida o sujeito, no poema, a apropriar-se daquilo que ela expõe, está também ela convertendo a *disposição* do mundo na sua *disponibilização*, isto é, fazendo do mundo o objeto de apropriação — que o sujeito afinal recusa.

Essa formulação poética não deve a Heidegger em termos de influência, repito, a começar do fato de que o poema (de 1949) é anterior a "A questão da técnica" (de 1953). Com todas as afinidades apontadas, tampouco é o caso de enquadrar o poema na moldura geral do pensamento heideggeriano: a história em Drummond se faz de contradições e de choques sociais para os quais não basta a postulação heideggeriana do "homem" universal diante da técnica (o assunto será retomado adiante). Sem querer, ainda, bater tantas vezes na mesma tecla, além de saber que o conhecimento das causas de um poema não é indispensável nem essencial para os sentidos dele, há bons motivos para que essa intuição poética tenha sido desencadeada pela visão de Itabira no momento em que a drummondiana *morada do ser* (se transferirmos a afirmação do filósofo sobre *a essência da linguagem* para o *espírito do lugar*) convertia-se em estoque da maquinação mundial do ferro e do aço.

Tudo somado, a máquina não é uma e una, mas dúplice ou

tríplice: ela joga com referências a Dante e a Camões, implícitas no formato estilístico do texto, que remontam a uma remota cosmovisão ptolomaica e que aludem a um universo fechado e aparentemente pleno de sentido, aparecendo, no entanto, em contraste irônico com a carência moderna de um fiador universal do sentido; inclui a maquinação tecnocientífica e econômica que se irradia em rede sobre o mundo (maquinação que podemos reconhecer claramente hoje, entre tantas outras modalidades de efetuação, na exploração geoeconômica esgotante do planeta e no controle de indivíduos e massas pela manipulação de algoritmos, num tempo em que o pensamento "atinge/ distância superior ao pensamento"); tudo isso subsumido pelo engenho poético moderno, isto é, pelo próprio poema enquanto máquina poética, que internaliza problematicamente a opacidade do mundo sem perder de vista a intuição fulgurante de uma nova totalização que emerge.

Mas — eis aqui o ponto crucial — essa totalização não pode ser entrevista *senão quando negada*, ou, em outras palavras, só pode se desencobrir na medida em que se encobre. Na verdade, o poema de *Claro enigma* contém em si, concentradamente, nessas sete estrofes — e como se nada fosse —, uma insuspeitada formulação do tópos ancestral da máquina do mundo. Pode-se dizer que se trata de um poema dentro do poema, posto no ponto cego do poema. A formulação totalizante da máquina do mundo contemporânea é praticamente inconfessável por parte daquele para quem a totalidade só pode ser concebida se negada, ou *desdenhada* enquanto tal, dado o saturnino limite incontornável que a constitui. Tem razão Affonso Romano de Sant'Anna ao dizer, a propósito desse ponto, que "se o poeta tivesse aceitado a oferenda da máquina ela teria se fechado antes que ele a tocasse. Se ele não estivesse maduro para merecê-la e apto a recusá-la, ela não teria sequer aparecido. Só apareceu porque seria recusada".[62]

É assim, em regime de negatividade, de suspensão e disfarce, e agindo contra si mesma, que a visão brilha no poema como se ali não estivesse. A descrição da máquina do mundo vigora sob a modalidade esquiva da *paralipse* — figura de retórica pela qual se finge não falar aquilo que se está, de fato, falando.

NOTA SOBRE O *ALEPH*

Já se disse que a criação drummondiana da máquina do mundo tem semelhanças com o *aleph* borgiano (Jorge Luis Borges, "O aleph", *O aleph*, 1949)[63] — ressalvadas as imensas diferenças de perspectiva entre os dois escritores, que não desfazem o interesse de colocá-los em contraponto. Também no conto de Borges a existência do *aleph* é posta em dúvida de várias formas, embora a descrição literária da visão total esteja lá, de maneira fulgurante. Como a máquina do mundo camoniana, o *aleph* é um dispositivo mágico-poético totalizador através do qual se dá a ver, num único ponto mirífico do universo, a totalidade dos pontos (a contração de todos os espaços numa fração de espaço). Bem pensada, a máquina do mundo camoniana é o *aleph* em modo quinhentista da empreitada lusitana (que gira e roda, toda, num só ponto luminoso). Na sua narrativa famosa, Jorge Luis Borges, não por acaso leitor de Dante e de Camões (mas inspirado segundo ele mesmo em "The Cristal Egg", conto de H. G. Wells, de 1897),[64] parodiou o dispositivo, despido de seus paramentos teológico-políticos e lançado ao caos da contingência, preservando no entanto o princípio do ponto numinoso, agora casual, em que o universo todo implode simultâneo em luz visível. O conto é um alucinante comentário metairônico sobre a ambição totalizante da literatura, onde o protagonista, chamado Borges, às voltas com a memória obsessiva de certa Beatriz Viterbo (não por acaso o prenome da musa de Dante), disputa com o escritor e primo dela,

Carlos Argentino Daneri, o primado em meio às rivalidades da pequena política literária, assim como a primazia amorosa sobre a memória de Beatriz e o poder imaginário sobre a existência e o destino do miraculoso *aleph* que existiria no porão da casa de Daneri — prestes a ser demolida num imbróglio em que foi envolvido o narrador. Daneri, sobrenome que é uma contração irônica, e mesmo cômica, de Dante Alighieri, é um poetastro atroz que pretende compilar, num fastidioso e interminável poema pandescritivo, aquilo que vê no *aleph* do seu cômodo subterrâneo, a ponto de ser riscado do mapa do mundo.[65]

O conto de Borges e o poema de Drummond foram publicados ambos em 1949. De perspectivas diferentes, em suas respectivas *máquinas de produzir anti-história*,[66] cada um vislumbrava o mundo do segundo pós-guerra, em que duas potências começavam a disputar o domínio global em toda escala. Um teórico da geocrítica literária afirma, a propósito, que foi justamente a partir do fim da Segunda Guerra Mundial que a percepção do espaço ganhou uma complexidade inédita: se a guerra despertou pela primeira vez um sentimento mundializado da humanidade, como vimos em "Maquinações minerais", é depois dos armistícios, já dentro de uma geopolítica bipartida (em que cada lugar do planeta, diga-se de passagem, começa a estar implicado numa totalidade atômica), que a percepção espacial conheceu sua evolução mais radical, com a reconstrução das cidades devastadas propiciando uma vasta reflexão situacional, e com a arquitetura e o urbanismo contribuindo com destaque para alimentar o pensamento contemporâneo.[67] Olhado retrospectivamente, o pós-guerra é o momento de manifestação de uma virtualidade técnica que se atualizará posteriormente nos sistemas de satélites, no GPS e no Google Earth, e cuja latência, de alguma maneira, esses poetas captam. A tecnociência entranhada nos modos de operação do capital, diz David Harvey, fará com que a simultaneidade de espaços comprimidos no tempo se torne um atributo objetivo do espaço, que "naves que sobrevoam o Afeganistão dispar[em] mísseis de uma base no Colorado", que "a negociação informatizada em centros financeiros ligados por fluxos de informação quase instantâneos [...] gir[em] 600 trilhões de dólares em derivativos no mundo em milissegundos" e que "até os porcos te[nham] duas vezes mais ninhadas do que estavam acostumados em um ano (não admira que contraiam a gripe)".[68]

O advento dos dispositivos de comunicação onipresentes, que alteram radicalmente a situação do indivíduo no espaço-tempo, não é estranho ao conto de Borges. Numa das passagens hilariantes em que se satiriza a retórica afetada e fátua de Daneri, diz o beletrista que o homem moderno, postado "em seu gabinete de estudo" como se numa torre fortificada medieval (uma "torre albarrã"), está "equipado com telefones, telégrafos, fonógrafos, aparelhos de radiotelefonia, cinemas, lanternas mágicas, glossários, horários, prontuários, boletins" — dispositivos contidos todos eles, por sinal, no atual iPhone, esse *aleph* tecnoportátil (incluindo-se na lista uma curiosa referência nostálgica à nossa já conhecida "lanterna mágica"). Graças a esses dispositivos, diz Daneri, Maomé não precisa ir à montanha, já que "as montanhas, agora, converg[em] para o moderno Maomé".[69]

No caso de Drummond — para o qual "toda história é remorso" — a maquinação converge literalmente, com sua disposição extrativa e seus dispositivos exploradores, para a montanha mineira, carregada de sentido íntimo e histórico, local e mundial.

DESPICIENDO (VERSOS 70-90)

O "relance" em que a máquina do mundo se dá a ver, entre os versos 49 e 69 do poema, desemboca uma vez mais no chamado para que o sujeito tome para si o "reino augusto,/ afinal submetido à vista humana". O caminhante mineiro, relutante em corresponder a "tal apelo assim maravilhoso" e em fazer sua a máquina maquinadora, acaba por recusá-la, depois de desfiar uma longa cantilena de confissões de esgotamento. Mitigada a fé ("a fé se abrandara"), declara-se sem anseio algum nem esperança de salvar da treva os raios de luz que se esvaem no crepúsculo ("esse anelo/ de ver desvanecida a treva espessa/ que entre os raios do sol inda se filtra"); vê mortas suas crenças, mesmo que invocadas com fervor inquieto ("como defuntas crenças convocadas/ presto e fremente não se produzissem/ a de novo tingir a neutra face// que vou pelos caminhos demonstrando"), incapazes de acender a chama fantasmática desse sujeito estranho a si mesmo que não porta nenhuma vontade que não seja evasiva e indefinida, destituída de interesse e de energia, e que não pode fazer nada mais, afinal, senão abrir mão da "coisa" oferecida ("como se outro ser [...] passasse a comandar minha vontade/ que, já de si volúvel, se cerrava/ semelhante a essas flores reticentes// em si mesmas abertas e fechadas; [...] baixei os olhos, incurioso, lasso,/ desdenhando colher a coisa oferta/ que se abria gratuita a meu engenho").

Sob essa nuvem de esgotamento moral, o miraculoso "dom", que, embora "tardio", teria aparentemente tudo para ser intensamente "apetecível", é sentido como não mais que "despiciendo" — gerundivo de *despicere*, "olhar de cima para baixo", significando o desdenhável, o desprezível, o descartável ("como se um dom tardio já não fora/ *apetecível*, antes *despiciendo*"). A palavra culta e especiosa — *despiciendo* —, lançada aqui com certa afetação abafada e uma ponta de ironia, se não de humor sutilíssimo, é como uma pérola dúbia, tão preciosista quanto obsoleta. O *apetecível* revirado em *despiciendo*: a fricção semântica e sonora entre esses dois termos ressonantes e opostos (que poderiam fazer parte daqueles pares desconcertantes e vertiginosos de palavras que compõem o poema "Isso é aquilo", em *Lição de coisas*) condensa não só o sentido da passagem toda, mas se constitui numa espécie de redução compacta da própria fita de Moebius.

"A coisa oferta [...] se abria gratuita a meu *engenho*": é importante notar que a palavra "engenho" explicita, nesse ponto, o fato de que o sujeito caminhante é poeta, de que a máquina do mundo está se dirigindo a seu instrumento poético, e chamando-o a incorporá-la. Ora, se o poeta diz textualmente que desdenha colher a *coisa* que se oferecia a seu *engenho*, o fato é que a máquina do mundo *já fora colhida* pelas sete estrofes que a descrevem (em termos linguísticos, o sujeito nega no enunciado e no seu *dito* aquilo que já se realizou na enunciação, isto é, no *dizer* do poema). Ele recusa, portanto, algo que já aceitou na prática, assumindo implicitamente, pode-se dizer, a condição contraditória do negador que pactua surdamente com o que nega, guardando-o embora em regime de austera contenção. Num livro todo dedicado à *Razão da recusa*, Betina Bischof observa que esta se dá depois de o poeta já ter formulado "a sua alegoria fáustica da totalidade" ("no vasto trecho dedicado à representação daquilo de que a *máquina* se compõe"), alegoria que ele mesmo escolhe desmontar, no entanto, "seguindo vagaroso pela treva estrita".[70] Trata-se de fato, como diz Bischof, de um "Fausto ao contrário", que recusa a oferta mefistofélica de acesso ao poder da Verdade total. Mas poderíamos dizer também que se trata, dialeticamente, de um Fausto ao quadrado, que monta com seu próprio engenho a máquina totalizante que seu engenho recusará, com a negatividade implacável que lhe é inerente.

Não façamos maior segredo quanto a essa parte: o poeta recusa a máquina do mundo no mesmo poema que a contempla, digamos, como desde há muito ela não era contemplada. O fato é que ele insiste em colocar em ato, não obstante isso, e com inequívoca ênfase, uma *outra, intrigante e quase secreta ordem de recusa*, cuja razão não é explicitada no poema, e que mobiliza, sem exceção, todos os seus intérpretes.

Passo a indicar de maneira breve algumas das direções interpretativas apontadas, embora se perca, com a ligeireza aqui inevitável, a complexidade da argumentação de cada um dos críticos. A primeira linha de leitura quanto à natureza da recusa aponta para uma objeção de natureza epistemológica. Para José Guilherme Merquior, trata-se da recusa humanista, mesmo que pessimista, do apelo à contemplação mística e ao dom metafísico extra-humano. A máquina do mundo é uma revelação alegórica em que as esferas física e metafísica prevalecem sobre a esfera humana. Investido da "condição plenamente antropocêntrica, estritamente profana", o homem moderno "desdenha o conhecimento sobre-humano" e recusa-se, humilde e orgulhosamente, a aceitar qualquer coisa que não esteja contida nos limites de sua própria capacidade, de sua humanidade, "sem auxílio superior".[71] Antonio Cicero especifica e radicaliza filosoficamente o argumento, ao dizer que o poema assume a recusa de qualquer "total explicação da vida", incompatível já por princípio com o fundamento negativo da filosofia e da ciência modernas, balizadas e constituídas sobre a dúvida e sobre a insustentabilidade de toda afirmação universal de natureza transcendente: "se o poeta desdenha 'colher a coisa oferta [...]', é que a aceitação da possibilidade de uma 'total explicação do mundo' significaria, de modo paradoxal, o retorno à aceitação do caráter essencialmente fechado — no sentido da finitude epistemológica — desse mesmo mundo. Isso, porém, exigiria que ele sacrificasse a própria razão, que pressupõe e é pressuposta pelo universo aberto à dúvida e à crítica". Assim, o "dom" seria "tardio não apenas em relação à idade individual do poeta, mas, principalmente, em relação à idade moderna do mundo".[72]

Outra linha de interpretação, mais dialético-existencial, vê a recusa como saída de uma batalha espiritual intensa com as contradições objetivas postas no mundo. Para Alfredo Bosi, o abatimento próximo da *acídia*, a prostração e o tédio vital, testemunhado pelo sujeito poético, é temperado ao longo de um "*itinerarium mentis*" que supõe uma luta incessante com "escolhas difíceis" e com toda "uma história de empenho sobre o real" — sobre o real da História, podemos dizer (escolhas nas quais houve "procura, ardor, frustração, insistência, enleio, enfim rejeição"). O enfrentamento dos obstáculos equilibra-se, no entanto, no ponto sóbrio de um "desengano viril" que não se confunde com fastio.[73] Bosi afirma, com toda a razão, que "no repertório da poesia brasileira é raro que a luta fáustica pelo conhecimento em si mesmo venha assinalada de forma tão dramática, como se fora um embate de vida e morte".[74] No final de seu ensaio, deixa aberta a sugestão de que a complexidade da realidade contemporânea "na era da ciência" tornou "infinitamente mais árdua" a decifração do mundo, e por extensão, podemos dizer, a própria interpretação do poema.[75]

Nessa admissão, abre-se uma fresta para a interpretação d'"A máquina do mundo" como contendo uma trama cifrada de implicações históricas a envolver a dimensão da técnica. É a direção em que segue Betina Bischof, inspirada na *Dialética do esclarecimento* de Adorno e Horkheimer, lembrando a crítica à razão instrumental segundo a qual "a terra totalmente esclarecida resplandece sob o signo de uma calamidade triunfal", ao ser dominada pela onipresença da tecnociência e sua dimensão remitizante e regressiva.[76] Betina localiza essa questão no poema, embora de maneira apenas alusiva, em imagens como "os recursos da terra dominados" e "tudo que define o ser terrestre". A "exterioridade convidativa" com que a máquina do mundo oferece a "total explicação da vida" seria correlata ao poder de "desvelamento e dominação" contido no "excessivo clareamento do mundo" efetuado pela tecnociência, cujo saber "não visa conceitos e imagens, nem o prazer do discernimento", mas a exploração do trabalho alienado pelo capital. Aventa, então, a hipótese de que estejam guardados aí "os motivos da recusa do eu lírico, a quem parece não interessar [...] o desencantamento de uma explicação cabal do universo".[77]

Ao contrário do que propõem os dois primeiros leitores aqui citados, a tônica da recusa, nessa interpretação, não estaria na não aceitação do *encantamento* pré-moderno implicado nas antigas cosmogonias, mas na recusa do *desencantamento* tecnocientífico atrelado, conforme Adorno e Horkheimer, ao poder regressivo e remitizante ocultado na técnica e no esclarecimento modernos, que acabariam por oferecer-se, também estes, como uma "explicação cabal do universo" e uma enganosa e "total explicação da vida".[78]

Alcides Villaça arremata a questão numa formulação engenhosa que inclui as duas faces dela: nem razão nem mito, a máquina do mundo, pelo menos na face autopublicitária com que se apresenta ao caminhante, é "a totalização de todos os mitos no Mito de si mesma, [...] de todas as razões na Razão de si mesma".[79] Sem aquiescer à entidade inominável que quer anular com a evidência de sua aparição a inquietação do sujeito (o que "implicaria apagar, agora e para sempre, o movimento negativo de todo o seu percurso"), a negação a que o sujeito a submete de volta é tão *formidável*, isto é, tão enorme e tão potente quanto a sublimidade do objeto recusado, "tomando dele a magnitude e fazendo-a ressoar no vazio".[80]

A verdade é que *todas* essas interpretações se endereçam ao núcleo problemático e autêntico do poema. A potência enigmática deste reside, à sua maneira única, na capacidade de ressoar e absorver as interpretações no revirão ambivalente de sua forma, de afirmar e negar problematicamente, com a mesma força, a máquina que ele vislumbra e rejeita: de expor aquilo que se oculta, de ocultar aquilo que expõe, indo ao nervo de algumas questões, contradições e paradoxos cruciais. *Desvelar e encobrir*, movimentos contrários que estão no cerne do texto e entranhados na sua forma, estão também, e muito a propósito, no cerne da discussão clássica sobre a técnica, tal como se formulou em torno da metade do século xx. Se para Adorno e Horkheimer a tecnologia moderna se desenvolve no bojo de uma operação de esclarecimento do mundo que cega com a luz excessiva da manipulação instrumentalizante, a questão da técnica para Heidegger não é substancialmente diferente, quanto a isso, guardando-se talvez aí a semelhança entre contrários simétricos: para este, a essência da técnica desvela a natureza, ao trazê-la à tona com a potência evidenciada de seu vislumbre, ao mesmo tempo que a encobre ao torná-la objeto da operação manipuladora que a reduz a estoque posto à disposição na vitrine portentosa em que se converte modernamente o mundo calculado.

A oposição mais óbvia entre elas está em que a formulação de Adorno e Horkheimer para esse *esclarecimento* encobridor apoia-se na postulação do *capital*, enquanto a formulação heideggeriana para esse *desvelamento* encobridor apoia-se na postulação do *ser*. De um lado, a negação dialética da *Aufkläurung* e a crítica do destino histórico da modernidade; de outro, o esquecimento da *Alétheia* e o recolher-se do contemporâneo no originário e na atualidade das matrizes do pensamento grego. Essas duas entidades, o capital e o ser — enigmáticas ambas pelo que têm de totalizantes e indomáveis —, pendulam, na ida e volta da fita de Moebius, entre a grande máquina planetarizada de extração da mais-valia e a máquina do mundo cósmica, a physis total que se entreabre e se encobre.

"A máquina do mundo" de Carlos Drummond de Andrade se dá, pois, num grau mais intrincado e cristalino de problematização, no rasgo formidável (*formidabilis*: colossal, aterrador, hediondo, magnífico) que vai do enigma do capital ao enigma do ser, surpreendendo-os em seus respectivos pontos de fuga (no que consiste, aliás, o segredo claríssimo de sua torção interna). Sobre *o enigma do capital*, por exemplo, o livro de David Harvey que tem esse título não oferece uma definição conclusiva, mas se depreende dele que a questão reside no pasto e no repasto das crises de que se alimenta o capitalismo, ao promover a "destruição criativa" da Terra e a ocupação exploradora de todos os espaços, convertendo o próprio planeta, no limite, em mercadoria obsoleta e descartável.[81] "Jamais saberemos", diz Harvey, "se o desejo de conquistar o espaço e a natureza é uma manifestação de algum anseio humano universal ou um produto específico das paixões da classe capitalista. O que pode ser dito com certeza é que a conquista do espaço e do tempo, assim como a busca incessante para dominar a natureza, há muito tempo tem um papel central na psique coletiva das sociedades capitalistas". Contra tudo que resiste a ela, "e apesar das consequências [...] maciças na relação com [o meio ambiente] que são cada vez mais perceptíveis", essa pulsão avassaladora, construidora e destruidora, segue seu papel na extração de ganhos sacados do trabalho humano, da physis, da vida e da morte dos animais,[82] dos poderes de controle habilitados pela rede informática e da exploração intensiva, pela publicidade onipresente, da fraqueza psíquica, implicada na constituição imaginária dos sujeitos. Embora a mesma economia do saque ambiental esteja na base dos Estados socialistas (fato que Harvey não comenta), o capitalismo, economia do saque *por excelência*, soube levá-la a todos os quadrantes da geografia e aos mais recônditos desvãos da psique coletiva.

Numa junção improvável entre extremo apego ao lugar e alto grau de cosmopolitismo, Drummond intuiu intrigantemente a força desse acontecimento no momento em que se iniciava a sua grande aceleração. O caso local, ponto de irradiação e de convergência do poema, indicado pelas várias cifras da experiência itabirana nele contidas, abre-se a uma trama cerrada de relações de domínio que varrem soberanamente o mundo e que incluem a engenharia faustiana, o urbanismo e a indústria (oficinas, edifícios e pontes "soberbas" — entre grandiosas e arrogantes), as tecnologias da inteligência hiperativadas (o pensamento atingindo imediatamente "distância superior ao [próprio] pensamento"), o controle das fontes energéticas e dos recursos naturais "dominados", envolvendo na mesma cadeia "o que define o ser terrestre" — subjetividades, viventes, organismos, minérios —, tudo convertido à condição de estoque posto à disposição dos dispositivos, no gume ambivalente entre a utopia e a distopia.

Num movimento de torção sobre si, essa sequência transita ainda para o âmbito do "absurdo original e seus enigmas", onde residem verdades mais altas, rastros hieráticos deixados pelas divindades, e a pergunta, que emudece o coração, sobre a morte no caule inominável da vida. Levados pelo poema, transitamos por um movimento reversível entre o capital e o ser, em que os *dispositivos* mundializados aparecem entranhados na *disposição* originária do mundo. A entidade ancestral Máquina do Mundo se mostra inseparável da Grande Máquina. Aceitar uma seria aceitar a outra, já que elas se tornaram surdamente inextrincáveis.

(A propósito, a relação inextrincável entre a natureza e o artifício, a inscrição indelével da maquinação humana na máquina planetária, da história no cosmo, coloca a Terra na vigência de uma nova era geológica que tem sido chamada de "Antropoceno". Sucedendo o Holoceno pós-glacial, o Antropoceno caracteriza-se pela aceleração da taxa de extinção de espécies, impactando a biodiversidade e ameaçando biomas inteiros, pelo aumento do dióxido de carbono na atmosfera, com alterações climáticas e aquecimento global, pela acidificação dos oceanos, a alteração dos cursos de água e seus padrões de sedimentação, pondo em risco a disponibilidade de água potável etc. Sintomaticamente, alguns cientistas veem o início desse processo de longuíssima duração na invenção dos motores a vapor e na Revolução Industrial, outros recuam à revolução neolítica, outros falam no próprio surgimento do *Homo sapiens*. Mas, num movimento estonteante entre o mais antigo e o atual, outros acusam o forte aumento dos indicadores, movido pelo sistema econômico global, como ocorrendo a partir de 1950 — data do poema "A máquina do mundo".)

A lamentação prostrada e melancólica do sujeito, acusando sua falta de vontade, de força ou de razão profunda para tomar essa máquina para si, há de ter relação também, podemos supor, com essa fusão cega da Grande Máquina na Máquina do Mundo. Lamentação a não ser lida, pois, como mero negativismo vital, pessimismo doentio ou mesmo aristocratismo nostálgico de um mundo pré-moderno. Não há esse vezo nostálgico em Drummond, nem demonização da técnica, embora haja uma crítica inequívoca à mercantilização universal, nas décadas seguintes a *Claro enigma*. A atmosfera que cerca a confissão de abatimento, no fim do poema, merece ser cotejada com "Colóquio das estátuas", a crônica já citada, escrita na mesma época em que se escrevia "A máquina do mundo", e na qual a peroração final sobre os profetas do Aleijadinho vale como um autorretrato espiritual: "São mineiros esses profetas. Mineiros na patética e concentrada postura em que os armou o mineiro Aleijadinho; mineiros na visão ampla da terra [...]; mineiros no julgar friamente e no curar com bálsamo; no pessimismo; na iluminação íntima; [...] taciturnos, crepusculares, messiânicos e melancólicos".[83] Traços que não configuram niilismo passivo e derrotado, mas um niilismo ativo, iluminado por dentro, que atravessa o esgotamento,[84] imbuído não do messianismo que aprisiona o futuro, mas de um sentimento vinculado à "estrutura universal da promessa" e ao "ato mínimo de fé" que contempla um futuro não fixado.[85]

Com seu mineirismo profético e encaramujado, o caminhante drummondiano poderia ser alinhado entre alguns renitentes contumazes da literatura moderna — a galeria dos *despiciendos despicientes* que, diante da mecanização generalizada dos processos produtivos e interpessoais, da burocratização e da alienação da Lei humana consignada em lei metafísica, ou, em outras palavras, diante da máquina maquinadora do mundo, preferem, de modo desconcertante, cada um à sua maneira, *não fazer* (como o Bartleby de Herman Melville e sua fórmula lapidar: "*I would prefer not to*"), *não se mover* (o Kafka do *Diário íntimo* como uma outra versão do Bartleby), *não subir o caminho que leva ao Paraíso* (como o Belacqua do Purgatório dantesco, retomado como emblema por Samuel Beckett):[86] não tomar para si a máquina do mundo.

MUNDO MUNDO (VERSOS 91-96)

Sob a noite total, "a máquina do mundo, repelida,/ se foi miudamente recompondo,/ enquanto eu, avaliando o que perdera,/ seguia vagaroso, de mãos pensas". É significativo e intrigante, nessa passagem final, que a máquina não vá se *decompondo* na escuridão, mas se *recompondo*: a máquina do mundo *é* o mundo, e só se destaca dele num instantâneo fulgor da intuição, que a máquina poética guarda em palavras. Voltamos ao que dissemos no começo: este é um poema da duração — acontece no tempo de um crepúsculo, no fim do qual tudo se recompõe em escala aparentemente normalizada, como o gato que brinca com a bola de papel no fecho das visões do delírio de Brás Cubas. "Miudamente recompondo", isto é, recompondo-se pormenorizadamente, ponto por ponto, em cada detalhe, numa tautologia grandiosa:

a máquina do mundo é o mundo, que recua agora para seu nicho insondável, escondido na obviedade de sua aparência, elevada à potência ocultadora da treva, que dá a ver.[87]

Entre o que se perde ("eu, avaliando o que perdera,/ seguia vagaroso, de mãos pensas") e o que se repõe ("a máquina [...] se foi miudamente recompondo"), continua aberta a fresta para uma densa trama de impossibilidades e possibilidades, que não fecha o acontecer. Pois o poema se ilumina da escuridão em que mergulha: as sombras contemporâneas iluminam o que era virtualidade histórica no passado, e voltam iluminando as sombras do presente.

6

VALE

A historicidade técnica do poema, bem como sua relação com a história da mineração, ficou quase ausente da recepção crítica por razões que são objetivas. Em primeiro lugar, porque esses conteúdos, embora reconhecíveis no contexto recuperado, compareçam no texto de maneira elíptica, quase na tangente, como cifras enigmáticas e não como siglas traduzíveis em rubricas temáticas — confluindo para uma densa especulação poética sobre o destino da existência. A raiva fica objetivada no "sono rancoroso dos minérios" — profunda, ancestral, telúrica — e não no sujeito, que abraça melancolicamente o mundo. A época não dava legibilidade a essas camadas de significação — que soavam de fato abstratas e, por extensão, genéricas e alegóricas —, assim como não guardou, no tecido de sua *memória rota*,[1] as lutas que foram empreendidas por Drummond contra as consequências do processo da mineração em Minas Gerais. Quase sete décadas depois de escrito, no entanto, o trabalho devastador da mineração, que se disfarçava por trás dos morros, e nos interiores mais invisíveis do Mato Dentro, vai se tornando parte de uma paisagem geral (junto com todas as questões socioambientais que se colocam em escala planetária e com sua manifestação estrondosa e escandalosa em sítios específicos, como é o caso da catástrofe de Mariana). A situação contemporânea induz a que se desencavem do poema os índices e os recados minerais que estão encerrados em seu subterrâneo.

Os dispositivos que atuam sobre as dimensões objetivas e subjetivas da existência ganham um poder intrusivo que se torna, por sua vez, mais legível quando sua presença é evidente em toda parte, hoje, como efeito de uma espécie de maquinação geral do mundo. Note-se que a virtualidade desse fato já se fazia presente no mais que curioso poema "O sobrevivente", em *Alguma poesia*. Ali, se diz que "há máquinas terrivelmente complicadas para as necessidades mais simples./ Se quer fumar um charuto aperte um botão./ Paletós abotoam-se por eletricidade./ Amor se faz pelo sem-fio./ Não precisa estômago para digestão". O contexto aludido é o do pós-Primeira Guerra ("O último trovador morreu em 1914"), quando fica impossível escrever "uma linha que seja — de verdadeira poesia". Próteses, extensões robóticas e sexo virtual estão prefigurados nessa proposição alucinada, intuindo o avanço de uma biopolítica em que as máquinas de guerra serão uma extensão das mesmas máquinas que, "terrivelmente complicadas", se ocuparão das "necessidades mais simples". Note-se que não se trata do olho vigilante do Grande Irmão, figurado externamente, mas do poder que se converte em extensão, desde dentro, dos gestos mais cotidianos.

A sintonia entre a intuição da grande máquina do mundo contemporânea, pelo poeta, e a efetiva "máquina do mundo" em que se transformou a Companhia Vale do Rio Doce, por sua vez, pode ser constatada quando acessamos o verbete da Wikipédia na internet, à distância de um clique. Insistindo novamente em que o poema não se reduz nem remotamente a uma alegoria da Vale, convém aquilatar a posteriori o quanto a intuição das dimensões de um acontecimento — o disparar da exploração mineradora no final dos anos 1940, em Itabira — terá flagrado em potência, se é correta a nossa hipótese, as relações entre o fato local e seu alcance "universal": a escala das grandes corporações, seu apetite mundializante, a trama de recursos de captura mobilizados, a extensão que ganharia a partir da exploração das jazidas locais. A poesia atua como o engenho da percepção alargada de algo em que se adivinha a virtualidade de uma extraordinária expansão:

> Vale (até 2007 Companhia Vale do Rio Doce — CVRD) é uma mineradora multinacional brasileira e uma das maiores operadoras de logística do país. É uma das maiores empresas de mineração do mundo e também a maior produtora de minério de ferro, de pelotas e de níquel. A empresa também produz manganês, ferroliga, cobre, bauxita, potássio, caulim, alumina e alumínio. No setor de energia elétrica, a empresa participa em consórcios e atualmente opera nove usinas hidrelétricas, no Brasil, no Canadá e na Indonésia. Criada para a exploração das minas de ferro na região de Itabira, no estado de Minas Gerais em 1942 no governo Getúlio Vargas, a Vale é hoje uma empresa privada, de capital aberto, com sede no Rio de Janeiro, e com ações negociadas na Bolsa de Valores de São Paulo (BM&FBovespa), na Bolsa de Valores de Paris (L15) (NYSE Euronext (L16)), na Bolsa de Valores de Madri (L17) (LATIBEX (L18)) e na Bolsa de Valores de Nova York (NYSE), integrando o Dow Jones Sector Titans Composite Index. Na Bolsa de Valores de Hong Kong (L19) (R4) (HKEX) (L20) (R5) a Vale esteve listada de 2010 até julho de 2016. Opera em catorze estados brasileiros e nos cinco continentes e possui cerca de 2 mil quilômetros de malha ferroviária e nove terminais portuários próprios. É a maior empre-

sa no mercado de minério de ferro e pelotas (posição que atingiu em 1974 e ainda mantém) e a maior produtora de manganês e ferroligas do Brasil, além de operar serviços de logística, atividade em que é a maior do país. No Brasil, os minérios são explorados por quatro sistemas totalmente integrados, que são compostos por mina, ferrovia, usina de pelotização e terminal marítimo (Sistemas Norte, Sul e Sudeste). Em outubro de 2016, foi lançado o Complexo S11D Eliezer Batista (S11D), no Pará, uma usina construída fora da floresta, para minimizar os impactos ambientais, e que produzirá um minério com qualidade superior ao produzido no Sistema Sul e Sudeste. A Vale consome cerca de 5% de toda a energia produzida no Brasil. Em 24 de outubro de 2006 a Vale anunciou a incorporação da canadense Inco, a maior mineradora de níquel do mundo, que foi efetivada no decorrer de 2007. Após essa incorporação, o novo conglomerado empresarial CVRD Inco — que mudou de nome em novembro de 2007 — tornou-se a 31ª maior empresa do mundo, atingindo um valor de mercado de 298 bilhões de reais, à frente da IBM. Em 2008 seu valor de mercado foi estimado em 196 bilhões de dólares pela consultoria Economatica, perdendo no Brasil apenas para a Petrobras (287 bilhões), estando entre as dez maiores empresas da América Latina.

AINDA MOEBIUS

Num provocante ensaio intitulado "No palácio de Moebius", Nuno Ramos identifica um traço que marca, segundo ele, obras capitais da cultura brasileira moderna: projetadas a partir de um impulso *para fora*, elas obedecem, muitas vezes, a um paradoxal chamado *para dentro*. De acordo com o ensaísta e multiartista, essa síndrome salta aos olhos a certa altura da trajetória de Hélio Oiticica quando, mobilizado pela "vontade de colocar a obra diretamente no mundo, no exterior de qualquer moldura física ou institucional", ele acaba, num refluxo paradoxal, por conduzi-la para espaços de "repouso, sono, preguiça, conforto", num forte "impulso de interiorização".[2]

O enovelar-se para dentro seria uma característica resultante, conforme Nuno, de uma razão impositiva: a pouca ressonância do objeto artístico no ambiente em que se insere. Estaria inscrito em obras significativas da arte brasileira o fato de que a energia emitida por elas está em descompasso com o meio e condenada a "nunca [chegar] efetivamente do outro lado", na falta de "opinião pública" e "embate ideológico consistente". Sem uma audiência ativa capaz de rebater a potência das questões investidas nelas, as obras interiorizariam na sua forma "um movimento em suspenso, indeciso entre ir e vir", no qual a "dificuldade de expansão, de exteriorização, de embate com o mundo, retorna como energia narcísica" para dentro dela.

O gesto instaurador dessa síndrome pode ser identificado, segundo Nuno Ramos, em Machado de Assis, cuja relação incisiva e irônica com a figura do *leitor/leitora* é já um índice da inconsistência do público ao qual os textos se dirigem — público rarefeito e sem repertório capaz de responder às sutilezas e complexidades que a obra propõe. O romance converteria paradoxalmente esse déficit em "fonte de potência", ao transformar aquilo que se constitui definitivamente numa desgraça para o artista ("criar sem dimensão pública consistente") em formas de "liberdade extrema". A forma por excelência que responderia no interior das obras a tal impasse, na interpretação de Nuno, é a de Moebius, que se apresenta já de saída na hesitação de Brás Cubas entre "começa[r] seu livro pelo nascimento ou pela morte" (em outros termos, em decidir por qual das pontas da fita de Moebius iniciar a torção). A ideia se aplicaria, podemos acrescentar, a *Dom Casmurro*, cujo narrador tenta, com o livro, "atar as duas pontas da vida"; ou a

Esaú e Jacó, romance construído sobre a figura de dois gêmeos idênticos e politicamente opostos, entre os quais pendula uma figura de mulher que não se decide por nenhum dos dois.

Os exemplos arrolados são muitos e variados: a suspensão a fundo infinito do conflito entre forças horizontais e verticais na arquitetura de Oscar Niemeyer; as pinturas mondrianescas de Milton Dacosta, cuja "espacialidade negativa" projeta-se não para fora, como acontece com o seu modelo, mas para dentro; as colunas de Sergio Camargo que, perdendo energia cinética, invertem seu modelo brancusiano "desabando [...] sobre si mesmas em circuitos de retorno quase perfeitos"; o "*loop* de João Gilberto cantando, nas 'Águas de março' de Tom Jobim, o infindável presente do indicativo do verbo ser". Nuno se estende sobre João Gilberto, sobre Graciliano Ramos e Mira Schendel; *A paixão segundo G. H.*, de Clarice Lispector, teria afinidades com a obra de Lygia Clark. Esta, em *Caminhando*, trabalho de 1962, propõe ir abrindo uma fita de Moebius com uma tesoura, desviando-se a cada volta do caminho já feito de maneira a continuar cortando e a ir percorrendo indefinidamente o espaço topológico "em que verso e reverso são intercambiáveis". Diz Nuno Ramos, num ímpeto hiperbólico, que, "levando o raciocínio ao limite (e caso a lâmina da tesoura fosse infinitamente fina), a fita teria o tamanho do mundo", fazendo com que deslizássemos "entre o dentro e o fora, entre a frente e o avesso, sem saber já de onde viemos, mas sempre retornando".

Ramos localiza temporalmente a ocorrência da síndrome de Moebius da arte brasileira entre *Memórias póstumas de Brás Cubas* (1880) e o álbum branco de João Gilberto (1973). O fenômeno teria se tornado mais difuso e mais complexo desde então, por razões que ele considera não ter ainda condições de interpretar. Mas corresponderia talvez, se é assim, ao período que vai da arte brasileira já formada (Machado de Assis) até a consumação de uma modernização que não se completa (no país ao mesmo tempo "condenado ao moderno" e condenado a não se modernizar), em permanente defasagem entre a amplitude dos projetos e a estreiteza das condições objetivas que não só não correspondem à impulsão das obras, como não dão vazão social e política às potencialidades contidas nelas, lançando-as para um esquisito "desejo de extemporaneidade" em que permanecem num lugar suspenso e autorreverso.

Alguns artistas parecem romper e saltar para fora desse circuito, mesmo que "tenham ainda um pé dentro dele". É o caso de Glauber Rocha e de Caetano Veloso: na falta de um ambiente capaz de ressoar e rebater por si próprio a carga de potência investida na arte, atiram as obras para o ambiente energético em que elas deveriam fervilhar, lançando-as num rasgo provocativo para fora de si e para dentro do real (a efetuação mais emblemática e literal dessa posição, pode-se acrescentar, é a de Zé Celso Martinez Corrêa, quando rebate o cerco ao Teatro Oficina abrindo um corte interno que o transborda para dentro do espaço privatizante do Grupo Silvio Santos). Tudo isso diria respeito a encruadas ambivalências brasileiras: imensas possibilidades em condições retraídas, potência e impotência em permanente rebatimento, saltando disso, por vezes, para aquela "inversão súbita, já tantas vezes tentada (pensem em Oswald de Andrade ou no Tropicalismo), que torna positivos nossos defeitos".

A hipótese tem uma amplitude e uma especificidade caso a caso cujos contornos e dimensões, se fosse para fazê-lo, precisariam ser discutidos e testados ao infinito. Mas não deve ser lida, a meu ver, como se fosse o exercício de especialidade universitária que ela não pretende ser. Trata-se, ao contrário, de um pronunciamento reflexivo, do ponto de vista da arte, que demanda experimentalmente e de pronto, do leitor, aquilo que o próprio ensaio diz faltar ao nosso ambiente cultural: a intimidade com as questões de forma e fundo mobilizadas pela arte brasileira moderna. Num período em que estava inserida num projeto formativo nacional, esta teria extraído força do ato de fazer retornar sobre si a potência que não encontra nunca os canais de escoamento à altura, e que se inscrevia nela, de variados modos, na forma intrigante e recorrente do prisma de Moebius.

Voltando a Carlos Drummond de Andrade: se o olharmos por esse prisma, o poeta pode ser visto, num primeiro momento, como aquele que se lança num movimento para dentro do real (seria o caso, até certo ponto, de *Sentimento do mundo* e *A rosa do povo*, com seus poemas atravessados por uma cortante lâmina provocadora), mas também como aquele que incuba a imensa potência que sua poesia desencadeia (é o caso, certamente, de *Claro enigma*, com seu desencantado trabalho de luto pela perda de referenciais emancipatórios e utópicos).

Sendo assim, a verdade é que, se há um *palácio de Moebius* na cultura brasileira, então "A máquina do mundo" é o epicentro abissal desse labirinto, o lugar onde se dá a viragem total sobre si mesma: a capacidade de colher o mundo em seu âmago problemático, percebido como uma banda de Moebius que pendula entre a história e a metafísica (aqui a fita assumiria, de fato, o "tamanho do mundo"), e ao mesmo tempo o gesto de denegação dessa potência, despistando-a como se nada tivesse acontecido, e seguindo adiante com as mãos pensas — sem nada acumulado e conquistado senão o enigma que deixa para trás, ou para nós.[3] À maneira daquelas "flores reticentes/ em si mesmas abertas e fechadas", o poema internaliza a potência e o fracasso do desejo de saltar para além do horizonte de classe, de totalizar a experiência social sem cair no totalitarismo, de dar vazão à dimensão expansiva da arte contra as restrições do meio.[4]

"A máquina do mundo" disfarça a energia quântica que vigora dentro de sua própria magnitude ostensiva e disfarçada. Carrega consigo a violência da diminuição de horizontes que pesa sobre si como uma espécie de fatalidade, em dissonância com a imensa capacidade, que o próprio poema atesta, de flagrar e projetar mundos. Essa tensão explosiva e implosiva se contorce também na forma enovelada do poema "Cantiga de enganar" (*Claro enigma*), em cujos versos finais se lê: "sejamos como se fôramos/ num mundo que fosse: o Mundo".

Essas palavras lembram, em registro drummondiano, a frase vertiginosa de um conto de Guimarães Rosa: "Você chegou a existir?", assim como a pergunta capciosa de uma crônica de Clarice Lispector: "se você fosse você, como seria e o que faria?". Condensa-se na frase de Drummond — ela mesma uma fita de Moebius — a tensão irresolvida entre o virtual e o atual, entre a impotência e a potência: sejamos como se nós e o mundo *fôssemos*, já que não é evidente que *chegamos a existir*. Mas, se chegarmos a ser como seríamos se fôssemos, então existimos: nós e o Mundo.

O FUNCIONÁRIO FAUSTIANO

É observando essa amplitude que deve ser tratada, a meu ver, a condição de Drummond como funcionário da máquina pública montada depois da Revolução de 30. Para isso, é preciso tanto *ver* como *rever pelo avesso* a perspectiva assumida pelas análises estritas do papel dos intelectuais atraídos, entre 1930 e 1945, para a órbita do Estado. Num pioneiro e influente livro de sociologia do campo intelectual, *Intelectuais e classe dirigente no Brasil (1920-1945)*,[5] Sergio Miceli analisou em tom realista e desmitificador a cooptação de escritores e artistas para o serviço da administração do Estado no governo Vargas. Órgãos administrativos eram ampliados e racionalizados, àquela altura, para incorporar à esfera do poder, com uma sistematicidade nova, as áreas da educação e da cultura, além da saúde, da justiça, da segurança. Distribuindo parte dos cargos entre os descendentes das elites estaduais decadentes que perderam seus patrimônios familiares, o Estado incorporava ao aparato da Nova República os remanescentes das velhas oligarquias rurais, beneficiando-se do seu prestígio e do seu savoir-faire letrado, ao mesmo tempo que calava suas eventuais veleidades críticas, ao confiná-los na sombra da dependência. Punha também em ação, com isso, aquele expediente crônico que atravessa a história brasileira, e pelo qual o quadro de mudanças no país, quando ocorre, não altera substancialmente a hegemonia das elites, que se mantém em seus postos.

Drummond enquadra-se nessa cena como convidado de Gustavo Capanema para ser seu chefe de gabinete no Ministério da Educação e Saúde Pública, vínculo funcional que o moveu a mudar-se de Belo Horizonte para o Rio de Janeiro, e que vigorou enquanto tal de 1934 a 1945 (quando o poeta-funcionário demitiu-se do cargo e viveu sua experiência frustrada na imprensa comunista, para depois voltar ao serviço público como funcionário da Diretoria do Patrimônio Histórico e Artístico Nacional, pelo qual se aposentou em 1962). O estudo de Miceli desafia a crítica literária, chamando-a a defrontar-se com um real que costuma estar ausente das análises: a trama em que, segundo o sociólogo, estariam enredados pequenos, médios e grandes escritores na disputa palmo a palmo por posições no "mercado de postos" determinado pelo poder estatal. A posição do "maior poeta nacional", nesse contexto, é avaliada como conivente com as diretrizes políticas do regime, alinhando-se entre aqueles que, tendo logrado traduzir em capital intelectual o patrimônio familiar perdido, e sendo nomeados para altos cargos no segundo escalão do governo, se abrigam "sob a postura de uma 'neutralidade' benevolente em relação ao Estado" que lhes permitiria "salvar muitas de suas obras do aceso das lutas políticas".[6]

Miceli nunca o diz assertivamente, mas a sugestão de que o escritor evita se posicionar, no manejo poético e político da própria obra, é francamente insustentável: Drummond escreveu, no período em que trabalhou sob as ordens de Capanema, três livros (*Sentimento do mundo*, *José* e *A rosa do povo*) que "revolucionam a poesia política no Brasil" e que permanecem ao longo das décadas como referências inesgotáveis para esta e para muitas outras dimensões do entendimento crítico e problemático do país, mesmo tendo sido publicados durante o Estado Novo e assinados pelo poeta que ocupava a posição de chefe de gabinete do Ministério da Educação e Saúde Pública, sendo conhecidas suas simpatias com o Partido Comunista Brasileiro, na época.[7] Ao tratar d'*A rosa do povo*, Iumna Maria Simon qualifica a natureza desse pronunciamento dizendo que "engajar-se", no caso de Drummond, "implica desconfiar do que se escreve, aceitar o mal-estar e a contradição de fazer poesia à sombra do mundo em chamas e em um país inconcluso, mas com coragem, muita coragem, de revelar temores e aflições, fraquezas e irresoluções, para assumir insubordinadamente uma moral literária".[8]

O não registro dessa atuação poética e política passa por natural, no entanto, dado que Miceli não contempla a *espessura real* da literatura em sua capacidade de expor, assumir, formular e potencializar contradições. Aqueles que ficaram fora do esquema governamental, sem conseguir galgar postos na nova administração, transformar-se-ão em ideólogos à direita e à esquerda; os romancistas da safra de 1930, graças ao acesso a um público leitor heterogêneo que lhes advém das vendas de livros num mercado editorial incipiente mas crescente — sem precisar silenciar sobre a origem de seu emprego —, podem expor com mais clareza sua inserção social; os demais são vistos basicamente como alpinistas burocrático-intelectuais atrelados à órbita do Estado, e sem prioridade mais ampla no horizonte de suas preocupações do que a ascensão social, cultural e política (Mário, Oswald e Carlos Drummond de Andrade são encaixados, cada um a seu modo, nesse modelo). A sociologia do campo intelectual padece, por isso mesmo, de um curioso psicologismo não assumido perante o qual a história literária da primeira metade do século XX no Brasil soa como um capítulo estendido da *teoria do medalhão* machadiana. O pressuposto é o de que *real* é o jogo das estratégias de que intelectuais se serviram "para se alçarem às posições criadas nos setores público e privado do mercado de postos entre 1920 e 1945". A arte não vai muito além, nesse quadro, de ser a atividade imaginária que serve para mascarar tal realidade. Metodologicamente, a ideia da submissão intelectual de Drummond ao regime varguista comparece no livro de Miceli como um pressuposto sociológico convertido já em conclusão infusa, e não como objeto propriamente dito de uma demonstração (Antonio Candido apontou elegantemente, no prefácio do livro, para o perigo de se "misturar desde o começo do raciocínio a instância de verificação com a instância de avaliação").[9]

João Camillo Penna observa que os escritos de Drummond pautam, no entanto, parte significativa do argumento de Miceli, oferecendo-lhe ferramentas de análise e ocupando no livro "um lugar curioso". É que a ambivalência singular do escritor funciona como a pedra de toque e a prova de fogo do esquema explicativo. Por um lado, Drummond se enquadra completamente na tipologia sociológica: filho de família em declínio, livra-se "das ameaças de rebaixamento social que rondavam os seus",[10] encontrando no funcionalismo público gabaritado o refúgio reservado aos descendentes da oligarquia, no exato momento em que isso se incluía num projeto de Estado. Ao mesmo tempo, o escritor se desenquadra dessa redução: objetivando agudamente a condição do "escritor-funcionário", coloca-se dentro e fora da experiência familiar e de classe, compreendendo-a como um nó objetivo e subjetivo que é levado na sua poesia a dimensões e consequências inauditas. É desse lugar desconfortável e representativo que ele abre por dentro perspectivas lancinantes para o entendimento da sociedade brasileira contemporânea. Como seus escritos estão eles mesmos cheios de insights sobre a condição funcionária, e de autoexposições flagrantes das contradições do intelectual dependente do Estado, são material exemplar de que se serve Miceli para sustentar sua tese. As citações voltam-se criticamente sobre o escritor, no entanto, *como se não viessem dele*: já que a redução sociológica não conhece reflexividade nem contradição, os fragmentos de textos drummondianos comparecem como documentos comprobatórios da dependência do intelectual, mas não como índices agudos da complexidade e da consciência do problema.

Drummond é o autor das epígrafes do livro, dos versos em que se condensa uma das suas teses centrais ("tive ouro, tive gado, tive fazendas./ Hoje sou funcionário público"), e "é dele a lista de quase uma página de funcionários intelectuais, que atravessa o sistema literário brasileiro entre o século xix e o xx; é dele a distinção entre escritor-funcionário e funcionário-escritor, utilizada por Miceli; e são dele o diagnóstico do comportamento do 'poeta ajuizado' [...] e o registro da escrita [...] que o funcionário, 'louco manso e subvencionado', constrói com a proteção da 'Ordem Burocrática'".[11] No extremo, o escritor poderia ser visto como uma espécie de insuspeitado duplo do sociólogo — seu parceiro e seu Outro. O que não parece abalar a ideia em linha reta de que o poeta "'vende' a sua agudeza crítica contra o Estado que o contrata, em troca do sustento que este lhe fornece".[12]

No que diz respeito à sua atuação no Ministério Capanema, Drummond procurou sustentar, quando mais tarde acusado de fazer parte de um esquema clientelístico de favorecimento literário e político, que aquela era "uma função burocrática destituída de qualquer implicação política ou ideológica, sem vinculação direta ou indireta com Getúlio Vargas", e calcada na confiança pessoal antiga e recíproca com o ministro, cuja amizade remontava aos bancos escolares.[13] Dando razão à tese de Miceli, nesse ponto, João Camillo Penna observa que falta a Drummond "recuo crítico para avaliar objetivamente o significado oligárquico das relações de 'amizade' [...] que guiaram a sua entrada e permanência no serviço público", e que embasam a tese de Miceli. Esse "ponto cego" se coaduna com a função, "necessariamente cercada de reserva e segredo", "de escrever os discursos de Capanema", "fato [que] acrescenta um sentido verdadeiramente abissal à posição ambígua que Drummond ocupava no ministério, sintoma talvez bem mais geral de uma perturbadora ambiguidade do sistema político-literário brasileiro como um todo".[14]

Com isso, trava-se nele uma cisão dilacerante entre o anonimato burocrático-político do funcionário ghost-writer, que vive na sombra, e a escrita lancinante e angustiada do autor nacional, "poeta federal" emergente, autor de obras que incorporavam, na mesma época, o cerne dessas angústias todas a um repertório renovado de dimensões públicas. Assim, a "Elegia 1938", por exemplo, para além ou aquém de seu impactante alcance geral — capaz de atingir qualquer indivíduo não insensível que viva a tragédia do mundo coisificado —, pode ser lida também como uma contundente acusação do poeta-funcionário público contra si mesmo. Roberto Said, que leva adiante a trilha aberta por Sergio Miceli, aplicando-a ao caso específico da relação entre poesia e política em Drummond,[15] identifica no poema "A mão suja" (*José*) uma expressão clamorosa dessa divisão angustiada entre duas dimensões incompatíveis e cruzadas na mesma mão que escreve. A ação *pública mas privada* do funcionário a serviço da máquina clientelística do Estado contrasta, podemos dizer, com a ação *privada mas pública* do poeta que ganhava então repercussão literária nacional, no vácuo das transformações culturais operadas pela própria Nova República, participando da criação de uma nova consciência problemática e transformadora do país e do mundo. Roberto Said formula a questão a seu modo: "enquanto uma traçava [...] o personagem *gauche*, o cavaleiro errante que se esquiva de todas as convenções, a outra trabalhava, impregnada de estranha sujeira, como escrevente das ditas elites 'revolucionárias'" ("Minha mão está suja./ Preciso cortá-la./ Não adianta lavar./ A água está podre./ Nem ensaboar./ O sabão é ruim./ A mão está suja,/ suja há muitos anos").[16]

A poesia adentrava, com isso, numa dimensão mais *real* da questão, no sentido psicanalítico da palavra, que diz respeito a um *familiar estranhado* (o *unheimlich* freudiano) que emerge perturbadoramente na linguagem. Não se trata da sujeira do trabalho manual, com sua dignidade própria: "era um sujo vil,/ não sujo de terra,/ sujo de carvão,/ casca de ferida,/ suor na camisa/ de quem trabalhou". A "ignóbil mão suja/ posta sobre a mesa" do escritório é submetida a um dilaceramento ritual ("Depressa,/ cortá-la,/ fazê-la em pedaços/ e jogá-la ao mar!") que busca a redenção de um autorreconhecimento: "Com o tempo, a esperança/ e seus maquinismos,/ outra mão virá/ pura — transparente —/ colar-se a meu braço" (expiação purificadora que Drummond buscou ao demitir-se do cargo público e ao tentar transformá-la na mão servidora do projeto político da causa operária, por intermédio da *Tribuna Popular*, mas que retorna amargamente, depois do fracasso desse intento, para os caminhos enviesados do funcionalismo, da poesia elevada de *Claro enigma* e da prosa acusadora, ao mesmo tempo contundente e discreta, de alguns dos *Contos de aprendiz*).

Ao lado de "realizar uma poderosa *objetivação* de sua história familiar e de seu vínculo funcional, mostrando em forma de poesia a relação entre perda patrimonial, oligarquia e funcionalismo público",[17] a obra de Drummond vai, com uma agudeza implacável e mortificante, ao nervo mais íntimo, opaco e obscuro dos paradoxos individuais, que se apresentam, *por isso mesmo*, como expressão do todo social.

De maneira particularmente reveladora, as ambiguidades de sua condição funcional e política são sensíveis em fotos de época, que Said interpreta: em 1931, no papel de "fiel e discreto escudeiro" (ocupando um cargo público ainda em Minas Gerais), ao lado de Gustavo Capanema que discursa; ao lado de Capanema, visitando a linha de frente do Exército mineiro durante a Revolução de 1932; discursando de cabeça baixa, voltada para o papel que lê, perante Capanema, que o escuta com um prazer algo senhorial, em 1942. Said identifica nas fotos a sensação de "estar-não-estar--presente" que se depreende de sua "aparência constrangida" e quase fantasmática, expressiva do "intenso e insuportável contato das vanguardas artísticas com as vanguardas políticas", nos decênios de 1920 e 1930, quando "arte e política friccionam-se vertiginosamente sob a sombra de um projeto moderno de identidade nacional".[18] Na foto de 1932, de gravata-borboleta em visita ao campo de batalha, entre oficiais militares e Capanema, "seu olhar cabisbaixo moldurado por uma compleição pensativa, como se estivesse a mundos dali, revela uma expressão melancólica por excelência, ao aludir às imagens que, na vasta tradição das artes visuais do Ocidente, retratam as dificuldades e ambivalências do trabalho intelectual e artístico" (Said está se referindo justamente àquela já citada tradição da melancolia saturnina, percebida aqui num ato que a historiciza).[19]

Quando busca fundamentar sua interpretação na análise poética, no entanto, Said cai em cheio no esquematismo explicativo, compartilhando um vezo discursivo e sintomático que se faz presente também no livro de Miceli: o uso supostamente autodemonstrativo da expressão "como se". "Se os intelectuais insistem tanto em descrever as circunstâncias em meio às quais se sentiram atraídos pelo trabalho simbólico, quase sempre evocando personagens [...] que pela primeira vez lhes teriam profetizado um futuro como artistas ou escritores, [...] *como se* tais 'façanhas' fossem indícios daquilo que viriam a ser, é porque não conseguem ocultar de todo os rastos que possibilitam reconstruir as determinações propriamente sociais de sua existência."[20] Repisando equívocos de leitura a propósito de *Boitempo*, de que já tratamos na primeira parte deste livro, e aplicando com esquematismo literal a fórmula de Miceli à poesia de Drummond, Said afirma que a obra encena a figura do artista enquanto criança como uma "figura idealizada e, de certa forma, romântica, descolada das circunstâncias históricas", presa à mitologia de uma "sensibilidade especial" e de uma "aptidão que inexoravelmente o conduziria às letras". O encontro com a escrita, diz Said, "aparece, encenado no discurso poético, *como se fosse* a descoberta de um talento inato, o resultado de um encontro casual consigo mesmo, com sua verdadeira 'natureza'" (o grifo é meu). Sem entrarmos na discussão da autenticidade ou não dessa propensão poética precoce, importa notar que a fórmula ("como se"), que visa a desmitificar a idealização da poesia brotada diretamente da fonte miraculosa do talento (vendo-a, em vez disso, como uma construção social que se dá no mercado real de imagens), é reduzida na prática, e para todos os efeitos, ao princípio férreo da *teoria do medalhão*.

Os exemplos apresentados para demonstrar a tese são marcados por essa distorção constante: qualquer ligação do garoto Carlos, em *Boitempo*, com o universo do saber, dos livros e da cena literária é interpretada como uma exibição de precocidade que pretende fazer do talento um dom congênito e intocável. Os contextos que encorpam de sentidos a ocorrência do tema — a fome de literatura, as fantasias juvenis sobre a própria estreia e a introdução às convenções literárias, o autoritarismo ferrenho da instituição escolar — são omitidos. Said cita, por exemplo, a cumplicidade contida na troca de "semanais fascículos românticos" do garoto Carlos com o santeiro Alfredo Duval como se fizesse parte da atitude autocomplacente do poeta enxergando-se a si mesmo, na infância, como uma espécie de menino-prodígio que se dedicaria a leituras extraordinárias para sua idade.[21] A relação do adolescente com o escultor itabirano, no entanto, tratada no poema "A Alfredo Duval", e já comentada aqui, faz parte de uma narrativa de formação, socialmente situada num momento de abertura ao *outro de classe*, em que se firmou entre o garoto e o artista popular anarquista uma aliança fundada na abertura de mundos, de repertórios de vida, na descoberta de suas ideias, de seus "santos", de seus "bichos", de sua "capa e espada imaginária", e na dádiva preciosa de "gravuras" e de "semanais fascículos românticos..." (essa dimensão, óbvia e essencial, do poema, centrada no elogio e na gratidão à pessoa singular de Alfredo Duval, escapa completamente à avaliação do analista, sobrando apenas a suposta precocidade iniciática do "pequeno prodígio").[22] Outro poema em questão, "Certificados escolares" (*Boitempo*), que Said lê na mesma tecla do autocomprazimento com o jovem privilegiadamente dotado, é uma narrativa em que a obtenção de galardões escolares, no colégio jesuíta, funciona nos moldes de uma opressiva hierarquia militar e religiosa, do alto da qual o estudante, antes premiado, é dejetado, ao ser expulso por insubordinação mental (a dureza irônica passa por irrelevante, e pelo mesmo motivo).

Outra ocorrência do "como se" em Said, fundindo-se nesse caso com uma citação explícita de Miceli, expõe mais claramente um aspecto revelador da questão, presente nos dois: "tudo se passa", diz Said, "*como se* a predisposição ao trabalho simbólico já estivesse definida desde os primeiros anos de vida, *como se* o escritor fosse 'beneficiário de um processo de acumulação de espiritualidade'".[23] O cacoete retórico desnuda a meu ver um problema que não é do poeta: trata-se da dificuldade da sociologia do campo intelectual com essa modalidade inefável de capital simbólico que é a *acumulação de espiritualidade*, com a qual ela parece não saber o que fazer, e sem a qual, no entanto, não há poesia, nem arte, nem atividade intelectual propriamente dita. Nota-se uma incapacidade crônica, aí, de compreender escritores, não "como se fossem" *beneficiários*, mas como autênticos *agentes* de processos de *acumulação de espiritualidade* — se quisermos chamar assim tal atuação difícil de determinar e de circunscrever, para a qual não há nenhuma definição definitiva (sendo que essa — *agentes de processos de acumulação de espiritualidade* — não é de todo desprezível).

Carlos Drummond de Andrade faz dois pactos incomensuráveis, e talvez inconfessáveis, ambos: o pacto diminuidor com a máquina serviçal da política, se é que houve, e o pacto enigmático com a máquina do mundo, tal como se lê e se ouve no poema. Com os dois ele rompeu por dentro, ao tentar escapar às surdas relações de dependência em que se viu capturado historicamente, por um lado, e ao recusar solenemente as imposições dominadoras da grande maquinação do mundo, por outro. Ao mesmo tempo, e em outro sentido, o pacto com a máquina do mundo é um pacto radical com a poesia: um pacto tácito com a *grande literatura* (Dante, Camões, Goethe), o qual contém, no íntimo, o pacto com a *literatura menor*, no sentido que Deleuze e Guattari dão a esse termo, e que associamos aqui, aproximativamente, a Kafka, Melville, Beckett (levar a monumentalidade da língua portuguesa a um extremo estranho, trazer as rimas pedregosas de Dante Alighieri para o chão sem rimas de Minas, e todo o cosmo retorcido para o interior de uma língua periférica, na qual ele é marcado e desmarcado sem se submeter à apropriação).[24] O menor e o enorme estão enovelados na fita de Moebius em que o mundo se faz presente como o horizonte da dominação indominável, guiada por um desígnio cego que põe sob interrogação o destino dos seres humanos, das plantas, dos bichos, dos minérios, de tudo. Em última instância, trava-se aí o pacto do mais comum dos homens sem particularidades com o claro enigma do mundo — pacto feito e desfeito como se alguém apagasse com o pé a fórmula improvável do universo, depois de desenhá-la no chão.

A BADALADA DA DOR

"Se os olhos reaprendessem a chorar seria um segundo dilúvio", dizia o poema "O sobrevivente", frente ao estado do mundo no início do século xx, depois da Primeira Guerra. "A máquina do mundo" deságua, ela também, num dilúvio (como se os olhos tivessem reaprendido milagrosamente a chorar) — esse dilúvio é o poema "Relógio do Rosário", em que a enormidade e a força do sublime, não mais contidas por nenhum limite, se estampam na dor que contagia tudo. O som do sino itabirano instaura em pleno dia ensolarado, dessa vez sem nenhuma transição, a treva que vai ao "âmago de tudo" e ao "choro pânico do mundo" (a palavra "pânico" significando, aqui, o alarme e o terror contidos no choro — um grito sem linguagem, como o do famoso quadro de Munch — mas também o sentimento orgiástico do Todo, ligado, na etimologia da palavra, ao deus Pã). Ali onde se entreabria a máquina para o viajante, na estrada solitária, abre-se agora a praça da dor universal, a dor do indivíduo fundida no "vasto coro" da "dor de tudo e de todos, dor sem nome", que transpassa os seres e as esferas, mais real que o amor. Se a máquina é uma projeção da visão, a dor está cifrada no "mais fundo do som"; uma é atraída pelo pensamento, que supõe distância; outra é o próprio sentimento musical em que tudo se funde (fusão de dor e música na qual ressoam ecos fortes de Schopenhauer e Nietzsche).

Em vez de tomá-la como objeto de análise, a essa altura, é melhor deixar a força do poema falar por si, cercada apenas por alguns poucos comentários finais.

Era tão claro o dia, mas a treva,
do som baixando, em seu baixar me leva

pelo âmago de tudo, e no mais fundo
decifro o choro pânico do mundo,

que se entrelaça no meu próprio choro,
e compomos os dois um vasto coro.

Oh dor individual, afrodisíaco
selo gravado em plano dionisíaco,

a desdobrar-se, tal um fogo incerto,
em qualquer um mostrando o ser deserto,

dor primeira e geral, esparramada,
nutrindo-se do sal do próprio nada,

convertendo-se, turva e minuciosa,
em mil pequena dor, qual mais raivosa,

prelibando o momento bom de doer,
a invocá-lo, se custa a aparecer,

dor de tudo e de todos, dor sem nome,
ativa mesmo se a memória some,

*dor do rei e da roca, dor da cousa
indistinta e universa, onde repousa*

*tão habitual e rica de pungência
como um fruto maduro, uma vivência,*

*dor dos bichos, oclusa nos focinhos,
nas caudas titilantes, nos arminhos,*

*dor do espaço e do caos e das esferas,
do tempo que há de vir, das velhas eras!*

*Não é pois todo amor alvo divino,
e mais aguda seta que o destino?*

*Não é motor de tudo e nossa única
fonte de luz, na luz de sua túnica?*

*O amor elide a face... Ele murmura
algo que foge, e é brisa e fala impura.*

*O amor não nos explica. E nada basta,
nada é de natureza assim tão casta*

*que não macule ou perca sua essência
ao contato furioso da existência.*

*Nem existir é mais que um exercício
de pesquisar de vida um vago indício,*

*a provar a nós mesmos que, vivendo,
estamos para doer, estamos doendo.*

*Mas, na dourada praça do Rosário,
foi-se, no som, a sombra. O columbário*

*já cinza se concentra, pó de tumbas,
já se permite azul, risco de pombas.*

A dor é invocada no poema como uma espécie de ruído do fundo do universo, a música das esferas da máquina do mundo ("dor do espaço e do caos e das esferas") arrastando consigo as humanas "paixões e os impulsos e os tormentos", do "rei" ao pária, da pungência dos animais ("dor dos bichos, oclusa nos focinhos,/ nas caudas titilantes, nos arminhos") à opacidade dos minérios (a pedregosa "roca"), dor de tudo "que define o ser terrestre" e dor de todos, em que se contorce a "mil pequena dor, qual mais raivosa", "dor da cousa/ indistinta e universa" onde cada vivência repousa "como um fruto maduro", "no caule da existência mais gloriosa". Junto intencionalmente, aqui, imagens d'"A máquina do mundo" com imagens de "Relógio do Rosário", atestando o quanto os dois poemas estão intimamente ligados, e o quanto "Relógio do Rosário" realiza uma espécie de liberação emocional daquelas dimensões do ser que se encontravam sob o jugo de sua redução à estoque, n'"A máquina do mundo". Por isso mesmo, "*enquanto 'A máquina do mundo' encerra um ato de recusa*", como diz Vagner Camilo, "*'Relógio do Rosário' encerra um ato de aceitação entrega e identificação*", em que a "*identidade numa dor universal*" indistingue, nivela e irmana os humanos, os bichos e as coisas.[25]

Em "Relógio do Rosário" são o gozo e a dor, fundidos, que aparecem como os *nexos primeiros* e como as *explicações últimas* de tudo — aquilo que é escusado receber da máquina do mundo. Se, num poema que encerra *O amor natural*, livro de poemas eróticos de Drummond, publicado postumamente, a "explicação do mundo" se oferece por inteiro na fusão sexual ("Para o sexo a expirar, eu me volto, expirante./ Raiz de minha vida, em ti me enredo e afundo./ Amor, amor, amor — braseiro radiante/ que me dá, *pelo orgasmo, a explicação do mundo*"),[26] em "Relógio do Rosário" é a dor universal, "dor sem nome", que adquire a dimensão de uma entidade onipresente, afrodisíaca, *fármacon* que rouba o lugar de Eros como força aglutinadora de tudo, ao mesmo tempo que saldo do sofrimento, do custo da existência e da história universal. É como se a dor tivesse se tornado, surdamente, a nossa única certeza, "a provar a nós mesmos que, vivendo,/ estamos para doer, estamos doendo". Existo porque *doo, doo* porque existo. *Tudo dói*, e a dor é o elo que sobrou a ligar as pulsões de vida e de morte.

O efeito desse *fármacon* afrodisíaco dura o tempo da *duração*: o tempo das badaladas do sino. Quando o som se dissipa ("foi-se, no som, a sombra") e a treva interna que vem dele, fica o *ouro sobre azul* da praça novamente ensolarada. A expressão, sugerida pelo encontro da luz solar com o céu azul riscado de pombas, nas duas estrofes finais do poema, guarda o sentido evanescente, mas positivo, de "ocasião, oportunidade, coisa excelente...".[27] Num detalhe formalmente sutil, a rima imperfeita de "tumbas" com "pombas" ("pó de tumbas"/ "risco de pombas") alude à recorrência dessa rima no poema "Le Cimetière marin" de Paul Valéry, onde ela se perfaz completa: "*Ce toit tranquille, où marchent des* colombes/ *Entre les pins palpite, entre les* tombes" (Este teto tranquilo, onde caminham pombas/ entre os pinhos palpita, entre as tumbas).[28] *Tumbas* e *pombas*, semanticamente opostas, convergem para o duplo sentido da palavra "columbário", que as condensa — pois significa "nicho sepulcral em que se guardam cinzas funerárias" (no recesso da igreja) e ao mesmo tempo "pombal" em voo no aberto da praça.[29] Irrompendo da colisão dos acontecimentos, nutrindo-se do pó da vida e "do sal do próprio nada", a palavra, "em estado de dicionário", se debate e pulsa em morte e vida — cinza já se permitindo azul, "risco de pombas".

Permitir-se: é hora de extrair afirmação da negatividade mais profunda, de extrair alguma poesia da treva do mundo, como se extrai do impasse e do *fim da picada*, em "Áporo" ("Eis que o labirinto […]/ presto se desata:// em verde, sozinha,/ antieuclidiana,/ uma orquídea forma-se"), como se extrai da flor da náusea, capaz de furar "o asfalto, o tédio, o nojo e o ódio".

Postscriptum
É agora, José

Em maio-junho de 2016, circulou pela internet um vídeo em que um garoto em situação social evidentemente vulnerável, chamado Vitor (pelo que informa a legenda do post), declama o poema "José", de Carlos Drummond de Andrade.[1] A cena é de rua, o ambiente urbano é o de Salvador e o entorno é o de uma manifestação em que gritos de "Fora Temer" se distinguem ao fundo. Dois manifestantes, trajando camisetas do Coletivo de Entidades Negras, acompanham de perto a recitação, com atenção compenetrada. Passantes ao acaso, envolvidos ou não na passeata, automóveis daqui e dali, um skatista, um ou outro policial de capacete, cruzam o quadro por trás do menino que pronuncia o poema com orgulho e com brilho, nas palavras, nos gestos e nos olhos.

A vizinhança do ato político, com a assertividade estridente de seus slogans, não desmente a força do texto sombrio, duro e interrogativo, que martela inapelavelmente um real sem saída, e que o menino diz com dignidade luminosa. A declamação também não desmente a manifestação, da qual ela brota como uma flor no asfalto, e com a qual entra em desconcertante contraponto. "E agora, José?/ A festa acabou,/ a luz apagou,/ o povo sumiu,/ a noite esfriou,/ e agora, José?/ e agora, você?/ você que é sem nome,/ que zomba dos outros,/ você que faz versos,/ que ama, protesta?/ e agora, José?" Numa sincronia não calculada por ninguém, o poema, datado de 1942, parece bater em cheio na hora política que atravessamos, com sua nomeação sem trégua do colapso das ilusões e o esgotamento das perspectivas, na fronteira entre os fracassos pessoais e as derrotas históricas ("a noite esfriou,/ o dia não veio, [...]/ o riso não veio,/ não veio a utopia/ e tudo acabou/ e tudo fugiu/ e tudo mofou,/ e agora, José?").[2]

Como acontece outras vezes na poesia de Drummond, faz-se o implacável autoexame de debilidades que são ao mesmo tempo subjetivas e de classe — íntimas, intransferíveis e exemplares ("sua biblioteca,/ sua lavra de ouro,/ seu terno de vidro,/ sua incoerência,/ seu ódio — e agora?"). O horizonte restrito e claustrofóbico ganha, no entanto, a dimensão de um diagnóstico de impasses em todas as frentes. Na situação de que falamos, por obra mais uma vez do acaso objetivo (essa espécie de Sobrenatural de Almeida),[3] o poema expõe a fratura brasileira em tempo real: a crise da esquerda e, no mesmo pacote colossal, o impasse do país. Não no modo, porém, de um niilismo passivo e derrotado — coisa que o entusiasmo de Vitor, ao lê-lo, faz ver melhor do que nunca. O poema cerca as escapatórias imaginárias ("Com a chave na mão/ quer abrir a porta,/ não existe porta;/ quer morrer no mar,/ mas o mar secou;/ quer ir para Minas,/ Minas não há mais"), e esse cerco isola, em última instância, o núcleo irredutível e radioativo da vida ("se você morresse.../ Mas você não morre,/ você é duro, José!"). Condenado a esse imperativo inescapável ("a vida tem tal poder:/ na escuridão absoluta,/ como líquido, circula", diz outro poema),[4] o sujeito é lançado, afinal, no rumo da incerteza histórica: "Sozinho no escuro [...]/ sem teogonia,/ sem parede nua/

para se encostar,/ sem cavalo preto/ que fuja a galope,/ você marcha, José!/ José, para onde?".

O vídeo contém uma lição crucial: um garoto mal escolarizado enuncia com extraordinária naturalidade e alegria um poema denso e desafiador, demonstrando entendimento do ritmo, das inflexões, das pequenas frases e da grande frase do texto compreendido como um todo — ou seja, empresta sentido ao poema fazendo com que os sentidos do poema venham à tona. Por ironia, essa capacidade dialógica, inerente a toda boa leitura, está no polo oposto do analfabetismo funcional que assola o sistema brasileiro de ensino e a cultura em geral do país de baixo letramento. A incapacidade de entender um parágrafo, de juntar frases, de conectar ideias é uma extensão direta da incapacidade de *emprestar sentido*, e de ter motivação para fazê-lo. As políticas educacionais parecem cegas para isso. A adesão ao poema, porém, exibe o seu poder de irradiação em cada verso e em cada frase — o menino joga, pela poesia, o antiquíssimo jogo da ficção e do teatro, em que *entrar no papel* é condição para *poder sair* dele, projetando as agruras do personagem José num campo virtual em que este pode ser vivido como um eu que é um outro, e com o qual nos livramos do peso de redobrar pateticamente o seu drama, sem no entanto fugir dele.

Algum indivíduo ou grupo, que não estamos vendo, terá feito, aí, o papel do educador, muito possivelmente de maneira informal, apresentando a Vitor o universo da poesia, e ele terá tido paixão de sobra para tomar para si aquela estranha e fascinante trama de palavras. A situação desmente toda uma cascata de preconceitos, entre os quais o de que a literatura é inacessível ou desinteressante para crianças e adolescentes, em especial quando pobres. O caso de Vitor declamando "José" é extremo, mas não está sozinho: ele é a mais desprotegida e a mais nua das vozes periféricas que emergiram no país, desde algum tempo, marcando a cena cultural com o xis da questão que é sua e nossa — no movimento hip-hop, nos saraus de poesia, na onda mais recente da poesia de rua (o *slam*), nas manifestações inumeráveis da canção, na escrita literária. O poeta que disse, ao se confrontar com a sua herança familiar oligárquica, que "meu sangue é dos que não negociaram, minha alma é dos pretos",[5] está dentro disso. Sua matéria é, de fato, "o tempo presente" e "a vida presente".[6]

Li em algum lugar que Vitor, depois da divulgação do vídeo pela internet, evitou embarcar na onda de notoriedade que o transformaria num bibelô instantâneo da mídia. Ouvi contar, por outro lado, quando fiz palestra sobre Drummond na Universidade Federal da Bahia, que ele teria mais recentemente sofrido violência policial, e que estava à beira de mergulhar numa espiral violenta de descrença em tudo. Ele faz a pergunta de todas as perguntas e é a resposta de todas as respostas.

São Paulo, 7 de abril de 2018

Notas

O ESPÍRITO DO LUGAR [pp. 25-74]

1

 1. Ver Emanuel de Moraes, "O itabirano", em *Drummond rima Itabira mundo* (Rio de Janeiro: José Olympio, [1972]).
 2. "Confidência do itabirano", em *Sentimento do mundo*. O poema se abre com os versos: "Alguns anos vivi em Itabira./ Principalmente nasci em Itabira./ Por isso sou triste, orgulhoso: de ferro". Todas as citações de poemas de Drummond foram extraídas da Coleção Carlos Drummond de Andrade publicada pela Companhia das Letras. Como referência alternativa, adotou-se *Poesia completa* (fixação de textos e notas de Gilberto Mendonça Teles, Rio de Janeiro: Nova Aguilar, 2003).
 3. "Cometa", em *Boitempo: Menino antigo*. *Boitempo* foi publicado originalmente em três livros: *Boitempo & A falta que ama* (1968), *Menino antigo (Boitempo II)* (1973) e *Esquecer para lembrar (Boitempo III)* (1979). Reproduzimos a seguir a nota explicativa incluída na edição que tomamos aqui como referência: "Seguindo um desejo do autor, os poemas dos três livros (exceto os d'*A falta que ama*) foram republicados pela editora Record nos anos 1980 em dois volumes. Na Coleção Carlos Drummond de Andrade da Companhia das Letras, adotou-se o título *Boitempo* para o conjunto total, e *Menino antigo* e *Esquecer para lembrar* para os dois volumes resultantes".

4. "Confidência do itabirano", em *Sentimento do mundo*.
5. "Imagem, terra, memória", em *Farewell*.
6. José Maria Cançado, *Os sapatos de Orfeu: Biografia de Carlos Drummond de Andrade* (São Paulo: Globo, 2006), p. 33. Na avaliação do universo originário do poeta, Cançado já chamava a atenção, igualmente, para "Cometa" e para o verso inicial de "Tarde de maio".
7. A expressão é usada por Drummond em "Vila de Utopia", em *Confissões de Minas* (São Paulo: Cosac Naify, 2011), p. 126.
8. A expressão "casão senhorial" se encontra no poema "Casarão morto", *Boitempo: Menino antigo*; as demais, em "Pedra natal", *Boitempo: Esquecer para lembrar*. Na crônica "Itabira, sempre Itabira", publicada no *Correio da Manhã*, em 16 de março de 1947, 2ª seção, p. 1, Drummond explica o nome da cidade como significando "'pedra reluzente', segundo uns; 'pedra pontuda', 'pedra moça' ou 'pedra alta', segundo outros".
9. "Insisto em dizer que a vida era inconsciente e calma. O pico do Cauê, nossa primeira visão do mundo, também era inconsciente, calmo." "Vila de Utopia", em *Confissões de Minas*, op. cit., p. 120.
10. "A montanha pulverizada", em *Boitempo: Esquecer para lembrar*.
11. "Canção de Itabira": "No sino maior da igreja,/ a dez passos do sobrado,/ a infiltrada melodia/ emoldurava o passado", em *Corpo*.
12. "O relógio" e "Sino", em *Boitempo: Esquecer para lembrar*.
13. "Casa", em *Boitempo: Menino antigo*.
14. "O relógio", em *Boitempo: Esquecer para lembrar*.
15. "A matriz desmoronada", em *Autorretrato e outras crônicas* (sel. de Fernando Py, Rio de Janeiro: Record, 1989) p. 169.
16. "Anoitecer", em *A rosa do povo*.
17. "Fraga e sombra", em *Claro enigma*.
18. "Reportagem matinal", em *Versiprosa*.
19. Christian Norberg-Schulz, "O fenômeno do lugar", em Kate Nesbitt (org.), *Uma nova agenda para a arquitetura: Antologia teórica (1965-1995)* (trad. de Vera Pereira, São Paulo: Cosac Naify, 2006), p. 446.
20. Henri Bergson, *Essai sur les données immédiates de la conscience* (Paris: Quadrige; PUF, 1997), p. 64.
21. Walter Benjamin, "Sobre alguns temas em Baudelaire", em W. Benjamin, Max Horkheimer, Theodor W. Adorno, Jürgen Habermas, *Textos escolhidos*, v. XLVIII (São Paulo: Abril Cultural, 1975, Os Pensadores), p. 36. Ver também Walter Benjamin, *Écrits français* (Paris: Gallimard, 1991), pp. 244-5.
22. Ver Georg Simmel, "Les Grandes Villes et la vie de l'esprit", uma das referências do ensaio de Benjamin, em *Philosophie de la modernité* (introd. e trad. de Jean-Louis Vieillard-Baron, Paris: Payot, 1989), pp. 233-52.

23. "Notícias municipais", em *Passeios na ilha: Divagações sobre a vida literária e outras matérias* (São Paulo: Cosac Naify, 2011), p. 41.

24. Marcel Proust, *No caminho de Swann — Em busca do tempo perdido*, v. 1 (trad. de Mário Quintana, São Paulo: Globo, 2006), p. 74; *Du Coté de chez Swann — À La Recherche du temps perdu* (Paris: Gallimard, 1954), p. 58.

25. "Notícias municipais", em *Passeios na ilha*, op. cit., p. 46.

26. Walter Benjamin, "Sobre alguns temas em Baudelaire", em W. Benjamin, Max Horkheimer, Theodor W. Adorno, Jürgen Habermas, *Textos escolhidos*, op. cit., p. 38.

27. O fato foi tratado por Drummond na já citada crônica "A matriz desmoronada", publicada no *Jornal do Brasil*, em 14 de novembro de 1970 (Caderno B, p. 8) e recolhida em *Autorretrato e outras crônicas*, op. cit., pp. 169-71. Naquele momento, o cronista, sem relacionar o desmoronamento com a mineração, tratou o acontecimento como uma fatalidade temporal que vinha contradizer a ilusão do menino, o qual acreditava que "a matriz existira sempre, e continuaria a existir num futuro infindável".

28. Cf. o detalhado artigo de Nandim e Altamir, "A destruição da matriz do Rosário", *O Cometa Itabirano*, n. 22, 15 nov. 1981.

29. Idem, ibidem. "É sabido na cidade que a CVRD nunca se preocupou com os reflexos dessas ondas [sísmicas] nas estruturas das construções civis (nem novas nem antigas)."

30. "Infância", em *Alguma poesia*. Ver também "Fazenda dos 12 vinténs, ou do Pontal, e terras em redor", em *Boitempo: Menino antigo*. O pai de Drummond, Carlos de Paula Andrade, possuía, entre outras fazendas, a do Retiro dos Angicos, Serro Verde e Serro Azul, as duas últimas citadas em "Terras", *Lição de coisas*: "As duas fazendas de meu pai/ aonde nunca fui/ Miragens tão próximas/ pronunciar os nomes/ era tocá-las".

31. "Vila de Utopia", em *Confissões de Minas*, op. cit., p. 126.

32. A expressão aparece no poema "Elegia 1938", em *Sentimento do mundo*.

33. Christian Norberg-Schulz, "O fenômeno do lugar", em *Uma nova agenda para a arquitetura*, op. cit., p. 455.

34. A propósito, ver também o poema "O maior trem do mundo", em *Viola de bolso III* (*Poesia completa*, op. cit., pp. 1450-1), que aparece como um eco diminuído d'"A montanha pulverizada".

35. "Explicação", em *Alguma poesia*.

36. Cf. Joaquim-Francisco Coelho, *Terra e família na poesia de Carlos Drummond de Andrade* (Belém: UFPA, 1973).

37. "Antigo", em *Passeios na ilha*, op. cit., p. 36. Publicado originalmente com o título "Sobre uma certa cidade", na coluna "Ver e contar" de *Política e Letras*, Rio de Janeiro, n. 19, 28 out. 1948.

38. "Procura da poesia", em *A rosa do povo*.

1. Murilo Marcondes de Moura, *O mundo sitiado: A poesia brasileira e a Segunda Guerra Mundial* (São Paulo: Ed. 34, 2016), pp. 106-7.

2. "Um escritor nasce e morre", em *Contos de aprendiz*, pp. 118-23. Publicado originalmente na *Revista do Brasil*, em 1939, o conto se embrenha, depois dessa pequena epifania infantil, no clima autocorrosivo da crise existencial que marcou a virada politizante do poeta e que o levou a escrever *Sentimento do mundo*.

3. José Maria Cançado, *Os sapatos de Orfeu*, op. cit., p. 39.

4. Murilo Marcondes de Moura, *O mundo sitiado*, op. cit., p. 109.

5. "O negócio bem sortido", em *Boitempo: Esquecer para lembrar*, alude à experiência do garoto Carlos que, em torno dos treze anos, teria ido trabalhar num armazém para poder ouvir as conversas que se travavam "à beira arranhada do balcão", entre as quais aquelas em que se discutia "a guerra de 14 que lavra lá no longe".

6. Sobre *Sentimento do mundo*, José Guilherme Merquior observa que o título do livro poderia ser entendido como "sentimento de culpa". Cf. Murilo Marcondes de Moura, *O mundo sitiado*, op. cit., p. 105.

7. José Maria Cançado, *Os sapatos de Orfeu*, op. cit., p. 29.

8. Idem, ibidem, pp. 23-4.

9. "A Alfredo Duval", em *Boitempo: Esquecer para lembrar*.

10. Ver José Maria Cançado, *Os sapatos de Orfeu*, op. cit., p. 45.

11. "Minha mãe ficava sentada cosendo/ olhando para mim:/ — Psiu... Não acorde o menino./ Para o berço onde pousou um mosquito./ E dava um suspiro... que fundo!" "Infância", em *Alguma poesia*.

12. José Maria Cançado, *Os sapatos de Orfeu*, op. cit., p. 32. Ver, a esse respeito, o poema "Escrituras do pai", em *Boitempo: Menino antigo*.

13. José Maria Cançado, *Os sapatos de Orfeu*, op. cit., pp. 31-2.

14. Idem, ibidem, p. 31.

15. Idem, ibidem, p. 29.

16. Silviano Santiago, "O poeta enquanto intelectual", em Vários Autores, *Carlos Drummond de Andrade: 50 anos de "Alguma poesia"* (Belo Horizonte: Conselho Estadual de Cultura de Minas Gerais, 1981), p. 50.

17. Ver "Introdução à leitura dos poemas de Carlos Drummond de Andrade", em *Poesia completa*, op. cit., pp. iii-xli. Registre-se o fato de que mais recentemente, em "Do itabirano", depoimento contido no vídeo *Vida e verso de Carlos Drummond de Andrade* (dir. de Eucanaã Ferraz e Laura Liuzzi, Instituto Moreira Salles, 2014), Silviano Santiago parece aceitar a força poética de *Boitem-*

po em sua dicção própria, além de dar um esclarecedor depoimento sobre a presença da mineração na obra drummondiana.

18. Silviano Santiago, "O poeta enquanto intelectual", em Vários Autores, *Carlos Drummond de Andrade*, p. 47.
19. Idem, ibidem, p. 48.
20. Iumna Maria Simon, "O mundo em chamas e o país inconcluso", *Novos Estudos*, São Paulo, n. 103, pp. 185-6, nov. 2015.
21. Vagner Camilo, *Drummond: Da rosa do povo à rosa das trevas* (São Paulo: Ateliê, 2001), p. 41.
22. Ver idem, ibidem, pp. 275-6.
23. Antonio Candido, "Poesia e ficção na autobiografia", em *A educação pela noite e outros ensaios* (São Paulo: Ática, 1987), p. 56.
24. Idem, ibidem, p. 55. O texto de José Guilherme Merquior citado por Candido é *A astúcia da mimese: Ensaios sobre lírica* (Rio de Janeiro: José Olympio, 1971), p. 50.
25. Theodor W. Adorno, "El estilo de madurez en Beethoven", em *Reacción y progreso: Y otros ensayos musicales* (Barcelona: Tusquets, 1970), p. 23.
26. Antonio Candido, "Poesia e ficção na autobiografia", em *A educação pela noite e outros ensaios*, op. cit., p. 56.
27. Theodor W. Adorno, "El estilo de madurez en Beethoven", em *Reacción y progreso*, op. cit., p. 24.
28. Luiz Costa Lima, "Carlos Drummond de Andrade: Memória e ficção", em Vários Autores, *Carlos Drummond de Andrade*, op. cit., p. 74.
29. Ver Silviano Santiago, "O poeta enquanto intelectual", em Vários Autores, *Carlos Drummond de Andrade*, op. cit., pp. 46-7.
30. Theodor W. Adorno, "Meditações sobre a metafísica", em *Dialética negativa* (Rio de Janeiro: Zahar, 2009), p. 309.
31. "Itabira, sempre Itabira", *Correio da Manhã*, 16 mar. 1947, 2ª seção, p. 1.
32. "Imagem, terra, memória", em *Farewell*.
33. Textos de Hélio Lopes sobre Cláudio Manuel da Costa, a respeito de temas da literatura romântica e da oratória sacra no Brasil encontram-se reunidos em *Letras de Minas e outros ensaios* (sel. e apres. de Alfredo Bosi, São Paulo: Edusp, 1997).
34. São referências para a leitura de "Áporo" as análises de Décio Pignatari, "Áporo: Um inseto semiótico", em *Contracomunicação* (São Paulo: Perspectiva, 1971), e de Davi Arrigucci Jr., "Sem saída", em *Coração partido: Uma análise da poesia reflexiva de Drummond* (São Paulo: Cosac Naify, 2002).
35. "Não estamos diante de uma narrativa exemplar que é tomada como objeto de reflexão, e, sim, de um discurso reflexivo que, baseado numa atividade de exploração material, faz da experiência do amor, que com ela se assemelha, o

tema medular de sua análise." Davi Arrigucci Jr., "Sem saída", em *Coração partido*, op. cit., pp. 112-3.

36. João Guimarães Rosa, "Minas Gerais", em *Ave, palavra* (2. ed., Rio de Janeiro: José Olympio, 1978), p. 217.

37. Idem, "O recado do morro", *No Urubuquaquá, no Pinhém*, em *Ficção completa*, v. 1 (Rio de Janeiro: Nova Aguilar, 1994), pp. 615-66.

38. A expressão "fim da picada" corresponde curiosamente a *Holzwege*, título original do livro de Martin Heidegger em que este disserta sobre "A origem da obra de arte", "A época das 'concepções de mundo'" e "Por que poetas?". A expressão em alemão acumula os sentidos de "caminho no interior do mato" (preferimos traduzir assim a inefável "floresta" heideggeriana), "pista falsa", "trilhas desconhecidas", e foi traduzida em francês como "*chemins qui ne mènent nulle part*", "caminhos que não levam a parte alguma". Martin Heidegger, *Chemins qui ne mènent nulle part* (trad. de Wolfgang Brokmeier, Paris: Gallimard, 1962).

39. Waly Salomão, "Ler Drummond", em *Pescados vivos* [2004], *Poesia total* (São Paulo: Companhia das Letras, 2014), p. 418.

MAQUINAÇÕES MINERAIS [pp. 75-169]

3

1. "Jacutinga", em *Boitempo: Menino antigo*. À semelhança do poema "Áporo" (*A rosa do povo*), que trabalha com a polissemia do signo que lhe dá nome ("problema sem saída", "planta da família das orquídeas" e "inseto cavador", entre outros significados), "Jacutinga" explora o duplo sentido da palavra-título, que designa ao mesmo tempo uma "ave galiforme" e o "itabirito aurífero em processo de decomposição" — *Dicionário Houaiss da língua portuguesa* (Rio de Janeiro: Objetiva, 2001): "É ferriouro: jacutinga./ A perfeita conjugação./ Raspa-se o ouro: ferro triste/ na cansada mineração./ A jacutinga de hematita/ empobrecida revoltada/ perfura os jazigos do chão/ despe o envoltório mineral/ e voa.// Até os metais criam asa".

2. Atividades de extração mineral e produção siderúrgica já se desenvolviam no Brasil, no século XIX, com implantação de pequena siderurgia do ferro em São Paulo e Minas, de manganês na Bahia e carvão no Rio Grande do Sul e Santa Catarina; construção de ferrovias; criação de empresas exploradoras de ouro, manganês e carvão, além do ferro; fundação de escolas de engenharia. A noção de direito de pesquisa e lavra de jazidas fora introduzida na Constituição

de 1824; a vinculação da propriedade do subsolo à do solo é introduzida na Constituição de 1891.

3. CVRD, *A mineração no Brasil e a Companhia Vale do Rio Doce* (coord. geral do projeto: Renato Feliciano Dias, Rio de Janeiro, 1992, Companhia Vale do Rio Doce — Memória), p. 153.

4. Ver Werner Baer, *Siderurgia e desenvolvimento brasileiro* (trad. de Wando Pereira Borges, Rio de Janeiro: Zahar, 1970), p. 81.

5. *Viagem pelas províncias do Rio de Janeiro e Minas Gerais* (trad. de Vivaldi Moreira, Belo Horizonte: Itatiaia; São Paulo: Edusp, 1975), p. 122 e p. 126.

Saint-Hilaire se refere muito possivelmente às Forjas do Girau, situadas a uma légua de Itabira e dotadas de várias edificações em que trabalhavam operários e escravos. Em 1812 o barão de Eschwege, diretor do Real Gabinete de Mineralogia, orientara, em Itabira, a extração de ferro por meio de pilões hidráulicos.

6. "Sorriso crispado ou O depoimento do homem de Itabira", *Revista Acadêmica*, ago. 1938. Ver adiante, p. 99.

7. Cf. Maria Cecilia de Souza Minayo, *De ferro e flexíveis: Marcas do Estado empresário e da privatização na subjetividade operária* (Rio de Janeiro: Garamond, 2004), p. 49.

8. Cf. idem, ibidem, pp. 47-8.

9. Werner Baer, *Siderurgia e desenvolvimento brasileiro*, op. cit., p. 91.

10. Embora com "alguma incerteza" na prática, a legislação do Segundo Reinado adotava o sistema pelo qual "a propriedade das minas era da nação". Já a Constituição republicana de 1891 copiou, "como em quase tudo, [...] o sistema norte-americano da acessão, pelo qual o dono da mina era o dono da terra em que ela se achava". A esse dispositivo constitucional a tradição dominante na Escola de Minas de Ouro Preto contrapunha "um forte sentimento nacionalista", empenhado na defesa das jazidas brasileiras e na implantação da siderurgia local. No mesmo ano de 1910, o próprio engenheiro Gonzaga de Campos apresentava à Comissão de Leis de Minas, criada pelo Ministério do Interior, um projeto de proteção das jazidas, separando a propriedade das minas da propriedade do solo e colocando-as sob a tutela do governo. A lei caminha muito mais lentamente, no entanto, do que a imediata compra das terras. Ver José Murilo de Carvalho, *A Escola de Minas de Ouro Preto: O peso da glória* (Rio de Janeiro: Centro Edelstein de Pesquisas Sociais, 2010), pp. 85-6 e pp. 119-20. <http://books.scielo.org/id/7j8bc/pdf/carvalho-9788579820052.pdf>

11. CVRD, *A mineração no Brasil e a Companhia Vale do Rio Doce*, op. cit., p. 153.

12. A Brazilian Iron and Steel, norte-americana, se tornaria a proprietária, em Itabira, das jazidas de Esmeril e Penha, e o Grupo da Sociedade Franco--Brasileira, das jazidas Andrade. Deutsch-Luxemburgisch Bergwerks- und Hüt-

ten AG compra jazidas em Sabará e Bonfim, Societé Civile des Mines de Fer de Jangada e Bracuhy Falls C. também em Bonfim. The St. John d'El Rey Mining Company compra jazidas que se estendiam do pico do Itabirito até a serra do Curral, em Belo Horizonte. Idem, ibidem, p. 154.

13. José Paulo Paes, "Cambronniana", em *A poesia está morta mas juro que não fui eu* (São Paulo: Duas Cidades, 1988), p. 32.

14. "Sorriso crispado ou O depoimento do homem de Itabira". Ver nota 6 e, adiante, p. 99.

15. Maria Cecilia de Souza Minayo, *De ferro e flexíveis*, op. cit., p. 51.

16. Antonio Candido, "Poesia e ficção na autobiografia", em *A educação pela noite e outros ensaios*, op. cit., p. 56.

17. CVRD, *A mineração no Brasil e a Companhia Vale do Rio Doce*, op. cit., p. 157.

18. Ver CVRD, *Debates parlamentares sobre mineração no Brasil: 1889-1945* (coord. geral do projeto: Renato Feliciano Dias, Rio de Janeiro, s.d., Companhia Vale do Rio Doce — Memória), p. 463. Para discussão do contrato Itabira Iron, ver página 221.

19. Lira Neto, *Getúlio: Do governo provisório à ditadura do Estado Novo (1930-1945)* (São Paulo: Companhia das Letras, 2013), p. 383.

20. Uma análise clara e abrangente da atuação empresarial de Percival Farquhar no Brasil encontra-se em Paul Singer, "O Brasil no contexto do capitalismo internacional — 1889-1930", em *O Brasil republicano*, v. 1 *Estrutura de poder e economia (1889-1930)*, sob a direção de Boris Fausto, História Geral da Civilização Brasileira, tomo III (São Paulo: Difel, 1975), em especial pp. 377-89.

21. Artur Bernardes tinha Clodomiro de Oliveira, professor de mineralogia da Escola de Minas de Ouro Preto, como seu braço direito. O de Epitácio Pessoa era seu ministro da Viação e Obras Públicas, José Pires do Rio. O projeto da Itabira Iron era defendido pelos deputados Cunha Machado, Aristides Rocha, Heitor de Sousa, José Lobo e José Gonçalves, entre outros; pelo presidente da Estrada de Ferro Vitória-Minas; e por industriais importantes como Deodato Vilela dos Santos, Álvaro Mendes de Oliveira Castro e Pedro Nolasco da Cunha. Mesmo não atuando unidos por uma base programática comum, esses industriais e políticos rejeitavam a intervenção do Estado na economia.

22. A posição de Farquhar à frente da Itabira Iron coleciona, além disso, um enxame de potenciais interesses contrariados: os proprietários de pequenas metalúrgicas mineiras, que temem o monopólio da companhia; as demais companhias estrangeiras instaladas no Brasil, afetadas pela perspectiva do monopólio dos meios de transporte; as empresas carboníferas do Sul, ameaçadas pela vinda de carvão estrangeiro nos navios da Itabira; os fornecedores estrangeiros de máquinas e ferragens, insatisfeitos com a concorrência da siderúrgica a ser

instalada pela Itabira Iron. A crise de 1929 acrescenta aos impasses político-burocráticos e às disputas pelo mercado um agravante econômico decisivo, inviabilizando financiamentos estrangeiros e, com eles, a própria empreitada.

23. A informação encontra-se na preciosa edição crítica preparada por Júlio Castañon Guimarães, *Carlos Drummond de Andrade: Poesia 1930-62: De Alguma poesia a Lição de coisas* (São Paulo: Cosac Naify, 2012), p. 73.

24. "Vila de Utopia", em *Confissões de Minas*, op. cit., pp. 119-27.

25. CVRD, *A mineração no Brasil e a Companhia Vale do Rio Doce*, op. cit., p. 173.

26. José Murilo de Carvalho, *A Escola de Minas de Ouro Preto*, op. cit., p. 123.

27. "O contrato da Itabira Iron", *Revista Acadêmica*, n. 38, ago. 1938. Fundada por Murilo Miranda, a revista tinha na sua direção Moacyr Werneck de Castro, Lúcio Rangel e Carlos Lacerda. Participavam do conselho Mário de Andrade, Graciliano Ramos, Erico Verissimo e Portinari, entre outros nomes da cena artística e literária.

28. No mesmo ano, Percival Farquhar associava-se a empresários brasileiros (condição sine qua non na nova legislação) e fundava a Companhia Brasileira de Mineração e Siderurgia S.A., da qual detinha 47% das ações.

29. O poema foi publicado originalmente na *Revista do Brasil*, 3ª Fase, Rio de Janeiro, ano II, n. 13, jul. 1939.

30. José Maria Cançado, *Os sapatos de Orfeu*, op. cit., p. 161.

31. O chamado geral ao engajamento político dos intelectuais, que se deu na década de 1930, com a ascensão do nazifascismo e a influência da Revolução Russa, traz junto a imperiosa necessidade de compromisso social e de superação do individualismo por parte do *gauche* negador do mundo. Na "Autobiografia para uma revista", escrita para o número 54 da *Revista Acadêmica*, em julho de 1941, Drummond avaliava que seu primeiro livro, *Alguma poesia*, "traduz uma grande inexperiência do sofrimento e uma deleitação ingênua com o próprio indivíduo". No segundo, *Brejo das almas*, "o individualismo será mais exacerbado, mas há também uma consciência crescente da sua precariedade e uma desaprovação tácita da conduta (ou falta de conduta) espiritual do autor". "Penso", diz ele, "ter resolvido as contradições fundamentais da minha poesia num terceiro volume, *Sentimento do mundo*. Só as elementares [...]". Ver "Autobiografia para uma revista", em *Confissões de Minas*, op. cit., pp. 67-9.

32. Ver, adiante, a seção "O funcionário faustiano", na parte "A máquina poética".

33. "Anta", em *Boitempo: Menino antigo*.

34. Cf. anotações de Júlio Castañon Guimarães em *Carlos Drummond de Andrade: Poesia 1930-62*, op. cit., p. 207.

35. Cf. CVRD, *A mineração no Brasil e a Companhia Vale do Rio Doce*, op. cit., p. 194.

36. Júlio Castañon Guimarães aponta as dificuldades inerentes a uma edição crítica, em sua busca do hipotético "estabelecimento de um texto o mais próximo possível daquilo que se poderia considerar a vontade autoral última". Essas dificuldades são assumidas pelo critério genético que visa, menos que fixar o texto original autêntico, expor o processo de sua produção, em que as alterações e hesitações são vistas como constitutivas dele. "Nota filológica: Procedimento de edição", em *Carlos Drummond de Andrade: Poesia 1930-62*, op. cit., p. 15.

37. *Antologia poética de Carlos Drummond de Andrade*, LP duplo, direção de produção de Suzana Moraes. Philips, 1978, faixa 3 do disco 1.

38. "Vila de Utopia", em *Confissões de Minas*, op. cit., p. 126. O poeta transpõe para o homem itabirano certas "características espirituais" que o pensador alemão Hermann Keyserling identifica no sul-americano: "abro ao acaso as *Meditações sul-americanas*, de Keyserling, e fico pensando se o autor teria diante de si o cidadão de Itabira, quando apontou as características espirituais do homem da parte meridional do continente".

39. Sérgio Buarque de Holanda sugere que Drummond "trouxe consigo de nascença ou — quem sabe? — de seu mundo itabirano, o veneno e também o antídoto da timidez: essa autocrítica implacável, espécie de inteligência da sensibilidade, que impede a menor manobra em falso". "O mineiro Drummond — I", em *O espírito e a letra: Estudos de crítica literária* (introd., org. e notas de Antonio Arnoni Prado, São Paulo: Companhia das Letras, 1996), p. 560.

40. Werner Baer, *Siderurgia e desenvolvimento brasileiro*, op. cit., p. 102.

41. CVRD, *A mineração no Brasil e a Companhia Vale do Rio Doce*, op. cit., p. 186. Além do ferro, demandava-se borracha, bauxita, cobre, estanho e magnésio, entre outros minérios.

42. Companhia Vale do Rio Doce S.A. (foto). (Arquivo Público Mineiro, DJP-6-3-003(222), s.d.)

43. "O Rio Grande do Norte passara a abrigar uma importante base aeronaval dos Estados Unidos em território brasileiro, ponto de escala e trampolim para aeronaves e vasos de guerra que partiam do hemisfério Norte com destino à África." Lira Neto, *Getúlio: Do governo provisório à ditadura do Estado Novo (1930-1945)*, op. cit., p. 425.

44. Murilo Marcondes de Moura, *O mundo sitiado*, op. cit., p. 141.

45. "Nosso tempo", em *A rosa do povo*.

46. No momento em que a cidade recobrava seu nome, Drummond escreveu um emocionado e humorado artigo sobre as vicissitudes dos "cinco anos de luto civil": "Itabira, sempre Itabira", *Correio da Manhã*, 16 mar. 1947, 2ª seção, p. 1. Em 1942, diz ele, "a publicidade oficial esbaldava-se para expor ao mundo

as maravilhas que resultariam da criação da Companhia Vale do Rio Doce. [...] Como de costume, esse ato aparecia como uma benemerência, um dom, uma munificência do sr. Getúlio Vargas ao Brasil e muito especialmente a Itabira, que havia longo tempo esperava fosse resolvido o problema das suas jazidas inaproveitadas. [...] Dia triste foi aquele em que o humilde signatário destas linhas, ao levantar-se, verificou que [...] tinha deixado de ser itabirano para ser... presidente varguense". Conta, entre muitas observações acerca da história da cidade, do significado do nome Itabira e das lutas contra a sua adulteração, que Rubem Braga parodiara a "Confidência do itabirano", dizendo: "Presidente Vargas é apenas uma fotografia na parede... mas como dói!".

47. "'Itabira-do-Mato-Dentro: como é longe, como é bom!', escrevia-me Mário de Andrade, ao tomar conhecimento do nome saboroso e profundo." "Antigo", em *Passeios na ilha*, op. cit., p. 37.

48. Murilo Marcondes de Moura, *O mundo sitiado*, op. cit., p. 109.

49. Idem, ibidem, p. 136.

50. Idem, ibidem, pp. 117-8.

51. Nesses anos iniciais, os registros da Companhia Vale do Rio Doce acusam 35 407 toneladas exportadas para a Inglaterra em 1942, 62 928 em 1943, 127 194 em 1944 e 101 694 em 1945. CVRD, *A mineração no Brasil e a Companhia Vale do Rio Doce*, op. cit., p. 201.

52. Maria Cecilia de Souza Minayo, *De ferro e flexíveis*, op. cit., p. 105.

53. Idem, ibidem, p. 29.

54. Idem, ibidem, p. 20.

55. Idem, ibidem, p. 149.

56. "Câmara e cadeia", em *Contos de aprendiz*. A boca da mina do Cauê remonta ao período, durante o século XIX, em que se escavou ouro até topar com lençóis freáticos que inviabilizaram a exploração, dada a falta de técnicas de bombeamento àquela altura.

57. Anúncio da Companhia Vale do Rio Doce, *O Globo*, 20 nov. 1970, Arquivo Carlos Drummond de Andrade — AMLB; Fundação Casa de Rui Barbosa. Foto reproduzida em João Camillo Penna, *Drummond, testemunho da experiência humana* (Brasília: Abravídeo, 2011), p. 10.

58. *Uma pedra no meio do caminho: Biografia de um poema*, sel. e montagem de Carlos Drummond de Andrade, Rio de Janeiro: Editora do Autor, 1967. Ver a primorosa segunda edição ampliada por Eucanaã Ferraz para o Instituto Moreira Salles em 2010.

59. "Dia do ausente", *Correio da Manhã*, 13 out. 1965.

60. Nuno Ramos, "Fooquedeu. Mas não deu", *piauí*, Rio de Janeiro, n. 130, p. 44, jul. 2017.

61. Walter Benjamin, "Sobre o conceito da história", em *Magia e técnica*,

arte e política: Ensaios sobre literatura e história da cultura (trad. de Sérgio Paulo Rouanet, 7. ed., São Paulo: Brasiliense, 1994), p. 226.

62. A greve de abril de 1989, que durou dez dias, teve repercussão nacional e outros 22 sindicatos aderiram à paralisação, incluindo o Sindicato dos Metalúrgicos de João Monlevade. Como conquista do movimento, foi extinto o turno de 36 horas de trabalho.

63. Ver Maria Cecilia de Souza Minayo, *De ferro e flexíveis*, op. cit., pp. 56-7. Ver também a monografia de conclusão de curso em Ciências Sociais (UFMG) de Ana Gabriela Chaves Ferreira, *Mineração em serra tanto bate até que seca: A presença da Vale em Itabira para além do desenvolvimento dos conflitos ambientais*, que inclui depoimentos de moradores e uma indicação atual de efeitos da Vale sobre a cidade. <http://conflitosambientaismg.lcc.ufmg.br/wp-content/uploads/2015/12/Monografia-AnaGabriela-.pdf>

64. *Uma forma de saudade: Páginas de diário* (org. de Pedro Augusto Graña Drummond), p. 46. Anotação em 1º de junho sobre viagem ocorrida entre 27 e 29 de maio de 1948.

65. "Antigo", em *Passeios na ilha*, op. cit., pp. 35-9.

66. Idem, pp. 37-8.

67. "Em 1948 a empresa obteve, pela primeira vez, um saldo positivo", influenciado "pela recuperação dos preços internacionais do minério de ferro. [...] As crescentes exportações de minério do tipo *lump* dirigiam-se, em sua maior parte, para os Estados Unidos. Porém, num ensaio de diversificação de mercados, foram também realizadas vendas para o Canadá e para países da Europa Ocidental". A produção de 174 290 toneladas em 1947 saltava para 385 252 em 1948. Ver CVRD, *A mineração no Brasil e a Companhia Vale do Rio Doce*, op. cit., pp. 198-201.

68. "Vila de Utopia", em *Confissões de Minas*, op. cit., p. 121.

69. "Antigo", em *Passeios na ilha*, op. cit., p. 36.

70. "Depois de nos mostrar as naves do século XVIII, o sabarense leva-nos à Siderúrgica Belgo-Mineira (20 mil contos de capital, usina para fabricação de aço e de gusa, 10 mil pés de eucalipto, 15 mil hectares de terra cobertos de florestas, com depósitos minerais e quedas-d'água em profusão). E esta usina é como um direto no queixo do saudosista." Carlos Drummond de Andrade, "Viagem de Sabará", em *Confissões de Minas*, op. cit., pp. 138-9. Publicado originalmente em *O Jornal*, número especial sobre Minas Gerais, 24 jun. 1929.

71. "Antigo", em *Passeios na ilha*, op. cit., p. 36.

72. *Uma forma de saudade*, op. cit., p. 46.

73. O livro de Dermeval José Pimenta, engenheiro e presidente, àquela altura, da Companhia Vale do Rio Doce, dá uma boa mostra do discurso técnico e ao mesmo tempo apologético que Drummond terá ouvido no alto do Cauê: "O Vale está agora, praticamente, saneado; a estrada de ferro se acha em remodelação, os

transportes já se fazem de maneira eficiente. O minério de ferro, diariamente, desce em composições de grande tonelagem. Há abundância de florestas para a extração de madeira e carvão vegetal. Há um porto em aparelhamento. Há estradas de ferro e de rodagem ligando-o diretamente aos nossos maiores centros consumidores. A energia elétrica está sendo captada. É chegado, pois, o momento da ação". "Minas Gerais que, no momento, se encontra em precária situação financeira e com a sua economia francamente depauperada, volta as suas vistas e as suas esperanças para esse Vale." *O minério de ferro na economia nacional (O Vale do Rio Doce)* (Rio de Janeiro: Aurora, 1950), pp. 12-3.

74. "Antigo", em *Passeios na ilha*, op. cit., p. 38.

75. *Uma forma de saudade*, op. cit., p. 46. A propósito da cena, ver o poema "Copo d'água no sereno", em *Boitempo: Menino antigo*.

76. "Antigo", em *Passeios na ilha*, op. cit., p. 38.

77. Recorte d'"A máquina do mundo" no *Correio da Manhã*, 2 out. 1949, 3ª seção, p. 1, com emendas manuscritas do autor (Arquivo Carlos Drummond de Andrade da Academia Brasileira de Letras — Fundação Casa de Rui Barbosa), é apresentado por Júlio Castañon Guimarães na edição crítica *Carlos Drummond de Andrade: Poesia 1930-62*, op. cit., p. 207.

78. As expressões citadas fazem parte do poema "Procura da poesia", em *A rosa do povo*.

79. Luís de Camões, *Os lusíadas*, canto x, 80-143.

80. João Adolfo Hansen, "A máquina do mundo", em Adauto Novaes (org.), *Poetas que pensaram o mundo* (São Paulo: Companhia das Letras, 2005), p. 162.

81. Idem, ibidem.

82. Agamben chama de dispositivo "qualquer coisa que tenha de algum modo a capacidade de capturar, orientar, determinar, interceptar, modelar, controlar e assegurar os gestos, as condutas, as opiniões e os discursos dos seres viventes". Giorgio Agamben, "O que é um dispositivo?", em *O que é o contemporâneo? e outros ensaios* (trad. de Vinícius Nicastro Honeski, Chapecó: Artos, 2009), p. 40.

83. João Adolfo Hansen, "A máquina do mundo", em *Poetas que pensaram o mundo*, op. cit., p. 187.

84. João Adolfo Hansen observa que "o modelo ortodoxo e tradicional de universo" que marca o episódio da máquina do mundo não impede Camões de registrar o conhecimento empírico acumulado pela experiência das navegações portuguesas, os saberes técnicos e mecânicos que dissiparam "muitas ignorâncias" da cosmografia ptolomaica e escolástica. João Adolfo Hansen, "A máquina do mundo", em *Poetas que pensaram o mundo*, op. cit., p. 190. Vale referir também que Raymundo Faoro vê em Vasco da Gama o protótipo do "herói burocrata", matriz da elite colonizadora que se perpetua na figura dos *donos do poder*

na história brasileira. *Os donos do poder: Formação do patronato político brasileiro* (5. ed., São Paulo: Globo, 2012), p. 837.

85. *Os lusíadas*, canto x, 80. A dualidade entre um Deus que é e um Deus que faz, que se distribui entre a ontologia e a práxis, a disposição e o dispositivo, deixa segundo Agamben uma herança "esquizofrênica" para a cultura ocidental: a cesura moderna pela qual a economia governa sem fundamento no ser. Giorgio Agamben, "O que é um dispositivo?", em *O que é o contemporâneo? e outros ensaios*, op. cit., p. 37.

86. Martin Heidegger, "A questão da técnica", em *Ensaios e conferências* (trad. de Emmanuel Carneiro Leão, Gilvan Fogel e Marcia Sá Cavalcante Schuback, Petrópolis: Vozes, 2002), p. 20. A tradução em português, modulando as múltiplas formas do verbo *dis-por*, evidencia por si só a proximidade da *Gestell* heideggeriana, "cuja etimologia é análoga àquela da *dis-positio, dis-ponere* (o alemão *stellen* corresponde ao latim *ponere*)", com o princípio do *dispositivo* foucaultiano. Ver Giorgio Agamben, "O que é um dispositivo?", em *O que é o contemporâneo? e outros ensaios*, op. cit., pp. 38-9.

87. Martin Heidegger, "A questão da técnica", em *Ensaios e conferências*, op. cit., p. 20.

88. Julieta Augusta faleceu em 29 de dezembro de 1948. O diário registra demoradamente, em 3 de janeiro de 1949, com uma minúcia pungente e quase autoflagelante, a longa doença agônica e sua morte. Ver *Uma forma de saudade*, op. cit., pp. 48-52.

89. Segundo Roland Barthes, o fundamento biográfico proustiano de *Em busca do tempo perdido* é a morte da mãe, que teria operado no escritor, como efeito de longo termo, uma "transmutação de valores" e um amadurecimento das várias determinações "poiéticas" que o levaram a, entre outras coisas, "mudar o tamanho da obra projetada, [...] passar a uma obra longa, muito longa (todo o *Tempo redescoberto*)". Em Drummond, podemos acrescentar, o acontecimento da morte da mãe talvez o tenha levado a escrever não uma obra longa, mas um poema *grande, muito grande*. Ver Roland Barthes, *A preparação do romance I: Da vida à obra* (texto estabelecido, anotado e apresentado por Nathalie Léger; trad. de Leyla Perrone-Moisés, São Paulo: Martins Fontes, 2005), p. 214.

90. "Vila de Utopia", em *Confissões de Minas*, op. cit., p. 127.

4

1. A *lanterna mágica* é um instrumento de projeção de imagens inventado no século XVII, que foi extremamente difundido no século XIX e no início do XX. É uma das principais modalidades do chamado "pré-cinema", que vigo-

rou até ser engolida pelo próprio cinema. Trata-se de uma caixa óptica que permitia projetar sobre tela, numa sala escura, graças a uma chama ou lâmpada interna, imagens fixas ou em movimento pintadas sobre placas de vidro. Seu uso disseminado deixou marcas na cultura do tempo, do *Werther* de Goethe à *Recherche* proustiana. Ver Laurent Mannoni, *A grande arte da luz e da sombra: Arqueologia do cinema* (São Paulo: Senac; Editora Unesp, 2003). Em *Alguma poesia* a série "Lanterna mágica" reúne os poemas "Belo Horizonte", "Sabará", "Caeté", "São João del-Rei", "Nova Friburgo", "Rio de Janeiro" e "Bahia", além de "Itabira". O nome da série sugere uma coleção de imagens de cidades condensadas na memória, com ênfase no mundo tradicional mineiro assaltado por índices de modernidade, como o trem que chega a Sabará qual um bicho-papão. A "lanterna mágica" é a metáfora e a metonímia desse imaginário banhado no passado.

2. A informação aparece na edição crítica de Júlio Castañon Guimarães, *Carlos Drummond de Andrade: Poesia 1930-62*, op. cit., p. 24. O manuscrito é o caderno de tipo escolar contendo poemas seus, enviado por Drummond a Mário de Andrade, em junho de 1926.

3. Marconi Ferreira, "A verdadeira história de Antônio Alves de Araújo, Tutu Caramujo", postagem de 26 de abril de 2013 no site Itafatos. <Itafatos.com.br/a-verdadeira-história-de-antonio-alves-de-araujo-tutu- caramujo>

4. Joaquim-Francisco Coelho, *Terra e família na poesia de Carlos Drummond de Andrade*, op. cit., p. 90. A carta citada data de 22 de fevereiro de 1968.

5. Ivan Marques, *Cenas de um modernismo de província: Drummond e outros rapazes de Belo Horizonte* (São Paulo: Ed. 34, 2011), p. 46.

6. Laís Corrêa de Araújo, "A poesia modernista de Minas", em Affonso Ávila (org.), *O modernismo* (São Paulo: Perspectiva, 1975), p. 190. Apud Ivan Marques, *Cenas de um modernismo de província*, op. cit., pp. 46-7.

7. "A palavra Minas", em *As impurezas do branco*.

8. Ivan Marques, *Cenas de um modernismo de província*, op. cit., p. 46.

9. "Vila de Utopia", em *Confissões de Minas*, op. cit., p. 125.

10. Idem, pp. 121-2.

11. Idem, p. 122.

12. "Sorriso crispado ou O depoimento do homem de Itabira".

13. "Vila de Utopia", em *Confissões de Minas*, op. cit., p. 121.

14. Idem.

15. Idem, pp. 126-7.

16. "Beira-rio", em *Contos de aprendiz*.

17. Ver Ana Paula Pacheco, "Um Drummond insuspeitado?", posfácio a *Contos de aprendiz*, pp. 129-30.

18. Acrescenta-se a essa linha de crítica social o texto "Rosário dos homens

pretos", publicado no *Correio da Manhã* em 1º de agosto de 1948, 2ª seção, p. 1, e recolhido em *Passeios na ilha*, op. cit., pp. 47-55, em que Drummond faz ver a importância das lutas sociais travadas no período colonial pelas irmandades dos homens pretos, por meio das quais a prática religiosa se convertia num "instrumento de afirmação política e de reivindicação", constituindo-se num espaço de "luta de classes — luta civil, urbana, longe dos quilombos" (p. 49).

19. Em 1945, Drummond demite-se do cargo de chefe de gabinete de Gustavo Capanema no Ministério da Educação e Saúde Pública, onde trabalhara desde 1934. Convidado por Luís Carlos Prestes, aproxima-se do Partido Comunista e torna-se codiretor da *Tribuna Popular*. Poucos meses depois afasta-se do jornal, uma vez evidenciada a sua incompatibilidade com o dirigismo stalinista. Para a discussão alongada e abrangente da questão política, em suas consequências poéticas, ver Vagner Camilo, *Drummond: Da rosa do povo à rosa das trevas*, op. cit.

20. "Tal uma lâmina,/ o povo, meu poema, te atravessa." "Consideração do poema", em *A rosa do povo*.

21. Murilo Marcondes de Moura, *O mundo sitiado*, op. cit., p. 133.

22. Idem, ibidem, p. 146.

23. Idem, ibidem, p. 191.

24. John Gledson, *Influências e impasses: Drummond e alguns contemporâneos* (São Paulo: Companhia das Letras, 2003), p. 142. Ver, em especial, o capítulo "Drummond e Valéry", pp. 140-69.

25. *O observador no escritório* (2. ed., Rio de Janeiro: Record, 2006), p. 171.

26. Ver "Essa nossa classe média...", em *Passeios na ilha*, op. cit., pp. 87-90.

27. "Notas de edição" a "Essa nossa classe média...", dos organizadores editoriais Augusto Massi e Milton Ohata, em *Passeios na ilha*, op. cit., p. 314.

28. Vinicius Dantas, "Apresentação" a "IV. Conjuntura", em Antonio Candido, *Textos de intervenção* (sel., apres. e notas de Vinicius Dantas, São Paulo: Duas Cidades; Ed. 34, 2002), p. 332.

29. *O observador no escritório*, op. cit., p. 55.

30. "Vale da esperança?", *Correio da Manhã*, 12 jun. 1955, coluna "Imagens do Brasil", 1º caderno, p. 3, e "Longe das Minas", 17 abr. 1955. Sob o pseudônimo de Antônio Crispim, Drummond publica também no *Correio da Manhã* a reportagem "Em defesa de seus direitos", 21 abr. 1955, encimada pela suíte "O guloso comeu tudo...", 1º caderno, p. 3, em que são repisados os argumentos de "Longe das Minas".

31. "Vale da esperança?", *Correio da Manhã*, 12 jun. 1955.

32. "Deveres sociais", *Correio da Manhã*, 19 maio 1957, coluna "Imagens do interior — II", 1º caderno, p. 6.

33. "Marechal", *Correio da Manhã*, 17 jul. 1955, coluna "Imagens do rio Doce", 1º caderno, p. 6.

34. Idem, ibidem.
35. "Brasiliana", *Correio da Manhã*, 24 maio 1955, coluna "Imagens a esmo", 1º caderno, p. 6.
36. "Correio municipal", *Correio da Manhã*, 12 out. 1955, coluna "Imagens de desengano", 1º caderno, p. 6. A crônica-poema encontra-se em *Versiprosa*.
37. "Perguntas & respostas", *Correio da Manhã*, 30 jul. 1955, coluna "Imagens de realejo", 1º caderno, p. 6.
38. Ver Eduardo Viveiros de Castro, "Saque/dádiva", em *Azougue* — ed. especial 2006-2008 (org. de Sergio Cohn, Pedro Cesarino e Renato Rezende, Rio de Janeiro: Beco do Azougue, 2008), pp. 31-2.
39. "Caso enjoado", *Correio da Manhã*, 28 ago. 1955, coluna "Imagens itabiranas", 1º caderno, p. 6.
40. "Não se muda", *Correio da Manhã*, 16 maio 1957, coluna "Imagens do interior — I", 1º caderno, p. 6.
41. Idem, ibidem.
42. "Dia do ausente", *Correio da Manhã*, 13 out. 1965, Caderno B, p. 1.
43. "Canção de uma cidade", *Jornal do Brasil*, 24 abr. 1980.
44. "Chove ouro em Itabira", *Jornal do Brasil*, 22 out. 1983, Caderno B, p. 8.
45. "Canção de uma cidade", *Jornal do Brasil*, 24 abr. 1980. A crônica fala com desalento da incapacidade do poeta de oferecer perspectivas de ação aos jovens itabiranos que o procuram, e faz par com o poema proustiano "Canção de Itabira" (*Corpo*, 1984), citado supra, pp. 135-6.
46. Cf. David Harvey, "A destruição criativa da terra", cap. 7 d'*O enigma do capital e as crises do capitalismo* (trad. de João Alexandre Peschanski, São Paulo: Boitempo, 2011), p. 156.
47. Ver nota 36.
48. *O observador no escritório*, op. cit., pp. 207-8.
49. "Canção de uma cidade", *Jornal do Brasil*, 24 abr. 1980.
50. Uma carta de Drummond a Milton Campos, em 1º de agosto de 1947, recusando amistosamente o convite para participar de sua equipe no governo de Minas ("estou certo de que você não verá nisto uma recusa de servir"), é um bom exemplo dos protocolos cordiais na relação política. Ver *O observador no escritório*, op. cit., p. 114. Jerônimo Teixeira procura analisar esses protocolos de cordialidade na própria poesia de Drummond, em *Drummond cordial* (São Paulo: Nankin, 2005).
51. A expressão dá nome a um ensaio do crítico porto-riquenho Arcadio Díaz-Quiñones, que trata do esgarçamento da memória coletiva em condições adversas. *A memória rota: Ensaios de cultura e política* (trad. e org. de Pedro Meira Monteiro, São Paulo: Companhia das Letras, 2016).

52. "Deveres sociais", *Correio da Manhã*, 19 maio 1957, coluna "Imagens do interior — ii", 1º caderno, p. 6.

53. "Dia do ausente", *Correio da Manhã*, 13 out. 1965.

54. "Chove ouro em Itabira", *Jornal do Brasil*, 22 out. 1983.

55. Em 1961, Drummond escrevera sobre esse processo de tombamento — era uma proteção parcial e conciliatória que permitia a "lavra dos blocos rolados de pé de escarpa" abaixo da cota de 1520 metros, desde que não ameaçasse a estabilidade do pico. "Salvando a paisagem", *Correio da Manhã*, 25 jun. 1961, coluna "Imagens da terra", 1º caderno, p. 6.

56. Como se obedecesse de alguma forma à demanda do poema e do parecer da DPHAN, a montanha de Itabirito foi toda escalavrada, mantendo-se, no entanto, o perfil incólume e solitário do cume, erguido de maneira bizarra sobre um entorno devastado. Em 2010 iniciou-se um movimento pela recomposição da paisagem.

57. José Murilo de Carvalho, *A Escola de Minas de Ouro Preto*, op. cit., p. 125.

58. Giorgio Agamben, "O que resta?". <http://flanagens.blogspot.com.br/2017/06/o-que-resta-giorgio-agamben.html> Seguindo sucintamente na mesma linha, Paulo Neves formula: "A poesia é um chamado; a música, uma chama". "O chamado e a chama", blog No Limiar. <https://nolimiar.wordpress.com/2011/12/28/o-chamado-e-a-chama/>

59. Roberto Calasso cita uma passagem de Theodor W. Adorno que interessa aqui: "Só por graça de seu elemento mortal as obras de arte participam da conciliação. Mas assim permanecem escravas do mito. Este é o seu caráter egípcio". Calasso sugere que Adorno, malgrado suas "palavras estupendas", só pode entender a arte como "escrava do mito" enquanto, ele mesmo, "escravo do Iluminismo". Podemos dizer que, em Drummond, o "caráter egípcio" da palavra nomeadora não consiste numa escravidão, mas numa aliança tática com o mito, que permite à poesia afirmar a sua adesão ao existente sem deixar de interrogá-lo. Calasso, "O caráter egípcio da arte", em *Os 49 degraus* (trad. de Nilson Moulin, São Paulo: Companhia das Letras, 1997), p. 54.

60. Haroldo de Campos viu em *Lição de coisas* "a consideração do poema como objeto de palavras, a resolução última de tudo — emoção, paisagem, ser, revolta — na suprema instância da coisa-palavra". "Isso é aquilo", por exemplo, é um "poema-dicionário [...] a girar sobre si mesmo num eixo mallarmaico"; "A bomba", um "poema visual, que se monta [...] como se os sintagmas que o formam fossem combinados por um computador eletrônico"; e "A palavra e a terra", uma "cartografia vivencial [...] sob o signo do experimento verbal". *Metalinguagem & outras metas* (4. ed. rev. e ampl., São Paulo: Perspectiva, 1992), p. 53.

61. "Dia do ausente", *Correio da Manhã*, 13 out. 1965. Ver p.161.

A MÁQUINA POÉTICA [pp. 171-257]

5

1. Esta seção e mesmo o capítulo 5 como um todo incorporam com novos desdobramentos e consequências alguns trechos de meu ensaio "Drummond e o mundo", publicado em *Poetas que pensaram o mundo*, op. cit., pp. 19-64.

2. Curiosamente, há um *duro mundo* empedrado no sobrenome Drummond, fato que ele mesmo glosou num poema lúdico-jocoso, ao tratar o camoniano *desconcerto do mundo* como "mal-drummundo". "Em a/grade/cimento — Ao ensaio 'Camões e Drummond: A máquina do mundo', de Silviano Santiago, professor em New Jersey (USA)", em *Viola de bolso*.

3. *Antologia poética*, publicada em 1962 e ampliada em 1970.

4. O poema, dentro da tônica político-social d'*A rosa do povo*, converge para uma frase contundente na qual se condensa o desafio maior do projeto drummondiano, àquela altura: "Tal uma lâmina,/ o povo, meu poema, te atravessa".

5. A passagem confirma a observação de Sérgio Buarque de Holanda de que muitas imagens corporais na poesia de Drummond são mais minerais que orgânicas, com destaque para unhas, dentes, pestanas, bigodes, que se associam metonimicamente, aqui, a anéis e lanternas (em outros casos, a gilete e relógios). "O mineiro Drummond — I", em *O espírito e a letra: Estudos de crítica literária (1947-1958)*, v. II, op. cit., p. 561.

6. Immanuel Kant, "Analytique du sublime", em *Critique de la faculté de juger* (trad. e introd. de Alexis Philonenko, Paris: Librairie Philosophique J. Vrin, 2000), p. 127. A tradução para o português é minha.

7. Ver, a propósito, Gilles Deleuze, "Sur Quatre Formules poétiques qui pourraient résumer la philosophie kantienne", em *Critique et clinique* (Paris: Les Éditions de Minuit, 1993), pp. 48-9.

8. Eduardo Sterzi encarece a importância da analítica do sublime kantiana para a interpretação da poética de Drummond, em "Drummond e a poética da interrupção", em Vários Autores, *Drummond revisitado* (São Paulo: Universidade São Marcos, 2002), pp. 67-8.

9. Ver seção "Segredo egípcio", na parte "Maquinações minerais", nota 59.

10. Ver, adiante, a seção "O funcionário faustiano".

11. Uma terceira ocorrência da palavra "mundo" se dá num poema claramente atípico, "Os três mal-amados", poema dramático que trabalha com o procedimento da enumeração caótica. Ver João Cabral de Melo Neto, *Poesias completas (1940-1965)* (Rio de Janeiro: José Olympio, 1979). Na obra subsequente do autor a tendência prevalece: palavra "mundo" apenas no poema dramático

"Auto do frade". Ver João Cabral de Melo Neto, *A educação pela pedra e depois* (Rio de Janeiro: Nova Fronteira, 1997).

12. João Cabral de Melo Neto, "A Carlos Drummond de Andrade", em *Poesias completas (1940-1965)*, op. cit., pp. 355-6.

13. Idem, "Sobre o sentar-/estar-no-mundo", *A educação pela pedra e depois*, op. cit., p. 13.

14. Walter Benjamin, *Origem do drama barroco alemão* (trad., apres. e notas de Sérgio Paulo Rouanet, São Paulo: Brasiliense, 1984), pp. 171-4. Ver Raymond Klibansky, Erwin Panofsky e Fritz Saxl, *Saturne et la mélancholie* (trad. de Fabienne Durand-Bogaert e Louis Évrard, Paris: Gallimard, 1989).

15. Susan Sontag, "Sob o signo de Saturno", em *Sob o signo de Saturno* (trad. de Ana Maria Capovilla e Albino Poli Jr., São Paulo; Porto Alegre: L&PM, 1986).

16. Idem, ibidem, p. 86.

17. Idem, ibidem, p. 88.

18. Idem, ibidem, p. 91.

19. Idem, ibidem, p. 94.

20. Idem, ibidem.

21. *O observador no escritório*, op. cit., p. 17. Esse livro contém apenas excertos de um diário escrito ao longo da vida e que, ao que se sabe, o autor teria destruído em sua maior parte. Recentemente, trechos inéditos, falando sobre a morte de familiares e alguns amigos, foram publicados em *Uma forma de saudade*, op. cit.

22. Ver Iumna Maria Simon, "O mundo em chamas e o país inconcluso", op. cit., em especial p. 189.

23. Armando Freitas Filho, "CDA versus Zé Maria", prefácio a José Maria Cançado, *Os sapatos de Orfeu*, op. cit., p. 11.

24. José Maria Cançado, *Os sapatos de Orfeu*, op. cit., p. 307.

25. Silviano Santiago, "Camões e Drummond: A máquina do mundo", em *Drummond, poesia e experiência* (Belo Horizonte: Autêntica, 2002), p. 17.

26. Betina Bischof, *Razão da recusa: Um estudo da poesia de Carlos Drummond de Andrade* (São Paulo: Nankin, 2005), p. 15.

27. Eduardo Sterzi, "Drummond e a poética da interrupção", em Vários Autores, *Drummond revisitado*, op. cit., p. 50.

28. Referência a duas proposições que abrem o *Tractatus logico-philosophicus* de Ludwig Wittgenstein, retomadas por João Barrento em "O jardim devastado e o perfil da esperança", Vários Autores, *O estado do mundo* (2. ed., Lisboa: Fundação Calouste Gulbenkian; Tinta-da-China, 2007), p. 71.

29. Sterzi, Vários Autores, *Drummond revisitado*, op. cit., p. 57. A fonte da etimologia é o *Dicionário Houaiss da língua portuguesa*, op. cit.

30. Alcides Villaça, "O poeta, a máquina e o mundo", em *Passos de Drummond* (São Paulo: Cosac Naify, 2006), pp. 87-8.

31. Idem, ibidem, p. 87.

32. Henri Bergson, *Essai sur les données immédiates de la conscience*, op. cit., p. 64.

33. Alain Corbin, *Les Cloches de la terre: Paysage sonore e culture sensible dans les campagnes au XIXe Siècle* (Paris: Flammarion, 2000), p. 118.

34. "A matriz desmoronada", em *Autorretrato e outras crônicas*, op. cit., p. 169. Ver também, acima, a seção "Chegada", na parte "O espírito do lugar", p. 31.

35. David Lapoujade, "Tempo e afeto", em *Potências do tempo* (trad. de Hortencia Santos Lencastre, São Paulo, n-1 edições, 2013), p. 11.

36. Silviano Santiago, "Camões e Drummond: A máquina do mundo", op. cit., p. 22.

37. Antonio Cicero, "Drummond e a modernidade", em *Finalidades sem fim: Ensaios sobre poesia e arte* (São Paulo: Companhia das Letras, 2005), pp. 88-9. A época moderna é, ainda, na expressão de Heidegger, a "época das 'concepções do mundo'" — aquela em que o mundo não é dado como o ser que antecede o homem, mas que se concebe como imagem inseparável da subjetividade. Martin Heidegger, "L'Époque des 'conceptions du monde'", em *Chemins qui ne mènent nulle part*, op. cit., pp. 99-146.

38. Alfredo Bosi, "'A máquina do mundo' entre o símbolo e a alegoria", em *Céu, inferno: Ensaios de crítica literária e ideológica* (São Paulo: Duas Cidades; Ed. 34, 2003), p. 100.

39. Ver Luiz Costa Lima, "O princípio-corrosão na poesia de Carlos Drummond de Andrade", em *Lira e antilira (Mário, Drummond, Cabral)* (2. ed. rev., Rio de Janeiro: Topbooks, 1995), p. 185.

40. Immanuel Kant, "Analytique du sublime", em *Critique de la faculté de juger*, op. cit., p. 118.

41. Idem, ibidem, p. 123 e p. 127.

42. Silviano Santiago, "Camões e Drummond: A máquina do mundo", op. cit., p. 23 e pp. 25-6. O romance *A máquina do tempo*, de H. G. Wells, foi publicado em 1895.

43. "[...] o desvelar sublime dá-se sob a forma de um clarão em meio à escuridão exterior e interior." Vagner Camilo, *Drummond: Da rosa do povo à rosa das trevas*, op. cit., p. 300.

44. "[...] o sujeito, 'noturno e miserável', paralisado no chão da estrada pedregosa; a máquina 'formidável' [...] está 'sobre a montanha'." Alcides Villaça, "O poeta, a máquina e o mundo", em *Passos de Drummond*, op. cit., p. 93.

45. João Guimarães Rosa, "O recado do morro", *No Urubuquaquá, no Pinhém*, em *Ficção completa*, v. 1, op. cit., pp. 624-5.

46. "Colóquio das estátuas", em *Passeios na ilha*, op. cit., p. 58. O texto exalta ainda a vocação política que move um povo "pastoril e sábio, amante das virtudes simples", a lutar contra os tiranos, "levando o sentimento do bom e do justo a uma espécie de loucura organizada, explosiva e contagiosa, como o revelam suas revoluções liberais" (pp. 58-9). Ver também Betina Bischof, *Razão da recusa*, op. cit., pp. 114-6.

47. João Guimarães Rosa, "O recado do morro", *No Urubuquaquá, no Pinhém*, em *Ficção completa*, v. 1, op. cit., p. 632.

48. Idem, ibidem, p. 618.

49. Idem, ibidem, p. 630. Sobre o tema, ver José Miguel Wisnik, "Recado da viagem", *Scripta*, Revista do Programa de Pós-Graduação em Letras e do Cespuc, ed. especial do Seminário Internacional Guimarães Rosa, Belo Horizonte, v. 2, n. 3, pp. 160-70, 1998.

50. Alcides Villaça, "O poeta, a máquina e o mundo", em *Passos de Drummond*, op. cit., p. 96.

51. "O poema, um dos máximos alcances da poética drummondiana, apresenta, por um artifício semelhante ao de Brás Cubas cavalgando o hipopótamo do delírio, a penetração mais aguda da corrosão até à opacidade." Luiz Costa Lima, "O princípio-corrosão na poesia de Carlos Drummond de Andrade", em *Lira e antilira*, op. cit., p. 186.

52. Alfredo Bosi faz também referência ao delírio de Brás Cubas e à figura de Pandora, na análise da máquina drummondiana. "'A máquina do mundo' entre o símbolo e a alegoria", em *Céu, inferno*, op. cit., p. 112.

53. O título inspira-se em "No palácio de Moebius", ensaio de Nuno Ramos que será retomado adiante, na seção "Ainda Moebius", desta parte.

54. O cristalino e já citado ensaio de Antonio Cicero, "Drummond e a modernidade", em *Finalidades sem fim*, bem como o posfácio de Abel Barros Baptista à preciosa edição portuguesa de *Claro enigma*, "Drummond antimoderno" (Lisboa: Cotovia, 2013), opostos quanto a suas perspectivas críticas, como indicam os respectivos títulos, escolhem igualmente não se deter na leitura do trecho.

55. Alfredo Bosi, "'A máquina do mundo' entre o símbolo e a alegoria", em *Céu, inferno*, op. cit., p. 113. A interpretação de Bosi é seguida por Vagner Camilo em *Drummond: Da rosa do povo à rosa das trevas*, op. cit., por Betina Bischof em *Razão da recusa*, op. cit., e por Alcides Villaça em "O poeta, a máquina e o mundo", *Passos de Drummond*, op. cit.

56. Martin Heidegger, "A questão da técnica", em *Ensaios e conferências*, op. cit., pp. 11-38.

57. Idem, ibidem, p. 17.
58. Idem, ibidem, pp. 23-4.
59. Idem, ibidem, p. 28. Ver Philippe Lacoue-Labarthe, "Tipografia", em *A imitação dos modernos: Ensaios sobre arte e filosofia* (org. de Virginia de Araujo Figueiredo e João Camillo Penna, trad. de João Camillo Penna et al., São Paulo: Paz e Terra, 2000), pp. 47-158.
60. "Quando tentamos [...] mostrar a exploração em que se desencobre a técnica moderna, impõem-se e se acumulam, de maneira monótona, seca e penosa, as palavras 'pôr', 'dis-por', 'dis-positivo', 'dis-ponível', 'dis-ponibilidade' etc." Martin Heidegger, "A questão da técnica", em *Ensaios e conferências*, op. cit., p. 21.
61. Tomamos a liberdade, aqui, de usar "disposição" no lugar daquilo que a edição brasileira traduziria por "composição", de maneira a potencializar o par *dispositivo/disposição*. Para "disposição" no sentido de disponibilidade do estoque, que a tradução adota, preservaríamos a palavra "disponibilização".
62. Affonso Romano de Sant'Anna, *Drummond: O gauche no tempo* (Rio de Janeiro: Instituto Nacional do Livro; MEC, 1972), p. 252.
63. Ver Francisco Achcar, *A rosa do povo e Claro enigma: Roteiro de leitura* (São Paulo: Ática, 1993), pp. 76-7.
64. O que dá um enviesado interesse a mais àquela hipótese de Silviano Santiago, quando associou Wells à atmosfera d'"A máquina do mundo".
65. Lembro aqui uma conferência de Emir Rodríguez Monegal, no final da década de 1970, na Unicamp, em que o crítico uruguaio expunha a sua descoberta da relação entre *El aleph* e *A divina comédia*. Ver os verbetes "Aleph" e "Alighieri, Dante", em *Borges babilônico: Uma enciclopédia* (org. de Jorge Schwartz, coord. editorial de Maria Carolina de Araújo, São Paulo: Companhia das Letras, 2017). Para uma reflexão de natureza poética e cosmológica sobre o tema da máquina do mundo, passando por Dante, Camões e Drummond, ver o livro-poema de Haroldo de Campos, *A máquina do mundo repensada* (São Paulo: Ateliê, 1999).
66. "O poema é uma máquina que produz, mesmo que o poeta não se proponha a isso, anti-história. A operação poética consiste numa inversão e conversão do fluir temporal; o poema não detém o tempo: o contradiz e o transfigura." Octavio Paz, *Los hijos del limo: Del romanticismo a la vanguardia* (Barcelona: Seix Barral, 1974), p. 9.
67. Bertrand Westphal, "Pour une approche géocritique des textes", em *La Géocritique: Mode d'emploi* (Limoges: Pulim, 2000), p. 9.
68. David Harvey, "A geografia disso tudo", cap. 6 d'*O enigma do capital e as crises do capitalismo*, op. cit., p. 129 e p. 131.

69. Jorge Luis Borges, "O aleph", em *O Aleph* (São Paulo: Companhia das Letras, 2008), p. 138.

70. Betina Bischof, *Razão da recusa*, op. cit., p. 124.

71. José Guilherme Merquior, "'A máquina do mundo de Drummond", em *Razão do poema: Ensaios de crítica e de estética* (2. ed., Rio de Janeiro: Topbooks, 1996), p. 110. Ver também, do mesmo autor, *Verso universo em Drummond* (trad. de Marly de Oliveira, 2. ed., Rio de Janeiro: José Olympio, 1976), pp. 185-90.

72. Antonio Cicero, "Drummond e a modernidade", em *Finalidades sem fim*, op. cit., p. 90. Para o entendimento mais amplo da posição filosófica que embasa a interpretação, ver idem, *O mundo desde o fim* (Rio de Janeiro: Francisco Alves, 1995).

73. Alfredo Bosi, "'A máquina do mundo' entre o símbolo e a alegoria", em *Céu, inferno*, op. cit., p. 118.

74. Idem, ibidem, p. 108.

75. Idem, ibidem, p. 121.

76. Betina Bischof, *Razão da recusa*, op. cit., p. 121.

77. Idem, ibidem, p. 122. Enfatizando a carga de historicidade disfarçada no poema, Eduardo Sterzi observa que, "embora a máquina oferte ao poeta a visão de uma realidade mirífica e abstrata, ela mesmo, a máquina, confundindo sua voz com a ideologia, é signo da realidade histórica no processo de ocultamento de suas bases materiais". Sterzi, em Vários Autores, *Drummond revisitado*, op. cit., p. 78.

78. Idem, ibidem.

79. Alcides Villaça, "O poeta, a máquina e o mundo", em *Passos de Drummond*, op. cit., pp. 101-2.

80. Idem, ibidem, p. 100.

81. Ver, em especial, os capítulos "A geografia disso tudo" (pp. 117-50) e "A destruição criativa da terra" (pp. 151-74) d'*O enigma do capital e as crises do capitalismo*, op. cit.

82. Refiro-me à insensibilidade massiva à dor dos viventes explorados para fins produtivos e reprodutivos de alimento, fibra e filhotes, a redução da sua existência ao molde orgânico da gaiola em que são postos cruelmente a funcionar, em imensos laboratórios agrícolas, e a indiferença com que esses trabalhadores biológicos são mortos com sofrimento. Ver, a propósito, entrevista de Donna Haraway, em Maria Esther Maciel (org.), *Pensar/escrever o animal: Ensaios de zoopoética e biopolítica* (Florianópolis: Editora da UFSC, 2011).

83. "Colóquio das estátuas", em *Passeios na ilha*, p. 59.

84. Ver Peter Pál Pelbart, *O avesso do niilismo: Cartografias do esgotamento* (São Paulo: n-1 edições, 2013).

85. Acompanho aqui as palavras de Jacques Derrida, numa conferência em inglês em que contrapõe *messianism* a *messianicity*. *Desconstruction in a Nutshell: A Conversation with Jacques Derrida* (9. ed., com comentário de John D. Caputo, Nova York: Fordham University Press, 2006), p. 23. Ver também José Miguel Wisnik, "A (des)construção do futuro", em Adauto Novaes (org.), *Mutações: O futuro não é mais o que era* (São Paulo: Edições Sesc, 2013), p. 467.

86. Sobre Bartleby e sua proximidade com Kafka, ver Gilles Deleuze, "Bartleby, ou la formule", em *Critique et clinique*, op. cit. Belacqua é um personagem do canto IV d'*A divina comédia* (Purgatório, 106-135), tomado como referência ficcional por Samuel Beckett nos contos de *More Pricks than Kicks* (ed. de Cassandra Nelson, Londres: Faber and Faber, 2010), entre os quais se inclui "Dante and the Lobster".

87. Giorgio Agamben comenta, com base numa proposição da neurofisiologia, que o escuro não é "a simples ausência da luz, algo como uma não visão", mas a resultante da atividade de certas células periféricas da retina, "ditas precisamente *off-cells*", que produzem no nosso olho a visão da escuridão. "Isso significa, se voltarmos agora à nossa tese sobre o escuro da contemporaneidade, que perceber esse escuro não é uma forma de inércia ou de passividade, mas implica uma atividade e uma habilidade particular que [...] equivalem a neutralizar as luzes que provêm da época para descobrir suas trevas, o seu escuro especial, que não é, no entanto, separável daquelas luzes." "O que é o contemporâneo?", em *O que é o contemporâneo? e outros ensaios*, op. cit., p. 63.

6

1. Ver seção "A campanha", na parte "Maquinações minerais", nota 51.

2. Nuno Ramos, "No palácio de Moebius", em Marcos Lacerda (org.), *Música* (Rio de Janeiro: Funarte, 2016, Coleção Ensaios Brasileiros Contemporâneos), pp. 145-6. O ensaio foi publicado originalmente na revista *piauí*, Rio de Janeiro, n. 86, pp. 71-8, nov. 2013.

3. Outros exemplos pontuais desse sintoma: "Eu não devia te dizer/ mas essa lua/ mas esse conhaque/ botam a gente comovido como o diabo" — assim termina o "Poema de sete faces", marco inaugural da poesia de Drummond, disfarçando como se fosse conversa de bêbado o extraordinário *desregramento dos sentidos* e a percepção simultaneísta do mundo que o poema instaura; "eu mesmo mentindo devo argumentar/ que isto é bossa nova/ que isto é muito natural" — assim canta, por sua vez, o "Desafinado" de Tom Jobim e Newton

Mendonça, fingindo que a canção não está promovendo uma forma de *emancipação da dissonância* na canção popular.

4. Ver Vagner Camilo, *Drummond: Da rosa do povo à rosa das trevas*, op. cit., pp. 300-1.

5. Sergio Miceli, *Intelectuais e classe dirigente no Brasil (1920-1945)*, Rio de Janeiro: Difel, 1979.

6. Idem, ibidem, p. 187.

7. Acompanho aqui a avaliação de João Camillo Penna em *Drummond, testemunho da experiência humana*, op. cit., pp. 52-5.

8. Iumna Maria Simon, "O mundo em chamas e o país incluso", op. cit., pp. 185-6.

9. Antonio Candido, "Prefácio" a Sergio Miceli, *Intelectuais e classe dirigente no Brasil (1920-1945)*, op. cit., p. xi.

10. Sergio Miceli, *Intelectuais e classe dirigente no Brasil (1920-1945)*, op. cit., p. xxii.

11. João Camillo Penna, *Drummond, testemunho da experiência humana*, op. cit., pp. 54-5.

12. O resumo é de João Camillo Penna, *Drummond, testemunho da experiência humana*, op. cit., p. 55. Diz ainda Antonio Candido no prefácio ao livro de Miceli: "sinto falta de distinção mais categórica, e sobretudo teoricamente fundamentada, entre os intelectuais que 'servem' e os que 'se vendem'". *Intelectuais e classe dirigente no Brasil (1920-1945)*, op. cit., p. xi.

13. A crítica vinha, segundo Penna, de uma resenha maldosa do livro de Miceli publicada na revista *Veja*, onde Drummond era colocado, ao lado de Augusto Meyer e de Rodrigo M. F. de Andrade, entre os escritores que, "situados entre os objetos de devoção da crítica militante nos aparelhos de celebração que circulam entre as panelas de letrados, buscam minimizar o quanto suas obras devem aos laços clientelísticos de que são beneficiários". No artigo "O Yanomami sem sorte", publicado no *Jornal do Brasil* em 23 de fevereiro de 1980, Drummond pretende rebater Miceli, embora estivesse reagindo diretamente não propriamente ao livro, mas à versão apresentada pela resenha. Penna, *Drummond, testemunho da experiência humana*, op. cit., p. 55.

14. João Camillo Penna, *Drummond, testemunho da experiência humana*, op. cit., pp. 55-6.

15. Roberto Said, *A angústia da ação: Poesia e política em Drummond* (Curitiba: Editora UFPR; Belo Horizonte: Editora UFMG, 2005).

16. Idem, ibidem, p. 34.

17. João Camillo Penna, *Drummond, testemunho da experiência humana*, op. cit., p. 55.

18. Roberto Said, *A angústia da ação*, op. cit., p. 20.

19. Idem, ibidem, p. 22.

20. Sergio Miceli, *Intelectuais e classe dirigente no Brasil (1920-1945)*, op. cit., p. xxiii.

21. "Esses textos memorialísticos narram a trajetória de um menino frágil e franzino que, embora estivesse inserido em um universo de fazendeiros, volta-se às 'coisas do espírito', revelando sensibilidades e dons insuspeitos. Trata-se de um pequeno prodígio, iniciado nos 'semanais fascículos românticos' emprestados pelo santeiro Alfredo Duval e na 'biblioteca verde', conduzida à cidade no lombo de um burro de carga [...]." Roberto Said, *A angústia da ação*, op. cit., p. 78.

22. Ver seção "Os garanhões ganhantes", na parte "O espírito do lugar", p. 55.

23. Idem, ibidem, p. 79. Sergio Miceli, *Intelectuais e classe dirigente no Brasil (1920-1945)*, op. cit., p. xxvii.

24. Ver Gilles Deleuze e Félix Guattari, *Kafka: Por uma literatura menor* (Belo Horizonte: Autêntica, 2014).

25. Vagner Camilo, *Drummond: Da rosa do povo à rosa das trevas*, op. cit., pp. 300-1.

26. "Para o sexo a expirar" (o grifo é meu), em *O amor natural*. Mariana Quadros Pinheiro analisa a relação entre "Para o sexo a expirar" e "A máquina do mundo", partindo da constatação de que, naquele, o sexo (ou a *máquina erótica*, tal como poderíamos chamá-lo) "parece promover [...] a 'total explicação de vida' recusada pelo sujeito melancólico nos anos 1950. Em 'A máquina do mundo', [...] a verdade perfeita é oferecida, tal qual a explicação universal dada pelo orgasmo no texto publicado com quarenta anos de intervalo", mas o "eu pervagante dos tercetos" não encontra na oferta da máquina a justificação da existência que encontra no ato erótico. *Carlos Drummond de Andrade: Nenhum canto radioso?*, Tese de doutorado, Programa de Pós-Graduação em Ciência da Literatura, Rio de Janeiro, UFRJ, 2014, p. 136. Ver também, sobre a poesia erótica de Drummond, "Nenhum canto radioso?", posfácio de Mariana Quadros Pinheiro a *O amor natural*, pp. 61-88.

27. Ver Vagner Camilo, *Drummond: Da rosa do povo à rosa das trevas*, op. cit., p. 312. A explicação do sentido da expressão é colhida em Hélio Lopes, *Letras de Minas e outros ensaios*, op. cit., p. 377.

28. E também: "*Le blanc troupeau de mes tranquilles tombes,/ Éloignes-en les prudents colombes*". "Le Cimetière marin", em Paul Valéry, *Oeuvres*, v. I (texto estabelecido e anotado por Jean Hytier, Paris: Gallimard, 1957), pp. 147-51.

29. Ver Vagner Camilo, *Drummond: Da rosa do povo à rosa das trevas*, op. cit., cap. 9, "Ouro sobre azul: Revelação final", pp. 299-312.

POSTSCRIPTUM: É AGORA, JOSÉ [pp. 258-61]

1. "E agora, José? Vitor, menino de rua, recita poema de Carlos Drummond de Andrade". <https://youtu.be/2Wc-yoYckhI>
2. Em raros momentos, a declamação discrepa do texto original. No caso dessa passagem, faltam os versos "o dia não veio, [...]/ o riso não veio,/ não veio a utopia/ e tudo acabou".
3. Expressão com que Nelson Rodrigues nomeava a ocorrência do acaso propício.
4. "Noturno à janela do apartamento", em *Sentimento do mundo*.
5. "Os bens e o sangue", em *Claro enigma*.
6. "Mãos dadas", em *Sentimento do mundo*.

Créditos das imagens

Todos os esforços foram feitos para reconhecer os direitos autorais das imagens. A editora agradece qualquer informação relativa à autoria, titularidade e/ou outros dados, se comprometendo a incluí-los em edições futuras.

pp. 1 e 2: Série Cartões-Postais. Acervo Humberto Martins/ foto de Miguel Brescia.

pp. 3 e 4-5 (acima): Acervo Altamir José de Barros/ foto de Brás Martins da Costa.

pp. 5 (abaixo), 6, 7, 8, 9, 10 (acima) e 11: Fundo Dermeval José Pimenta/ Arquivo Público Mineiro.

p. 10 (abaixo): Arquivo Público Mineiro.

p. 12-13: dr/Acervo de Pedro Drummond.

p. 14 (acima): Arquivo Público de Itabira/ foto de José Medeiros.

p. 14 (abaixo): Arquivo Público de Itabira/ foto de Toquinho.

p. 15: Arquivo Carlos Drummond de Andrande — amlb. Fundação Casa de Rui Barbosa

p. 16: Folhapress/ foto de Moacyr Lopes Júnior.

Índice remissivo

"1914" (Drummond), 51, 69

"A Alfredo Duval" (Drummond), 56, 250
"A Carlos Drummond de Andrade" (João Cabral), 181
À la recherche du temps perdu (Proust), 34, 276n
Abolição da escravatura (1888), 103
aço, produção e mercado do, 35-6, 38, 43, 78, 84, 90, 94, 98, 100, 102-4, 114, 116, 126, 217, 274n; ver também ferro, minério de; mineração
Acordos de Washington (1942), 106, 109-10, 113
Adorno, Theodor W., 52, 67, 70, 134, 225-7, 280n
Agamben, Giorgio, 129, 134, 167, 275-6n, 287n
"Agritortura" (Drummond), 68
"Águas de março" (canção), 238

Albert, Bruce, 20
Aleijadinho (Antônio Francisco Lisboa), 20, 204, 230
Alemanha, 155
"Aleph, O" (Borges), 219
Alguma poesia (Drummond), 45, 52, 82, 92, 116, 234, 271n, 277n
Aliados, 108-9; ver também Segunda Guerra Mundial
Alphonsus, João, 141
"América" (Drummond), 49-51, 110-2
América Latina, 236
Amor natural, O (Drummond), 255, 289n
analfabetismo funcional, 261
Andrade, Altivo Drummond de, 122
Andrade, Carlos de Paula, 55-6, 265n
Andrade, Elias de Paula, 32, 55
Andrade, família, 30, 42-3, 55
Andrade, José Drummond de, 122

Andrade, Julieta Augusta Drummond de, 121, 276*n*
Andrade, Mário de, 105, 142, 244, 271*n*, 273*n*, 277*n*
Andrade, Oswald de, 23, 53, 239, 244
Andrade, Rodrigo M. F. de, 288*n*
Anjos, Cyro dos, 141
"Anoitecer" (Drummond), 31
"Anta" (Drummond), 7, 98
"Antigo" (Drummond), 122, 128, 131, 134, 145
Antologia poética (Drummond), 175, 185
Antropoceno, 229
Antunes (grupo minerador), 163
"Ao Deus Kom Unik Assão" (Drummond), 181
"Áporo" (Drummond), 72, 164, 257, 267-8*n*
aquecimento global, 229
"Ar livre" (Drummond), 68
Araújo, Antônio Alves de, 141
Araújo, Laís Corrêa de, 142
Arrigucci Jr., Davi, 267*n*
Assis, Machado de, 144, 210, 237-8, 244
Associação Profissional dos Trabalhadores na Indústria de Extração de Ferro e Metais Básicos de Presidente Vargas, 114
Athayde, Tristão de, 118
"Ator" (Drummond), 68
Augusto, Daniel, 15
Aurignac, sítio arqueológico de (França), 167-8
Auschwitz, 52
"Auto do frade" (João Cabral), 281*n*, 282*n*
"Autobiografia para uma revista" (Drummond), 21

Bacia Amazônica, 20
Bahia, 259, 262, 268*n*
Bakunin, Mikhail, 56
Bandeira, Manuel, 23
Baptista, Abel Barros, 284*n*
Barbosa, Neide, 13
Barbosa, Rui, 59-60
Barcarena (PA), 20
Barrento, João, 282*n*
Barthes, Roland, 276*n*
"Bartleby, o escrivão" (Melville), 231, 287*n*
Batalha de Stalingrado (1942), 111; *ver também* Segunda Guerra Mundial
bauxita, 20, 235
Beckett, Samuel, 231, 251, 287*n*
"Beira-rio" (Drummond), 146-8
Belém (PA), 20
Bélgica, 123
Belo Horizonte (MG), 20, 36, 46, 56, 113, 121-2, 155, 162, 164-5, 242, 270*n*
Benedito, São, 98
Benjamin, Walter, 33-4, 119, 184
Bergson, Henri, 32-3, 188, 197-8
Bernardes, Artur, 90-1, 133, 144, 270*n*
Bischof, Betina, 186, 223, 225
Boitempo (Drummond), 7, 28, 30, 39, 41, 50-1, 56, 59, 62-3, 65-6, 68-9, 79, 81, 83, 87-9, 98, 100, 116, 249-50, 263*n*, 266*n*, 268*n*
Bonesio, Maria Cristina Martinez, 14
Bonfim (MG), 270*n*
Borges, Jorge Luis, 219-21, 285*n*
Bortoloti, Marcelo, 14
Bosi, Alfredo, 14, 201, 212-3, 225, 284*n*
"Brasil no contexto do capitalismo

internacional — 1889-1930, O" (Singer), 270n
Brazilian Hematite Syndicate, 83
Brazilian Iron and Steel, 269n
Brejo das almas (Drummond), 271n
"Buriti" (Guimarães Rosa), 56

Cabral de Melo Neto, João, 23, 181-3, 281n
Calasso, Roberto, 280n
"Câmara e cadeia" (Drummond), 148
Câmara Municipal de Itabira, 30, 58, 141, 149, 159, 161
Camargo, Sergio, 238
Camilo, Vagner, 15, 65-6, 255, 284n
Caminhando (Clark), 238
Camões, Luís de, 45, 128-31, 134-5, 194-5, 218-9, 251, 275n, 285n
Campos, Gonzaga de, 78, 269n
Campos, Haroldo de, 280n, 285n
Campos, Milton, 160, 279n
Canadá, 123, 235, 274n
Cançado, José Maria, 29, 48, 55
"Canção de berço" (Drummond), 174
"Canção de Itabira" (Drummond), 135, 279n
"Canção de uma cidade" (Drummond), 279n
"Canção imobiliária" (Drummond), 168
Candido, Antonio, 66-7, 89, 152, 244, 288n
"Cantiga de enganar" (Drummond), 241
"Canto ao homem do povo Charlie Chaplin" (Drummond), 174
"Canto esponjoso" (Drummond), 175
"Canto mineral" (Drummond), 162, 164
"Canto órfico" (Drummond), 176-7
Capanema, Gustavo, 242-6, 248, 278n
capitalismo, 91, 156, 228
Cardoso, Fernando Henrique, 37
"Carrego comigo" (Drummond), 174, 186
"Carta a Stalingrado" (Drummond), 111
Carta ao pai (Kafka), 58
Carvalho, José Murilo de, 163
Carvalho, Maria Cecilia Vieira de, 13
carvão, 78, 133, 268n, 270n, 275n
"Casa do tempo perdido, A" (Drummond), 168
Casa-grande & senzala (Freyre), 57
"Casarão morto" (Drummond), 264n
Castañon Guimarães, Júlio, 271-2n, 275n, 277n
Castro, Álvaro Mendes de Oliveira, 270n
Castro, Eduardo Viveiros de, 20
Castro, Moacyr Werneck de, 271n
Cauê, pico do (Itabira), 18, 29-30, 35-6, 38, 40-2, 45, 73, 87-9, 92, 100-2, 107, 109-10, 115-6, 123-7, 133-4, 137-9, 142, 156, 161, 201, 205; *ver também* Projeto Cauê (Companhia Vale do Rio Doce)
Cenas de um modernismo de província (Marques), 141
Central do Brasil, 164
"Certificados escolares" (Drummond), 250
Chiang Kai-shek, 155
Chicago, 143-4
Christino, Daniel, 14

Cicero, Antonio, 200, 224, 284n, 286n
"Cimetière marin, Le" (Valéry), 256
Clark, Lygia, 238
Claro enigma (Drummond), 18, 28, 45, 64-5, 121, 128, 140, 146, 148, 150, 188, 197-8, 218, 230, 240-1, 247, 284n
classe média, 95, 152, 179
Código de Minas, 93, 160
Coelho, Joaquim-Francisco, 141
Coletivo de Entidades Negras, 259
"Colóquio das estátuas" (Drummond), 204-5, 230, 284n
"Cometa" (Drummond), 28, 263-4n
Comissão de Leis de Minas, 269n
"Como um presente" (Drummond), 64, 174
Companhia Brasileira de Mineração e Siderurgia S.A., 271n
Companhia Siderúrgica Belgo-Mineira, 100, 125, 274n
Companhia Siderúrgica Nacional, 106
Companhia Vale do Rio Doce, 17-8, 35-7, 72, 77, 103, 107-9, 111, 113, 115-6, 118, 120, 122-4, 127, 133, 146, 148, 153-5, 157, 159-60, 234-5, 273-4n
"Confidência do itabirano" (Drummond), 56, 94-7, 102-5, 119, 138, 245, 263n
Congonhas do Campo (MG), 20, 204
Congresso Internacional de Geologia (Estocolmo, 1910), 78, 82
"Congresso Internacional do Medo" (Drummond), 95
Congresso Nacional, 92
"Consideração do poema" (Drummond), 176

Constituição brasileira (1824), 268-9n
Constituição brasileira (1891), 83, 269n
Constituição brasileira (1946), 104
Contos de aprendiz (Drummond), 146, 247
Copacabana (Rio de Janeiro), 95, 168
Copola, Márcia, 14
Corpo (Drummond), 181, 279n
Corpo de baile (Guimarães Rosa), 206
Corrêa, José Celso Martinez, 239
Correio da Manhã (jornal), 46, 116, 127, 153, 156, 272n, 278n
"Correio municipal" (Drummond), 158-9
cosmologias literárias, 134, 195
Costa, Cláudio Manuel da, 72, 267n
crise do petróleo (anos 1970), 156
"Cristal Egg, The" (Wells), 219
"Cuidado" (Drummond), 68
cultura popular, 105
Cunha, Pedro Nolasco da, 270n

Dacosta, Milton, 238
Dados imediatos da consciência, Os (Bergson), 197
Dante Alighieri, 131, 134, 194-5, 218-20, 231, 251, 285n
Delboni Junior, Homero, 14
Deleuze, Gilles, 251
"Dentaduras duplas" (Drummond), 95
Derby, Orville, 78
Derrida, Jacques, 287n
"Desafinado" (canção), 287n
"Desfile, O" (Drummond), 85-7, 89
Detroit, 143-4

Deutsch-Luxemburgisch Bergwerks- und Hütten AG, 269-70n
Dia do Itabirano, 161
Dialética do esclarecimento (Adorno), 225
diamante, 164
"Diamundo — 24 h de informação na vida do jornaledor" (Drummond), 181
Diário íntimo (Kafka), 231
Díaz-Quiñones, Arcadio, 279n
Diretoria do Patrimônio Histórico e Artístico Nacional *ver* DPHAN
Discurso de primavera (Drummond), 116, 158, 164
Divina comédia, A (Dante), 194-5, 231, 285n, 287n
Doce, rio, 37, 73, 83, 98, 121
Dom Casmurro (Machado de Assis), 237
Donos do poder, Os (Faoro), 275-6n
DPHAN (Diretoria do Patrimônio Histórico e Artístico Nacional), 163, 242, 280n
Drummond, Pedro Graña, 14
"Drummond e a modernidade" (Antonio Cicero), 283n, 284n
Dulles, John Foster, 150
duração, qualificação bergsoniana da, 32, 197
Duval, Alfredo, 56, 94, 97-8, 104, 250, 289n

"Eco, O" (Drummond), 69
economia brasileira, 93, 156
Educação pela pedra (João Cabral), 181
Eixo, potências do, 106, 108-9; *ver também* Segunda Guerra Mundial

"Elegia 1938" (Drummond), 95, 178-80, 215, 246
"Encontro" (Drummond), 64
energia elétrica, 133, 235, 275n
Engenheiro, O (João Cabral), 182
engenho poético, 134, 218
"Enigma, O" (Drummond), 186
enjambements, 69
Esaú e Jacó (Machado de Assis), 238
Eschwege, barão de, 269n
Escola de Minas de Ouro Preto, 78, 82, 93, 162, 269-70n
"Escritor nasce e morre, Um" (Drummond), 47, 266n
espingardas, manufatura de, 79-80, 99
Espírito Santo, 83, 121
esquerda política, 93-4, 111, 243, 260
Estado Novo, 93, 108, 241, 243, 247
Estados socialistas, 228
Estados Unidos, 106, 123, 272n, 274n
"estilo tardio", 62, 65, 67-8
Estocolmo, 78, 82
Estrada de Ferro Vitória-Minas, 83, 90, 106, 270n
"Eterno" (Drummond), 179-80
Europa, 130, 198, 274n
"Europa, França e Bahia" (Drummond), 52-3
Exército brasileiro, 79
Eximbank, 106

Faoro, Raymundo, 275n
Farewell (Drummond), 168
Farquhar, Percival, 90-1, 270-1n
Fazenda do Pontal (Itabira), 36, 126, 162
Fazendeiro do ar (Drummond), 65, 176, 179
Ferraz, Eucanaã, 14

297

ferro, minério de, 17, 35, 38-9, 61, 69, 78, 82, 84, 86-7, 90-1, 94, 99, 101, 103, 106-8, 110, 112-3, 117, 120-1, 126, 143, 162, 164, 205, 235-6, 268*n*; *ver também* hematita; itabirito; mineração
Figueiredo, João, 118
Finalidades sem fim (Antonio Cicero), 283*n*, 284*n*
"Flor e a náusea, A" (Drummond), 180
Floresta, igreja da (Belo Horizonte), 164
Força Expedicionária Brasileira, 108
fordismo, 120
"Forja" (Drummond), 79, 81, 147
fornos siderúrgicos, 79, 90; *ver também* siderurgia
Fortes, Bias, 118
"Fraga e sombra" (Drummond), 31
França, 167
Freud, Sigmund, 56, 247
Freyre, Gilberto, 57, 118
funcionalismo público, 244, 247-8

Gama, Vasco da, 129-30, 195, 275*n*
geografia, 27-8, 47, 49, 72-3, 111, 114, 127, 138, 200, 204-5, 228
geologia, 18, 29, 34, 90, 116, 124, 205
Gilberto, João, 238
Ginásio Sul-Americano (Itabira), 28
Gledson, John, 151
Globo, O (jornal), 116
Goethe, Johann Wolfgang von, 251
Gonçalves, José, 270*n*
Gonçalves, José Hindemburgo, 154
Google Earth, 130, 220
Goulart, João, 160, 163
Grande, rio, 73
greves operárias, 113, 120, 274*n*

Grito, O (quadro de Munch), 252
Grupo da Sociedade Franco-Brasileira, 269*n*
Grupo Silvio Santos, 239
Guattari, Félix, 251
"Guerra das ruas" (Drummond), 50-1, 69
guerra russo-japonesa (1904-5), 50-1

Halley, cometa, 28, 54
Hamburgo, 52
Hanna Corporation, 162-3
Hansen, João Adolfo, 15, 129-30, 275*n*
Harvey, David, 220, 228
Heidegger, Martin, 132-4, 215-7, 227, 268*n*, 283*n*
hematita, 46, 83, 103, 115, 123-4, 154, 161-2, 164, 168, 204-5; *ver também* ferro, minério de
"Higiene corporal" (Drummond), 69
Hobsbawm, Eric, 49
Holanda, 123
Holanda, Sérgio Buarque de, 272*n*, 281*n*
Hölderlin, Friedrich, 134
Holoceno, 229
"Homem livre" (Drummond), 68
Homo sapiens, 230
"Hora e vez de Augusto Matraga, A" (Guimarães Rosa), 55
Horkheimer, Max, 134, 225-7
Hydro Alunorte, 20

Icominas (empresa), 162
Idade de Ouro (mitologia), 184
"Idade madura" (Drummond), 174
Idade Média, 200
Iluminismo, 280*n*

"Ilusão do migrante, A" (Drummond), 168
"Império mineiro" (Drummond), 59-62, 69
Impurezas do branco, As (Drummond), 72, 116, 164, 181
índios, 40-1, 50, 69
Indochina, 155
Indonésia, 235
industrialização, 63, 99, 105, 144, 147, 161
"Infatigável" (Drummond), 158
Inglaterra, 47, 100, 106, 114, 123, 273n
"Inglês da mina, O" (Drummond), 87, 89
"Iniciação amorosa" (Drummond), 174
"Inocentes do Leblon" (Drummond), 95
Intelectuais e classe dirigente no Brasil (1920-1945) (Miceli), 241
"Itabira" (Drummond), 44-5, 92, 137, 143, 156
Itabira Iron Ore Company, 38-9, 83, 90, 93-4, 106, 108-9, 162-3, 270-1n
"Itabira, sempre Itabira" (Drummond), 272n
Itabirito (MG), 162-3, 270n, 280n
itabirito (rocha), 115, 161; *ver também* hematita
Itália, 52, 108

"Jacutinga" (Drummond), 268n
Jango *ver* Goulart, João
"Jardim devastado e o perfil da esperança, O" (Barrento), 282n
Jequitinhonha, rio, 73
João Gilberto (álbum de 1973), 238
João Monlevade (MG), 274n

Jobim, Tom, 238, 287n
Jornal do Brasil, 116, 161, 279n, 288n
José (Drummond), 64, 243, 246
"José" (Drummond), 259-61

Ka, Makely, 14
Kafka, Franz, 58, 231, 251, 287n
Kant, Immanuel, 177, 202
Kopenawa, Davi, 20
Kubitschek, Juscelino, 160

Lacerda, Carlos, 271n
Lacoue-Labarthe, Philippe, 216
lanterna mágica (instrumento de projeção), 276-7n
"Lanterna mágica", série (Drummond), 52-3, 82, 92, 137, 277n
"Legado" (Drummond), 175
Lenin, Vladimir, 52
"Ler Drummond" (Waly Salomão), 7, 74, 134
liberalismo, 91
Lição de coisas (Drummond), 64, 66, 136, 166-7, 223, 280n
Lima, Luiz Costa, 68, 201, 210, 284n
Lispector, Clarice, 23, 238, 241
literatura menor *versus* grande literatura, 251
Lobo, José, 270n
Londres, 52, 84, 89
Lopes, Hélio, 71-2, 267n
Lula da Silva, Luiz Inácio, 262
Lusíadas, Os (Camões), 18, 129-31, 195, 199, 201, 275-6n

Machado, Cunha, 270n
Madeira-Mamoré, ferrovia, 91
Magalhães, Juraci, 154
manganês, 162, 235-6, 268n
"Mão suja, A" (Drummond), 246

"Mãos dadas" (Drummond), 95
"Máquina do mundo, A" (Drummond), 18-20, 27, 32, 45-6, 105, 119, 121, 127, 131-2, 134, 145-6, 173, 175-6, 188, 190-4, 196-8, 204-5, 209, 211-2, 225, 227, 230, 240, 252, 255, 285n, 289n
"máquina do mundo", uso da expressão, 18, 128-9, 196, 234
Mariana (MG), 19, 37-8, 121, 234
Marinho, Roberto, 118
Marques, Danilo, 13
Marques, Ivan, 15, 141-2
Marx, Karl, 69
Matede, Rafael, 14
"Materiais da vida, Os" (Drummond), 180
"Matriz desmoronada, A" (Drummond), 265n
Matriz do Rosário (Itabira), 30-1, 36, 127, 188, 198
MBR (Minerações Brasileiras Reunidas), 163
Melo, Érico, 14
Melville, Herman, 231, 251
memória afetiva, 30, 43, 115, 124-5, 132, 161, 168-9
"memória involuntária", 33-4, 39-40, 45, 68, 127, 139, 198
"memória rota", 160, 233
Memórias Póstumas de Brás Cubas (Machado de Assis), 210, 231, 237-8, 284n
Mendes, Murilo, 23
Mendonça, Newton, 287n, 288n
"Menino chorando na noite" (Drummond), 95
mercado mundial, 17, 35, 115, 153, 156

Merquior, José Guilherme, 67, 224, 266n
"Mesa, A" (Drummond), 64
Meyer, Augusto, 288n
Miceli, Sergio, 241-6, 248-50, 288n
"milagre econômico" (anos 1970), 119
Minas Gerais, 19, 27, 55, 66, 72-3, 77-8, 82, 90, 105, 122-4, 131, 154, 157, 164, 169, 200, 204-5, 213, 233, 235, 248, 251, 268n, 275n, 279n
Minayo, Maria Cecilia de Souza, 114, 120, 146
mineração, 17, 19-20, 27, 35, 37, 39, 54, 70, 72-3, 77, 79, 82, 91, 106, 109-10, 114-6, 119, 121, 123-4, 131-2, 138, 140, 144-6, 153, 155, 156, 160, 162, 169, 188, 190, 213, 233, 235, 265n, 266n
"Mineiração do outro" (Drummond), 72
Ministério da Educação e Saúde Pública, 242-3, 278n
Ministério do Interior, 269n
Ministério do Trabalho, 146
Miranda, Murilo, 271n
modernismo literário, 81, 105, 116, 141, 194
modernização brasileira, 70, 104-5
Moebius, fita de, 190, 211-2, 217, 223, 227, 237-8, 240-1, 252
Monroe, Marilyn, 84
"Montanha pulverizada, A" (Drummond), 38, 40-1, 45
Monteiro, Pedro Meira, 13
Moraes, José Geraldo Vinci de, 14
More Pricks than Kicks (Beckett), 287n

"Morro da Babilônia" (Drummond), 95
morro da Garça (MG), 73, 204-6
"Morte de Neco Andrade" (Drummond), 65
Moscou, 52
Moura, Emílio, 141
Moura, Murilo Marcondes de, 15, 47, 49, 108, 110, 151
"Mrs. Cawley" (Drummond), 84-5, 89
Munch, Edvard, 252
"mundo", proeminência da palavra (na poesia de Drummond), 173-88
"Mundo grande" (Drummond), 95
Mundo sitiado, O (Marcondes de Moura), 47, 111
Mussolini, Benito, 52

nazifascismo, 271n
"Negócio bem sortido, O" (Drummond), 88-9, 266n
"Negra" (Drummond), 68
neolítica, revolução, 230
Neves, Paulo, 15, 280n
Niemeyer, Oscar, 238
Nietzsche, Friedrich, 253
Nikitin, Vadim, 14
níquel, 235
"No meio do caminho" (Drummond), 20-1, 117-9, 185-6
"No país dos Andrades" (Drummond), 64
"No palácio de Moebius" (Ramos), 236
Noite, A (jornal), 92
"Noite dissolve os homens, A" (Drummond), 95
Nordeste brasileiro, 58
"Nosso tempo" (Drummond), 109, 112, 176, 178, 180, 185

"Noturno à janela do apartamento" (Drummond), 95
Nova York, 91, 235
Novaes, Adauto, 13

Observador no escritório, O (Drummond), 159, 282n
Oiticica, Hélio, 236
oligarquias rurais, 63, 242, 244, 247
Oliveira, Clodomiro de, 270n
"Ombros suportam o mundo, Os" (Drummond), 95
"Operário no mar, O" (Drummond), 95
Origem do drama barroco alemão (Benjamin), 184
Orwell, George, 49
ouro, 72, 89-90, 97, 102, 138, 161-2, 164, 168, 268n
Ouro Branco (MG), 27
Ouro Preto (MG), 72, 78, 82, 93, 162, 269-70n

Paixão segundo G. H., A (Lispector), 238
"Palavra e a terra, A" (Drummond), 166-7
"Palavra mágica, A" (Drummond), 175
"Palavra Minas, A" (Drummond), 72
paleolítico, período, 167
Pará, rio, 20
"Para o sexo a expirar" (Drummond), 256, 289n
"Para sempre" (Drummond), 136
Paraíba, rio, 73
paralipse (figura de retórica), 219
Paraná, rio, 73
Paranaíba, rio, 73
Paris, 47, 52, 235

Partido Comunista, 111, 150, 152, 243, 278n
Passeios na ilha (Drummond), 278n
patriarcalismo, 56
Paz, Octavio, 285n
PDC (Partido Democrata Cristão), 160
Peçanha, Nilo, 78
Pedra do sono (João Cabral), 181-2
"Pedra natal" (Drummond), 264n
Pedra no meio do caminho: Biografia de um poema, Uma (Drummond), 117
Penna, João Camillo, 15, 244, 246, 288n
Pessoa, Epitácio, 91, 93, 149
Petrobras, 160, 236
petróleo, 156
"Pico de Itabirito, O" (Drummond), 162
Pignatari, Décio, 267n
Pimenta, Dermeval José, 274n
Pinheiro, Mariana Quadros, 289n
"Poema da necessidade" (Drummond), 174
"Poema de sete faces" (Drummond), 185, 287n
"Poema que aconteceu" (Drummond), 174
Poesia até agora (Drummond), 103
Poesias (Drummond), 103
Política e Letras (revista), 122
populismo, 152
Portinari, Candido, 271n
Portugal, 130
"Pra frente, Brasil" (slogan), 119
Prestes, Luís Carlos, 118, 278n
Primeira Guerra Mundial, 51-2, 88, 91, 110, 154, 234, 252
"Procura da poesia" (Drummond), 17-8, 23

Projeto Cauê (Companhia Vale do Rio Doce), 77, 115, 117, 119
Proust, Marcel, 33-4, 69-70, 127, 168, 276n
ptolomaica, cosmologia, 195

quatro temperamentos, 184
Queda do céu, A (Kopenawa), 20
Queiroz, José Antônio de Souza, 13
"Questão da técnica, A" (Heidegger), 132, 215, 217
Quintana, Mário, 21

Ramos, Graciliano, 23, 238, 271n
Ramos, Nuno, 119, 236-8, 284n
Rangel, Lúcio, 271n
Real Gabinete de Mineralogia, 269n
"Recado do morro, O" (Guimarães Rosa), 20, 204-5
"Relógio do Rosário" (Drummond), 32, 121, 197-8, 205, 252-6
"Remate" (Drummond), 64
"Reno, O" (Hölderlin), 133-4
Reno, rio, 132-3; *ver também* vale do Ruhr
"Reportagem matinal" (Drummond), 31
"Resíduo" (Drummond), 176
"Revelação do subúrbio" (Drummond), 95
Revista Acadêmica, 93, 96, 99, 271n
Revista do Brasil, 94, 266n
Revolução de 1930, 92, 160, 241
Revolução de 1932, 248
Revolução Industrial, 230
Revolução Russa, 271n
Rio, José Pires do, 270n
Rio de Janeiro, 31, 59, 61, 88, 91, 155, 235, 242
Rio Grande do Norte, 272n
Rio Grande do Sul, 268n

Rocha, Aristides, 270n
Rocha, Glauber, 239
Rodrigues, Nelson, 23
Rodríguez Monegal, Emir, 285n
"Rola mundo" (Drummond), 174
Rosa, Guimarães, 19-20, 23, 55-6, 73, 204-6, 241
Rosa do povo, A (Drummond), 49, 53, 64, 109, 116, 135, 150-1, 176, 178, 240, 243, 268n
"Rosário dos homens pretos" (Drummond), 277-8n
"Rua do olhar" (Drummond), 174
Rússia, 52

Sabará (MG), 100, 125, 270n, 277n
Said, Roberto, 246-50
Saint-Hilaire, Auguste de, 79-80, 99, 269n
Salomão, Waly, 7, 74, 134
Salvador (BA), 259
Samarco (empresa), 37, 121
Sant'Anna, Affonso Romano de, 218
Santa Catarina, 268n
Santa Cruz (ES), 90
Santiago, Silviano, 62, 69, 186, 199, 202, 214, 266n, 285n
Santos, Deodato Vilela dos, 270n
São Francisco, rio, 73
São João del-Rei (MG), 27
São Paulo, 235, 268n
satélites, sistemas de, 220
Saturno, simbolismo de, 184-5
Schendel, Mira, 238
Schiller, Friedrich, 206
Schopenhauer, Arthur, 253
Segunda Guerra Mundial, 35, 38, 47, 49, 53, 77, 106, 108-9, 220
Segundo Reinado, 57, 141, 269n
Sentimento do mundo (Drummond), 53, 94-5, 103, 109, 116, 135, 178, 240, 243, 266n, 271n
serra do Curral (Belo Horizonte), 20, 36, 162-3, 165, 270n
Serro Frio, visconde do, 143-4
Serviço Geológico e Mineralógico do Brasil, 78
Sete Lagoas (MG), 27
siderurgia, 78-9, 82, 90-2, 99-100, 102, 104, 106-7, 123, 133, 144, 154, 268n
Silva, Franklin Leopoldo e, 14
Simon, Iumna Maria, 64, 243
Singer, Paul, 270n
"sino Elias" da Matriz do Rosário, 30, 32, 36
sistema econômico global, 230
"Sob o signo de Saturno" (Sontag), 184
Sobrados e mocambos (Freyre), 57
"Sobrevivente, O" (Drummond), 52-3, 174, 234, 252
socialismo democrático, 152
Societé Civile des Mines de Fer de Jangada e Bracuhy Falls C, 270n
Sontag, Susan, 184-5
"Sorriso crispado ou O depoimento do homem de Itabira" (Drummond), 99, 103, 116, 139, 145
Sousa, Heitor de, 270n
St. John del Rey Mining Company, 162, 270n
Stálin, Ióssif, 150
Stalingrado, 111
Starling, Heloisa, 13
Sterzi, Eduardo, 187, 286n
sublime, domínio do (segundo Kant), 177, 202

"Tarde de maio" (Drummond), 28

Távora, Juarez, 160
Teatro Oficina, 239
tecnociência, 19, 213, 215, 220, 225
Teixeira, Jerônimo, 279n
"Telegrama de Moscou" (Drummond), 111
"Tentativa" (Drummond), 68
"Teoria do medalhão" (Machado de Assis), 244, 249
Teperman, Ricardo, 14
terza rima, 194
Tiradentes (Joaquim José da Silva Xavier), 56, 164
Torralbo, Erwin, 14
Totem e tabu (Freud), 56
toyotismo, 120
Tractatus logico-philosophicus (Wittgenstein), 282n
Tramway, Light & Power, 91
"Três mal-amados, Os" (João Cabral), 281n
Tribuna Popular (jornal), 247, 278n
Tribunal de Contas da União, 92
"Triste horizonte" (Drummond), 162, 164
"Tristeza do Império" (Drummond), 95
"Tristeza no céu" (Drummond), 174
Tropicalismo, 239

UDN (União Democrática Nacional), 160
União Soviética, 108
Universidade Federal da Bahia, 262
urbanização, 63
usina hidroelétrica do Reno, 132
usinas siderúrgicas, 90; *ver também* siderurgia

Valadares, Benedito, 109, 118
vale do Ruhr, 91, 133, 144; *ver também* Reno, rio
Vale S.A., 37, 120, 235; *ver também* Companhia Vale do Rio Doce
Valéry, Paul, 148, 151, 256
Vargas, Getúlio, 91, 93, 97, 106, 109, 160, 235, 241, 244, 246, 273n
"Velhaco" (Drummond), 83-4, 89
Veloso, Caetano, 239
Verissimo, Erico, 271n
Versiprosa (Drummond), 116
verso branco modernista, 194
"Viagem de Sabará" (Drummond), 274n
"Viagem na família" (Drummond), 64
Vida passada a limpo, A (Drummond), 180
"Vila de Utopia" (Drummond), 92, 143, 145
Villaça, Alcides, 15, 194, 208, 226
Vinci, Laura, 15
Viola de bolso I (Drummond), 168
"Visão 1944" (Drummond), 174
Vitor (garoto baiano), 259-62
Vitória (ES), 90, 107
Volta Redonda (RJ), 106-7
Von Hindemburg (marechal de campo), 154

Wells, H. G., 203, 214, 219, 285n
Werneck, Humberto, 14
Wisnik, Nelson, 15
Wittgenstein, Ludwig, 282n

"Yanomami sem sorte, O" (Drummond), 288n

1ª EDIÇÃO [2018] 2 reimpressões

ESTA OBRA FOI COMPOSTA EM MINION PELO ESTÚDIO O.L.M. / FLAVIO PERALTA
E IMPRESSA EM OFSETE PELA GEOGRÁFICA SOBRE PAPEL PÓLEN SOFT
DA SUZANO S.A. PARA A EDITORA SCHWARCZ EM ABRIL DE 2021

A marca FSC® é a garantia de que a madeira utilizada na fabricação do papel deste livro provém de florestas que foram gerenciadas de maneira ambientalmente correta, socialmente justa e economicamente viável, além de outras fontes de origem controlada.